SDGs時代を勝ち抜く

ESG財務戦略

カリフォルニア大学バークレー校ハース経営大学院
エグゼクティブ・フェロー
桑島浩彰

財務戦略アドバイザー／
インテグリティ代表取締役
田中慎一

慶應義塾大学総合政策学部教授
保田隆明

ダイヤモンド社

はじめに

　航空券、牛乳パック、ヨーグルトのパッケージ——筆者（桑島）の住むアメリカでは、日常生活のなかにサステナビリティのコンセプトが浸透してきています。航空券には自分が乗る路線のカーボンフットプリントが表示され、フライトで排出される二酸化炭素が見える化されています。牛乳パックにはカーボンポジティブ（自分が排出する以上の二酸化炭素を削減する）であることが記され、ヨーグルトのパッケージには動物性食品を一切使用しないPlant-Basedの新商品の広告が載っています。

　アメリカだけではありません。サステナビリティは世界各地で急速に日常のものになり、企業の競争力の源泉にもなりつつあります。そしてこの動きは企業経営にも大きな変化をもたらし、ESGとSDGsのミッションが「主」となり、事業戦略・財務戦略が「従」になることが求められるまでになりました。本書はこうした時代の羅針盤となるよう、執筆されたものです。

アメリカと日本、双方の熱狂を受けて

　本書の執筆は、2021年初冬、保田（当時スタンフォード大学客員研究員）と桑島（当時カリフォルニア大学バークレー校客員研究員）が、カリフォルニア州メンローパークで隣同士のアパートに住んでいたことに端を発します。

　アパートに隣接するコーヒーショップでコーヒーを飲みながら、定期的にシリコンバレーでの学術研究について意見を交換し、コロナ禍で外出もままならなくなると、アメリカでのフィンテックをテーマにオンラインで研究会を重ねるようになりました。そのなかで、次なる研究テーマとして対象に挙がったのがESG/SDGsでした。

　当時、カリフォルニア州では、地殻変動ともいえるような潮流が生まれていました。大規模な山火事、少雨による水不足、またコロナ禍における経済格差の顕在化などについて、かつてなく熱心に議論されるようになり、気候

変動対策をはじめとするESG/SDGsについての活動を、「やらされ感」を見せず自分事として行う市民・企業が目に見える形で増えていたのです。筆者らが当時在籍していたスタンフォード大学やカリフォルニア大学バークレー校でも、サステナビリティを研究する学部や研究センターが続々と新設されていました。その熱気に押されるように、保田と桑島も書籍の企画についての議論を重ねました。

　一方、田中と保田はそれまでに共著でコーポレートファイナンスに関する書籍を出版していたこともあり、2人で2021年2月にSPEEDA主催のセミナー「SDGs/ESG経営は本格化するか──事例から見る企業の在り方──」に登壇しました。同セミナーの参加者数は約1,400人と、それまでにSPEEDAが主催したセミナーでは最多となり、日本でもこの領域に対するビジネスパーソンのニーズが高くなっていることを痛感しました。

　こうした日米での動きが合流し、3名が1年弱をかけて毎週議論を重ね、本書の出版に至ったというわけです。

ESGを実践するために、事業戦略と財務戦略を統合する

　いわずもがな、本書を通底する1つの大きなテーマは財務戦略です。日本では一見して「コスト」として捉えられがちなESG/SDGsの取り組みを、どのように企業価値の増大、ひいては株価上昇につなげていけるか。企業情報の開示や評価機関によるESGスコアリング、企業価値評価の議論にまで踏み込みながら、自社のESG/SDGsへの取り組みが資本市場に最終的に評価されるためのヒントを豊富に散りばめています。

　もう1つのテーマは事業戦略です。資本市場に評価されるための道筋が理解できたとして、その実現に向けた最初の一歩はどのようにすればよいのでしょうか。ESG/SDGs経営の実践には先に述べた事業戦略と財務戦略の双方の視点が欠かせません。ESG/SDGsの視点で企業ミッションを再定義し、そのミッションを実現するための道筋を事業および財務戦略で描いていく

——未だ多くの企業で見られるとおり、決して、事業戦略や財務戦略が「主」で、ESG/SDGsが「従」になる関係性であってはならないのです。

そこで本書では、地域／業界横断で豊富なケーススタディを用意し、またそのなかでも厳選したケースにおいて、ESG/SDGsに関わる事業戦略とESGスコアの双方からの分析にチャレンジしています。資本市場の視点も交えながら、いかに独りよがりにならない形で自社のESG/SDGsの取り組みを企業価値増大に結び付けていけるか、あくまでも実践を重視する形を目指しており、類書からは一線を画していると自負しています。

本書は、読んで知識になったところで終わりではなく、そこからがスタートの本です。ですので、本書の内容はご自身のなかに留めず、ぜひ会社の上司や同僚、研究室の仲間などとの議論のきっかけにしていただければ幸いです。

本書の構成

本書は大きく、基礎編（第1章～第3章）と実践編（第4章～第8章）に分かれています。実践編では、ESG/SDGsの登場によって変わりつつある近年の株式市場や企業の取るべき戦略についてひとつずつ丁寧に解説します。ESG/SDGsにあまり詳しくない方から情報を更新したい方まで、広く読んでいただける内容です。

具体的に、第1章では近年の株主資本主義の弊害の修正を意識したアメリカのビジネス・ラウンドテーブルや、ブラックロックの CEOであるラリー・フィンク氏のレターをはじめとしたステークホルダー資本主義のグローバルな議論をまとめています。その後、第2章では第1章で議論したステークホルダー資本主義の背景にあるESG/SDGsにつながる国際機関や多国籍企業のこの20年の動きと、関連する用語を整理します。第3章ではESGの要素をどのように伝統的なファイナンスモデルに取り込んでいけるか、および、ESG時代における投資家とのコミュニケーションのあり方について議

論しています。

　実践編では、基礎編で解説した情報をもとに実際のビジネス現場を皆さんと一緒に見ていきます。第4章では、ESGスコアを取り巻く基本的な考え方、ESG投資を実行する多様な機関投資家と事業会社との関わりを最新の学術研究の成果も交えながら議論を重ねています。従来の資産運用会社をはじめとして、アクティビストファンドやプライベートエクイティファンドの動向も取り上げます。

　第5章、第6章ではESG/SDGs経営の実践に向け、業種は IT・自動車・電機・消費財・電力・航空産業・ヘルスケアから、地域はアメリカ・ヨーロッパからアフリカ、日本に至るまで、さまざまなケーススタディを網羅的に行いました。特に第5章では、事業戦略の観点から、グローバルでのケーススタディから得られたESG/SDGsの戦略策定の第1歩につながる「13の示唆」を平易な形でまとめています。そして第6章では個社別に歴史的な背景などをまとめており、読者の皆さんが関心を持つ取り組みにフォーカスして深掘りできる形になっています。

　第7章では、第5章、第6章で取り上げたケーススタディからさらに厳選したうえで、各社の戦略が実際にESG評価機関にどのように評価されているか、どのような取り組みがESGスコアに反映されるのか、読者の皆さんがヒントを得られるようにまとめました。

　そして第8章は、ESG/SDGsのなかでも近年特に注目されている非財務情報のうち、特に重要な人的資本へのマネジメントにフォーカスし、ダイバーシティ＆インクルージョンの重要性、その実現に向けたあるべき組織戦略、日本国内外での議論を最新の研究成果とともにまとめています。この実践編（第4章〜第8章）を通して読んでいただければ、ESG/SDGsの財務戦略・事業戦略を包括的な視点で実践するための指針を、階段式に得ることができるはずです。

　ここまでお読みいただいたとおり、本作は投資銀行やファンド勤務経験とアカデミアの視点で財務戦略を研究している保田、自らスタートアップ企業のCFOおよび財務戦略アドバイザリーを実践している田中、そして、現在米国西海岸に在住し、日本国内外の大学で企業変革の研究を続けながら日本企業への戦略コンサルティングを続けている桑島がそれぞれの知見を持ち寄り、完成させたものです。

　グローバル・トレンドの反映を意識しながら、日本企業が「攻め」のESG/SDGsの事業・財務戦略を具体的に実践できるように工夫を凝らした、欲張りな作品となりました。結果としてこの3人が集まった背景には、①世界的にESG/SDGsに向けた動きが非常に早く、グローバル・トレンドの迅速な反映が不可欠なこと、②ESG/SDGsの一連の動きは一部の開示やIR、財務、CSR部門だけが対応すればよい事項では「決して」なく、日本企業が直面するコーポレート・ガバナンスや事業戦略そのものに影響する「ど真ん中」の事項であること、そして③このようなテーマを取り扱うには、それぞれ個別の専門家が取り扱うには範囲が非常に広く、それぞれの知見を1つに結集する必要があったためです。

　ESG/SDGsのテーマは新規事業の種に悩む日本企業にとって千載一遇のチャンスであると共に、このタイミングを逃すと日本全体として一層ESG/SDGsをめぐる世界的な競争に乗り遅れる恐れがあるという筆者らの強い危機感も一方で反映しています。本書を手に取っていただくことで、ESG/SDGsをめぐるグローバルな息吹を感じながらも、いかにこのESG/SDGsの取り組みを自社の競争優位性につなげていけるか、少しでも今後の企業変革に向けたヒントをお持ち帰りいただければ、共著者3名にとって望外の喜びです。

　それでは、チャンスに満ち溢れるESG/SDGsの世界へようこそ！

目　次

第3章　新たに求められる投資家との対話のカタチ
非財務情報のファイナンスモデル構築に向けて

第4章　企業はどのように「ESGスコア」と向き合うべきなのか
サステナブルな事業の取り組みで企業成長を目指す

第5章　ESG/SDGs経営を実現させるための3つのヒント
環境変化に配慮した企業変革で競争優位性を獲得する

第6章　ケーススタディ①

企業を変革へと導いたリーダーたちの軌跡
11社の先進企業から学ぶ理論と実践

第7章 ケーススタディ② 「ESG評価機関」のグローバルスタンダードを知る
MSCIレポートから読み解く成功企業の取り組み

第8章　ESG/SDGs時代の「人的資本経営」のあり方
これから必要なスキル「アジリティとレジリエンス」

第1章

社会の分断を生む
株主資本主義の限界

なぜ、企業は変わらなければならないのか

1.1 日米における株主価値経営の歴史

　コーポレート・ファイナンス戦略の目的は「企業価値および株主価値を向上させること」。長年、ファイナンスの世界ではドグマのように唱えられてきた常識です。

　ノーベル経済学賞を受賞したミルトン・フリードマン氏は1970年、『企業の社会的責任は利益を増やすことにある[1]』と題する『ニューヨーク・タイムズ』への寄稿の中で、経営者は環境汚染の防止や貧困の解決などのいわゆる社会課題の解決の専門家ではないのだから、あくまで株主に報いるべく、できるだけ多くの利益を稼ぐことに専念すべきであると記しています。

　いま、こんなことを口走ろうものならSNSで大炎上しそうなものですが、このフリードマン氏の思想は、その後の株主資本主義の発展に大きな影響を与えたとされています。

　実際、株主資本主義の思想に熱狂したアメリカの株式市場は、1970年以降に飛躍的な成長を遂げます。代表的な指数であるS＆P500インデックスは、リセッション（景気後退）による一時的な調整をことごとく乗り越え、2021年までに実に50倍以上の成長を遂げているのです（**図表1-1**）。

　日本はどうかというと、固有の資本主義システムが戦後に形成されていきます。事業会社と銀行が発行した株式を相互に持ち合う、馴れ合い構造がつくりあげられたのです。事業会社の有利子負債（デット）が銀行からの借入で賄われているのは当然として、自己資本（エクイティ）までもが銀行から調達している特異な資本構造でした。つまり、事業会社のバランスシートの右側は銀行が丸ごと面倒を見ていたわけです。さらにいえば、事業会社の取締役経理部長は銀行から出向や転籍という形で派遣されるケースが多かったため、デットとエクイティというファイナンス（カネ）だけでなく、その金庫番（ヒト）をも銀行がガッチリと抑えていたことになります。

　メインバンク以外にも複数の銀行や保険会社が安定株主として鎮座してい

図表1-1　株主資本主義の繁栄

アメリカの代表的な株価指数S&P500は1970年から成長を続ける

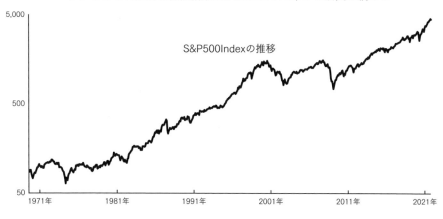

（出所）著者作成

たため、事業会社は基本的に株式市場からのプレッシャーにさらされること
がなく、のんびりしたものでした**（図表1-2）**。

　もっとも、戦後経済を支えてきた日本的資本主義システムは、バブル崩壊
の後遺症が本格化した1990年代、いよいよ立ち行かなくなっていきます。
巨額の不良債権を抱えた銀行は自身の不良債権処理の過程で持ち合い株式を
売却せざるを得なくなったのです。加えて、日本の証券市場をロンドン、ニ
ューヨーク並みのグローバルマーケットにしようという大改革「日本版金融
ビッグバン」により、国内の株式市場には外国人株主が大挙して押し寄せて
くることになります。それまで長いこと温室で過ごしていた日本企業は、
2000年のミレニアムを迎えようかという頃にはじめて、株主資本主義の洗
礼を浴びることになったのです。

　2000年以降、企業の経営陣に要求を突きつけるアクティビストの反乱や、
投資ファンドと事業会社が入り乱れての敵対的買収といった、それまでの国

図表1-2 戦後日本経済を支えてきた日本的資本主義システム

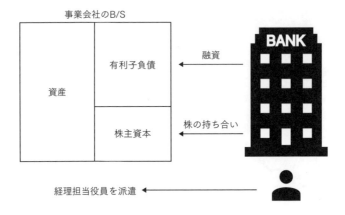

高度成長期には機能した日本的資本主義システムがバブル崩壊・金融ビッグバンで破綻

（出所）著者作成

内株式市場では経験をしたことのないようなイベントが少しずつ勃発するようになりました。株式市場とどのように向き合えばよいのかと戸惑いながら、徐々に日本企業にも、株主資本主義の思想やファイナンス戦略としての「株主価値経営」が浸透していきます。

　しかし、見よう見まねの株主価値経営が、そう簡単にうまくいくはずもありません。国内の株式市場における取引で、外国人の占める割合は圧倒的に高くなったものの、日経平均株価は平成元年（1989年）12月29日に記録した38,915円87銭の最高値に一向に近づきません。それもそのはず、日本企業の自己資本利益率（ROE）などのパフォーマンスが外国人投資家にとってまったく魅力的なものではなかったからです。

日本の株式市場の改革

　そこで、日本の株式市場を魅力あるマーケットにするため、政財界をあげ

て矢継ぎ早に改革の手を打っていきます。

まず、2014年2月、金融庁が日本版スチュワードシップ・コードとも呼ぶべき「『責任ある機関投資家』の諸原則」を公表します。これは企業の持続的な成長を促す観点から、幅広い機関投資家が企業との建設的な対話（エンゲージメント）を行い、適切に受託者責任（＝スチュワードシップ）を果たすための指針を定めたものです。それまでは投資先の企業に不適格な取締役がいようとも波風立てずに取締役の再任を黙認していた機関投資家が多かったわけですが、多くの機関投資家が本コードを受け入れたため、なあなあ関係を投資先企業と続けることはできなくなりました。

また、2014年8月には、伊藤邦雄一橋大学教授（当時）が座長を務める「持続的成長への競争力とインセンティブ〜企業と投資家の望ましい関係構築〜」プロジェクトの最終報告書、通称「伊藤レポート」が経済産業省から公表されました。その内容は、日本の上場企業は「最低限8％を上回るROEを達成すること」にコミットすべきであると総括するものです。実際、2004年から2020年5月までのTOPIXの株価純資本倍率（PBR）と予想自己資本利益率（ROE）の関係性を分析したニッセイ基礎研究所のレポートによると、日本の株式市場は、予想ROEが8％を上回るあたりからプレミアムをつけて評価することが見てとれます（図表1-3）。

さらに、2015年6月には、金融庁と東京証券取引所の原案をもとにした「コーポレートガバナンス・コード〜会社の持続的な成長と中長期的な企業価値の向上のために〜」が東京証券取引所から公表されました。本コードは、企業の持続的な成長と中長期的な企業価値の創出のために、あるべきコーポレートガバナンスの実現に資する主要な原則を取りまとめています。

こうした一連の取り組みにより、株式市場（投資家）が上場企業に対して規律を与えることになりました。その結果、2017年度には瞬間風速ではありましたが、国内の上場企業の平均ROEが10％を超える水準にまで達したのです（図表1-4）。世界的な金融危機であるリーマン・ショックの影響を

図表1-3　TOPIXのPBRとROEの分布

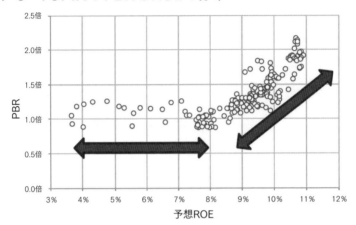

（出所）ニッセイ基礎研究所　基礎研レポート（2020年5月27日）を一部編集し転載

図表1-4　株主価値経営のダイナミズム

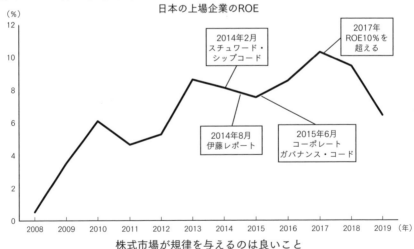

日本の上場企業のROE

2014年2月
スチュワード・
シップコード

2017年
ROE10%を
超える

2014年8月
伊藤レポート

2015年6月
コーポレート
ガバナンス・コード

株式市場が規律を与えるのは良いこと
（出所）日本取引所グループの公表の「決算短信集計結果」をもとに著者作成

まともに受けた日経平均株価は、2009年3月10日にバブル崩壊後の最安値となる7,054円98銭に沈みましたが、2021年9月14日には1990年8月以来31年ぶりの高値となる30,670円10銭を付けるまでになりました。これこそ株主資本主義を源流とする株主価値経営のダイナミズムといえるでしょう。

1.2　アメリカ人夫婦の後ろに見えた、株主価値経営の本質

　日本に株主資本主義にもとづく株主価値経営を広めた伝道師は、アクティビストや投資銀行です。2000年代初頭に投資銀行でバンカーとして勤務していた筆者（田中）は、ある意味で、その片棒を担いだ存在ともいえるわけです。実は、バンカーになりたての頃の心情を吐露すると「株主だけがそんなに偉いのか？」という、なかなか払拭できない疑問を抱えたまま仕事をしていたものです。

　ところが、アメリカの旅行先で、そんな疑問を解消してくれる場面に遭遇します。まさに株主資本主義、株主価値経営の本質が何たるかを教えてくれる出来事でした。

　ある静養地で、定年退職したと思われるアメリカ人夫婦に出会いました。特別に贅沢をしているわけではありませんが、時間もでき、退職年金で余裕もできたため、夫婦で時々旅行を楽しんでいるのだと話してくれました。日本のサラリーマンが定年退職すると、社会に居場所がなくなり、することもなく老け込むだけというケースが少なくないだけに、なんと豊かな老後だろうと感激したのを覚えています。

　そして、ハッと気が付いたのです。豊かだと感じ目にしたこの光景こそ、株主資本主義から受ける恩恵なのだと。夫婦が充実した老後を送ることができるのは、十分な年金を受け取れるからにほかならず、それは、年金基金が投資ファンドなどを通じて資産を運用したからなのだと。

株主資本主義の本質は、株式市場をめぐるお金の動きを追っていくと理解できます（**図表1-5**）。投資家と企業の出会いの場である株式市場に、実際に資金を投じるのは資産運用会社（アセットマネージャー）といわれるプレーヤーです。○○アセットマネジメントや○○投信といった会社名を聞いたことがあると思います。資産運用会社は、いわゆる「機関投資家」といわれる保険会社や年金基金（アセットオーナー）から預かったお金の運用を受託しています。

　機関投資家たる保険会社や年金基金のお金はどこから来ているかというと、我々個人が払い込んでいる生命保険保険料や年金保険料です。保険会社や年金基金は、個人から集めた巨額の資金を資産運用会社に運用を委託します。そして資産運用会社は投資リターンを上げて資産を増やし、保険金や年金という形で個人に還元していきます。

　機関投資家は、資産運用会社を通じて株式市場で上場企業に投資し、スチ

図表1-5　株主資本主義の恩恵を受けるのはどこか

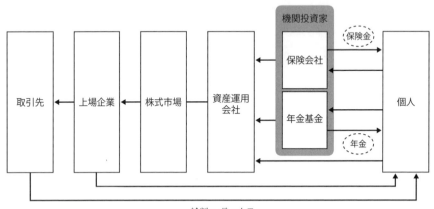

株主価値経営の恩恵を受けているのは、結局のところ、我々「個人」

（出所）著者作成

ュワードシップ・コードに則って企業の経営陣と対話（エンゲージメント）を行い、中長期的な企業価値向上へ取り組むよう働きかけているわけです。したがって、株主価値経営の恩恵を受けているのは、結局のところ我々個人といえるのです。

　我々のほとんどは、企業に勤めて給料やボーナスをもらいます。企業が持続的に成長すれば、給料やボーナスも増えるため多くの保険料を支払うことができますし、上場企業の株価が上がれば年金資産が増えるため、将来受け取る年金額も増えていくという構図です。

　株主資本主義に関して、アクティビストなど資本力を持った一部の強欲な投資家が濡れ手に粟の巨額の利益を得ているだけで、我々庶民には関係ないといったイメージを持っている人が少なくありません。しかしながら、実際のところは、機関投資家が運用によって儲けた利益は巡り巡って我々個人が恩恵に浴することになるのです。これが株主資本主義、株主価値経営の本質であり、先ほどの老夫婦のような幸せな人々を生み出す、極めて優れた仕組みです。

　ところが近年、世界中で、株主資本主義、株主価値経営が逆風にさらされています。

1.3　株主資本主義の限界

格差から生じる社会の分断

　株主資本主義は、富をもたらすイノベーションや経済成長のエンジンとしての役割を果たしてきましたが、その理由のひとつが、社会の分断です。

　それまでふつふつと燻っていたアメリカにおける社会の分断は、2016年にトランプ大統領が就任して以降、一挙に顕在化しました。トランプ現象やBlack Lives Matter（2020年に黒人のジョージ・フロイド氏が白人警察に殺害された事件への抗議活動）などの社会運動は世界に衝撃を与えるとともに、

社会の分断が深刻なレベルであることを印象づけました。

　こうした分断の要因は所得格差、資産格差にあるといわれています。2021年第1四半期末の時点で、実に上位1％の超富裕層の資産残高がアメリカ国民全体の29％を占めています。さらに、1990年は上位1％の超富裕層が所有する資産残高は下位50％が保有する資産残高の2.8倍だったものの、2021年の第1四半期では5.5倍にまで格差が広がっています。ほんのひと握りの超富裕層に資産が偏重している実態が、たしかに浮かび上がるのです（**図表1-6**）。

　アメリカには昔から経済格差が存在していましたが、2008年のリーマン・ショック以降、その傾向が一層顕著になっていることがわかります。リーマン・ショックが沈静化した2010年以降直近までの家計資産の伸びを見てみると、上位1％の超富裕層が年率7.7％伸ばしたのに対して、下位50％は年率3.5％の伸びに過ぎません。富める者はますます富み、そうでない者は取

図表1-6　アメリカでは富裕層に富が集中している

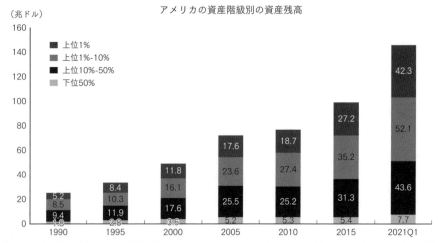

（出所）アメリカ連邦準備理事会　Board of Governors of the Federal Reserve Systemより転載

り残されています。経済格差を縮小するどころか、格差そのものを拡大再生産してしまっているアメリカの苦悩がうかがえます。

　前述したとおり、株主資本主義には、資本市場を通じて我々個人が巡り巡って恩恵を受けられるダイナミックな仕組みが備わっていました。ところが、ビジネスのデジタル化、プラットフォーム化が加速度的に進んだ経済下にあっては、少数の独占企業が市場を支配するA winner takes all（勝者総取り）の引力にあらがえません。GAFAM（グーグル、アマゾン、フェイスブック（現メタ）、アップル、マイクロソフト）に代表されるグローバル企業の株価やS＆P500インデックスが上昇しても、その恩恵が広く行き渡らないという不都合な真実に我々は直面しているのです（**図表1-7**）。

　日本では諸外国のように過激な社会運動が起こらないため、経済格差の問題は見過ごされがちです。しかしながら、日本国内でも「ワーキングプア」「子どもの貧困」がクローズアップされるようになっています。特に、7人

図表1-7　株主資本主義の限界として「分断」が起きている

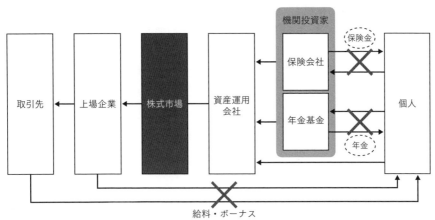

個人への資金の流れが細り「所得格差」「分断」が加速

（出所）著者作成

に1人の子どもが貧困状態にあるともいわれており、これはOECD加盟国のなかでは最悪の水準です。我が国にも経済格差の問題が表面化しつつあるといえるでしょう。

　企業動向を見れば、上場企業の2018年3月期決算は過去最高益を記録し、2021年4－6月の四半期決算もコロナ禍にかかわらず4社に1社が最高益を記録しました。それだけ稼いでいるのであれば我々の給料も増えてしかるべきですが、データを確認してみると**（図表1-8）**、すべての日本企業が稼いだ経常利益は2009年から2020年にかけてほぼ倍増したにもかかわらず、従業員給与はまったく増えていないことがわかります。日本でも経済格差が起きている遠因でしょう。

　1990年代、バブル崩壊の後遺症に喘いだ多くの日本企業は、固定費を削減するため人件費を変動費化してきました。正規の正社員を減らし、臨時雇用従業員を増やしていく、いわゆる「非正規労働者」の問題です。これに、従来の硬直的な雇用形態に縛られない柔軟な働き方の選択肢を提示したという一面があったことは否定できません。ただ、非正規労働者が経済的に不安定な立場にならざるを得ないという負の側面が大きいことは拭いがたく、ワーキングプア問題に寄与していることは間違いありません。

　客観的に見れば、企業は儲かっているのだから従業員に還元すべきであると考えるのが普通でしょう。ところが、日本企業は短期的な視点でしか経営をしていないとの批判を甘んじて受け入れなければならないほど、人件費を抑えてまで利益を確保しています。

　短期的な視点にもとづいた欧米企業の経営スタイルに対して、長期的な視点で経営に取り組むのが日本企業の強みであると以前からいわれていました。しかし、そんな日本的経営論が称賛されていたのは1980年代までのことで、従業員の給与の観点からは、現代は日本企業の方がショートターミズム（短期主義）に陥っているともいえます。

図表1-8　日本の短期主義極まれり

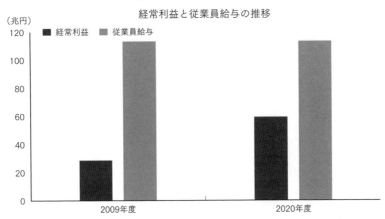

経常利益と従業員給与の推移

10年で経常利益は2倍に増えるも給料は変わらず

（出所）財務省法人企業統計調査、全産業（金融業・保険業を除く）をもとに著者作成

環境問題

　株主資本主義の限界が声高に叫ばれるようになったもうひとつの大きな要因は、何といっても気候変動などを含む環境問題でしょう。2021年の冬にはアメリカのテキサス州に非常事態宣言が発令されるほどの大寒波が襲来し、夏は熱波が原因の大規模な山火事がカナダ、アメリカ、イタリア、ギリシャなどで多発しました。熱波には縁のなさそうなシベリアでさえ2019年から3年続けて山火事に見舞われた事実には、温暖化の深刻さをまざまざと見せつけられたました。

　科学者を含む国際的な専門家から構成される気候変動に関する政府間パネル（IPCC）は、2021年8月に公表した第6次評価報告書で「人間の影響が大気海洋および陸域を温暖化させてきたことには疑う余地がない」と、2013年の第5次報告書よりさらに踏み込んだ表現で警鐘を鳴らしました。これを受けて、グテーレス国連事務総長も声明を出し「私たちは今、1.5℃

を維持する決定的な行動を取らなければなりません」と呼びかけました。

　日本においても「数十年に一度の大雨」「これまでに経験したことのないような大雨」が毎年の恒例行事のようにやってきて、国内各地に甚大な被害を及ぼす現実を目の当たりにしています。もはや環境問題に関心が薄いとされる多くの日本人でさえ、温暖化を疑う人は少ないでしょう。

　さらに、地球環境は気候変動だけではなく、生態系の変化によっても緊急事態に見舞われています。国際的シンクタンクのグローバル・フットプリント・ネットワークが毎年公表している「アース・オーバーシュート・デー」は、地球の危機度合いを測る指標として非常にわかりやすいものです。アース・オーバーシュート・デーは、「地球が1年間に再生産できる生物資源を人類がすべて使い果たした日」を示しています。この自然資源の使いすぎの状態＝オーバーシュートが始まったのは1970年代のことで、以降、人間による消費量（需要）が自然による供給量を上回る状態が続いています。

　オーバーシュートする日は、毎年徐々に早まっています。2020年はCOVID-19により世界各地でロックダウンや外出自粛が行われ、日常の活動が低下し二酸化炭素排出量が減少したことなどにより、史上最速を記録した2019年より3週間遅い到来となりました。しかし2021年には、再び7月29日に戻ってしまっています（**図表1-9**）。これは7月29日以降、翌期の自然資源に手を付けていることを意味しており、地球が1.7個必要とされていることと同義なのです。

　前述したように、株主資本主義が優れた仕組みであることは確かですが、気候変動や生態系の崩壊を突きつけられた今、同じやり方を維持することができないのは明らかでしょう。これまで石炭火力発電が安上がりに見えていたのも、航空会社が多額の利益を上げていたのも、二酸化炭素の排出にともなう環境コストを外部化していたからに過ぎません。

　このような問題意識にもとづき、ハーバード・ビジネス・スクールのジョ

図表1-9　深刻になっていく環境問題

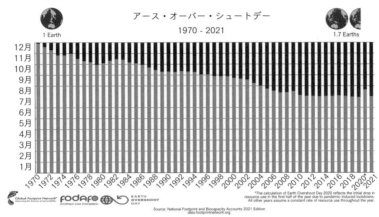

アース・オーバー・シュートデー
1970 - 2021

1 Earth

1.7 Earths

*The calculation of Earth Overshoot Day 2020 reflects the initial drop in resource use in the first half of the year due to pandemic-induced lockdowns. All other years assume a constant rate of resource use throughout the year.

Source: National Footprint and Biocapacity Accounts 2021 Edition
data.footprintnetwork.org

2021年は地球で再生産できる自然資源を7月29日に使い切ってしまった
7月29日以降は2022年の資源に手をつけてしまっている

（出所）Global Footprint Networkより転載

ージ・セラフェイム教授が推進しているのが、企業の社会・環境への影響を損益計算書（P/L）に反映させるための研究活動「インパクト加重会計イニシアティブ」（Impact-Weighted Accounts Initiative、以下「IWAI」）です。

　IWAIは、環境コストを見える化し、それを加味したうえで、企業の真の姿である利益を算出しようという野心的な試みです。インパクト投資の父とされるロナルド・コーエン卿とセラフェイム教授の共著レポート[2]によれば、健全な利益を出しているかに見える航空大手のルフトハンザ航空とアメリカン航空は、2018年度における環境コストがそれぞれ23億ドル、48億ドルと見込まれるため、それを実際のコストに計上すればたちまち採算の取れない状態になってしまうとしています。

　さらに、1,800社についてインパクト加重会計を適用して分析したところ、多くの企業がEBTIDA（償却費控除前の営業利益）を超える環境コストを生み出していることがわかり、黒字のEBITDAを計上している企業1,694社

のうち実に15％相当の252社はEBITDAが帳消しになり、32％相当の543社はEBITDAが25％以上減少することが判明したとしています。課題の多い石油・ガス業界では、75％以上の企業がEBITDAを25％以上減少させるとしています。現行の会計制度にもとづいて計算された企業の利益は幻影であり、企業の環境コストを外部化したままの株主資本主義は持続可能とはいえません。

　そして、資本市場関係者も気候変動への危機感を隠そうとしなくなりました。そもそも、資本市場はCOVID-19のパンデミックのように、人為的に経済活動を制限したことにともなう負の影響については冷静に対応します。ところが、ブラック・スワンのような「先行き不透明」を資本市場は殊のほか嫌います。気候変動が企業の経済活動にどれほどの影響を与えるかはまだよくわかっていないため、それが表面化したときに甚大な影響が生じる事態は避けたいのです。国際決済銀行BISは、2020年1月に「The green swan」と銘打ったレポートを公表し、「気候変動が次の深刻な金融危機の火種になりうる」と警告しています（**図表1-10**）。

図表1-10　資本主義は「先行き不透明」を嫌う

国際決済銀行（BIS）とフランス中央銀行は深刻な金融危機の火種として気候変動に関するレポートを2020年に発表した。

グリーンスワンは、気候変動をきっかけにした金融危機が起こるリスクを表した言葉である。

（出所）左図：BISウェブサイト（https://www.bis.org/publ/othp31.pdf）より転載

1.4　アメリカ経営者ロビイング団体が「ステークホルダー資本主義」を宣言

　そんな空気を察するかのように、2019年8月、アメリカの経営者ロビイング団体ビジネス・ラウンド・テーブル（BRT）は画期的な声明を出します。声明のタイトルは「企業のパーパスに関する声明」（Statement on the Purpose of a Corporation）（**図表1-11**）。企業のパーパスを再定義するとともに株主第一主義（Shareholder Primacy）を見直し、株主だけでなく、顧客、従業員、取引先、コミュニティなどのステークホルダーの利益を重視する「ステークホルダー資本主義」を高らかに宣言すると同時に、多くの経営者が賛同する声明を述べています（**図表1-12**）。BRTは株主資本主義を体現してきたようなアメリカ巨大企業の経営者団体であるだけに、この宣言は驚きを持って受け止められました。

　もっとも、BRTが声明を出した日と同日、アメリカの機関投資家評議会（Council of Institutional Investors、以下「CII」）は、BRTの声明に対して「この声明は、株主に対する経営陣の説明責任という概念を根底から覆すものです」「当協議会は、企業の“ステークホルダー”としての義務について議論するなど、BRTと生産的な関係を築いていますが、本日、BRTが発表した声明には同意しかねます。」「万人に説明責任を負うことは、誰にも説明責任を負わないということです。」などと懸念を表明します[3]。

　BRTの声明に対するCIIの反応は「BRTの経営者は株主を見捨てる（abandon）のか？」とメディアを賑わせましたが、それは杞憂でしょう。BRTの声明は、企業が持続的な株主価値の向上を実現するため、株主のみならず顧客、従業員、取引先、地域コミュニティなど幅広いステークホルダーの期待に応える必要があるという当然のことを明らかにしたと理解すべきです。

　実は、過去に表明されたBRTの宣言の中身を遡って読んでみると興味深

図表1-11 ビジネス・ラウンド・テーブルが発表した企業のパーパスに関する声明

アメリカ人は、一人ひとりが努力と創造性によって成功し、意味と尊厳のある生活を送ることができる経済を享受できています。私たちは、自由市場のシステムが良質な雇用を生むこと、強固で持続可能な経済、イノベーション、健全な環境、そして、すべての人に経済的機会をもたらすための最良の手段であると信じています。

企業は、雇用を創出し、イノベーションを促進し、必要な商品やサービスを提供することで、経済において重要な役割を果たしています。消費財の製造・販売、機器・車両の製造、国防の支援、食料の栽培・生産、医療の提供、エネルギーの生成・供給、金融・通信・その他経済成長を支えるサービスを提供しています。

各企業はそれぞれ独自のパーパスを持って活動していますが、私たちはすべてのステークホルダーに対して基本的なコミットメントを共有し、次のことを約束します。

◆**顧客**に価値を提供します。私たちは、アメリカ企業が顧客の期待に応え、または、それを上回るサービスを提供してきた伝統をさらに発展させます。

◆**従業員**へ投資します。これは、従業員に公正な報酬を与え、重要な福利厚生を提供することから始まります。また、急速に変化する世界に対応する新たなスキルを身につけるためのトレーニングや教育も行います。私たちは、ダイバーシティとインクルージョン、尊厳と敬意を育みます。

◆**サプライヤー**と公正で倫理的な関係を構築します。私たちのミッションを果たすために協力してくれる大小さまざまな企業の良きパートナーとしての役割を果たします。

◆私たちが働く**地域社会**を支援します。私たちは、地域社会の人々を尊重し、事業全体で持続可能な慣行を取り入れることにより環境を保護します。

◆企業の投資、成長、革新を可能にする資本を提供する**株主**のために長期的な価値を生み出します。私たちは、透明性を確保し、株主との効果的なエンゲージメントを約束します。

私たちのステークホルダーは、それぞれ必要不可欠です。私たちは、企業、地域社会、国の将来の成功のために、すべてのステークホルダーに価値を提供することを約束します。

（出所）Statement on the Purpose of a Corporation をもとに著者が独自に翻訳

図表1-12　多くの経営者が「長期」「ステークホルダー」を重視した声明を発表している

「アメリカンドリームは生きていますが、崩壊しつつあります。大手企業は、従業員や地域社会に投資することが、長期的に成功するための唯一の方法であることを知っているからです。これらの現代的な原則は、すべてのアメリカ人のための経済を推進し続けるという、経済界の揺るぎないコミットメントを反映しています」

ジェイミー・ダイモン
JPモルガン・チェース会長兼CEO
ビジネス・ラウンドテーブル会長

「この新しい声明は、今日の企業のあり方をよりよく反映したものとなっています。CEOがすべてのステークホルダーのニーズを満たすことに真摯に取り組むことで、企業は社会の改善に不可欠な役割を果たすことができます」

アレックス・ゴースキー
ジョンソン・エンド・ジョンソン取締役会長兼CEO
ビジネス・ラウンドテーブルのコーポレート・ガバナンス委員会議長

「私は、ビジネス・ラウンドテーブルのCEOたちが"企業の目的"について思慮深い声明を出したことを歓迎します。企業の目的をより広く、より完全に捉えることで、取締役会は長期的な価値の創造に焦点を当て、投資家、従業員、地域社会、サプライヤー、顧客などすべての人により良いサービスを提供することができます」

ビル・マクナブ
元バンガードCEO

「CEOは利益を生み出し、株主に価値を還元するために働きますが、最高の経営をしている企業はそれ以上のことをしています。お客様を第一に考え、従業員や地域社会に投資します。それこそが、長期的な価値を生み出す最も有望な方法なのです」

トリシア・グリフィス
プログレッシブ・コーポレーション社長兼CEO

「21世紀のビジネスは、すべてのステークホルダーのために長期的な価値を生み出し、私たちが直面している課題に取り組むことが重要であり、その結果、ビジネスと社会の両方が繁栄と持続性を共有できるようになるのですから、これは非常に大きなニュースです」

ダレン・ウォーカー
フォード財団会長

（出所）https://www.businessroundtable.org/business-roundtable-redefines-the-purpose-of-a-corporation-to-promote-an-economy-that-serves-all-americans をもとに著者が独自に翻訳

いものがあります。1980年代、BRTが考える企業のパーパスは、労働者やコミュニティなどのステークホルダーへ投資する必要性を反映していたとされています。実際に、1981年にBRTが出した「企業の責任に関する声明 (Statement on Corporate Responsibility)」では、「株主は企業と特別な関係にあり、株主は良いリターンを得なければならないが、顧客、従業員、コミュニティ、社会全体、サプライヤーといった他の構成員の正当な関心事にも適切な注意を払わなければならないと認識している。」と言及しています。

この40年前の声明を読むと、2019年のステークホルダー資本主義宣言に通じるものがあると感じられるのではないでしょうか。それから時は流れて1990年代にアメリカの資本市場で吹き荒れたのが敵対的買収の嵐です。そこで、1997年、BRTは敵対的買収者からの圧力が強まったこともあり、「企業の主たる目的は、その所有者に経済的利益をもたらすことである」と声明で強調し、株主の重要性について明確なシグナルを送ることになったのです。

一般に、1997年のBRT声明は、取締役会の最重要の義務は株主に向けられるべきであるとする「株主資本至上主義」を宣言したと解釈されていますが、その背景にはこうした事情が働いていたのです。

ジョンソン・エンド・ジョンソンのクレドからの学び

2019年のBRT声明に署名しているCEOのひとり、ジョンソン・エンド・ジョンソンのCEOであるアレックス・ゴースキー氏は「BRTは、従業員やコミュニティへの投資は、株主価値を生み出すために不可欠な要素であると常に主張してきました。実際には言葉が重要であるにもかかわらず、（1997年のBRT声明は）BRTメンバーのCEOが日々会社を経営するために努力している方法と一致していませんでした」と述べ、ステークホルダー資本主義を宣言した背景を語っています[4]。

ジョンソン・エンド・ジョンソンといえば、クレド「我が信条」（Our

Credo）があまりにも有名です。尊重するステークホルダーの利益を第1に顧客（患者、医師、看護師、その家族）、第2に社員、第3に社会、最後に株主としています（**図表1-13**）。筆者はこれを勝手に「シャンパンタワー理論」と呼んでいるのですが、上のグラスからシャンパンで満たされるように、顧客、社員、社会を満足させてこそ、はじめて長期的な株主価値の向上が可能になることを宣言している同社のクレドは、ステークホルダー資本主義そのものといえるでしょう。このクレドに導かれた経営を半世紀以上も続けているジョンソン・エンド・ジョンソンのゴースキー氏の言葉だけに説得力があります。

BRT宣言の評価

　企業のパーパスを再定義しステークホルダーを重視するとBRTが宣言してから、すでに2年以上が経過しています。株主第一主義からの脱却として

図表1-13　すべてのステークホルダーを満足させる「シャンパンタワー理論」

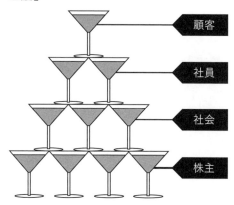

　　顧客、社員、社会を満足させてこそ長期的な株主価値の向上が可能になる

（出所）著者作成

注目を浴びた声明ですが、その後の評価については功罪相半ばといった印象です。

　声明がミレニアル世代、Z世代の価値観と一致したメッセージであったこと、サステナビリティやESGへの取り組みに向けた機運が加速したといったポジティブな評価がある反面、甘美な表現で語られる企業のパーパスを測るものさしがない、ステークホルダーに与える影響を測る方法がないなどのネガティブな評価もされています。

　また、お世辞にも脱炭素化に積極的だったとはいえず、株主総会での委任状争奪戦の末、アクティビストが推薦する脱炭素派の取締役３人を受け入れざるを得なくなったエクソン・モービルのダレン・ウッズCEOがアメリカBRTのステークホルダー資本主義宣言に署名していることに違和感を抱く人も少なくありません。

　気候変動懐疑論を展開し、悪質なロビー活動を行ってきたエクソン・モービルやシェブロンのCEOも署名しているアメリカのBRTのステークホルダー資本主義宣言を言葉だけにさせないためには、BRT宣言で列挙されている顧客、従業員、サプライヤー、地域社会、株主といったステークホルダーが厳しくモニタリングしていくことが求められます。

　もっとも、アメリカ大手企業の経営トップらがステークホルダー資本主義を高らかに謳い上げたことは、世界の投資マネーがESGへと重心移動をする大きなうねりに呼応したものであり、BRT宣言は積極的に評価すべきでしょう。

　2021年11月にフットウェアブランドのオールバーズ（詳しくは1.6に記載）がナスダックへ上場申請する際に提出した上場目論見書類にもBRTによるステークホルダー資本主義宣言を引用し[5]、同社が自社のステークホルダー資本主義経営の正当性をアピールしていることからも影響力の大きさをうかがい知ることができます。

1.5　世界が注目する書簡「ラリー・フィンク・レター」とは

　アメリカのBRTの声明とともに近年注目されている声明といえば、世界最大の資産運用会社であるブラックロックのCEOであるラリー・フィンク氏が毎年投資先企業へ送付している書簡でしょう。年金基金などのアセットオーナーから預かって運用している資産の総額が約1,000兆円[6]にも及ぶため、資本市場への影響力が非常に大きいのです。

　毎年公開されている書簡で触れられているテーマを見れば、資本市場が企業の何に注視しているのか、その関心事が浮かび上がってきます（**図表1-14**）。

　日本では、2019年の「株主に長期的価値を提供する」というアメリカBRT声明に関する記事に触れ、あの株主第一主義のアメリカが一夜にして豹変したのか!?と驚いた向きも多かったと思います。アメリカの投資家と聞くと、反射的に配当や自社株買いなど短期的なリターンを求めたり、ときには企業の経営陣に対して退陣を要求したり敵対的買収を仕掛けたりする欲深い人たちというイメージを持つかもしれません。

　ところが、ブラックロックのようないわゆる「ユニバーサル投資家」は、その真逆のスタンスに立っている投資家と位置づけられます。考えてみれば当然でしょう。彼らのお客様の中心はユニバーサルオーナーと呼ばれる年金基金です。自ずと運用期間も50年、100年といった世代をまたぐほどの長期になるため、ブラックロックなどの大手運用会社の多くは中長期的視点で幅広い資本市場に分散投資を行っているのです。

巨大投資家を縛る宿命

　投資家の代表的な運用方法には「パッシブ運用」と「アクティブ運用」があります。パッシブ運用は、運用目標とされている市場のベンチマーク（S

図表1-14　ラリー・フィンク・レターの主要テーマ

年	主要テーマ	経営陣に投げかけている課題
2022年	資本主義の力	・長期的な株主価値の向上のためのステークホルダー資本主義を盤石なものにするためにも最終的には企業の収益性が市場での成功の尺度であることを理解していますか？ ・自社の長期的な成功の鍵となる明確なパーパス、理路整然とした戦略、長期的な視点を持っていますか？ ・経営者は、従業員と強い絆を築いていますか？ ・市場のリーダーを凌駕しようとする破壊的なスタートアップの参入に備えはありますか？ ・ネットゼロ社会への移行へ向けて、自社は先導する側、後塵を拝する側のどちらですか？
2021年	パンデミック、気候変動リスク、ネットゼロと機会	・自社のビジネスモデルをネットゼロ経済に整合的なものにするための変革プランを立てていますか？ ・そのプランが自社の長期戦略にどのように組み込まれ、取締役会でどのように議論していますか？ ・TCFDやSASBに準拠したサステナビリティに関する情報開示に自ら自発的に進んで対処していますか？ ・地域に適した形でダイバーシティ、平等、インクルージョンの改善に向けた長期的な人材戦略を用意していますか？
2020年	気候変動リスク、パーパス、サステナビリティ	・SASBガイドラインに従った情報開示または貴社の事業内容に沿った形での同様のデータの開示を年内にできますか？ ・TCFDの提言に沿った気候関連リスクの情報開示を実施できますか？ ・世界の温暖化を2度以下に抑えるというパリ協定で掲げられた目標が完全に達成される前提のシナリオを踏まえた事業計画をつくっていますか？
2019年	パーパス	・キャッチコピーやキャンペーンではない、単なる利益追求でもない、ステークホルダーに対する価値創造とそれを達成するための企業理念を設定していますか？ ・世界反映のために重要な社会課題に取り組むリーダーシップを経営者が発揮していますか？ ・利益創出より社会をよりよくすることを望むミレニアル世代に世界の富が移転する近い未来に備えてESGに取り組んでいますか？
2018年	パーパス	・取締役会で長期的な価値創造に向けた経営戦略を議論していますか？ ・取締役会と組織は多様性に富んでいますか？ ・地域社会における役割は何ですか？ ・事業が環境に与える影響を管理していますか？ ・イノベーションへの適応はできていますか？ ・従業員の再教育や退職後の生活に備えた準備・サポートをしていますか？ ・新たな事業機会を追求していますか？
2017年	ESGと長期的視野に立った経営	・長期的な視点に立ってESGを事業に組み入れて推進していますか？ ・長期主義を表明しながら安易な配当と自社株買いに走り将来への成長投資を怠っていませんか？
2016年	長期的な企業価値創出のための戦略	・取締役会で議論・承認した長期的な価値創出のための戦略を毎年株主に説明できますか？ ・持続可能な利益を長期間生み出すためにESGに戦略的に取り組んでいますか？

（出所）ラリー・フィンク・レターをもとに著者作成

＆P500やTOPIXなどの指数）に連動する運用成果を目指す運用方法です。

　これに対してアクティブ運用は、ベンチマークの値動きとは関係なく、ベンチマークを上回る運用成果を目指す運用方法のことをいいます。ブラックロックのようなユニバーサル投資家は、パッシブ運用中心の投資家といえます。なにせ1,000兆円もの巨額の預かり資産を運用してリターンを上げ続けなければいけないため、投資先があまり魅力的ではない企業であってもベンチマーク指数に組み込まれている代表的な銘柄であれば、おいそれと簡単に売却することができません。

　投資家のESG投資戦略のなかには、化石燃料を燃焼し温暖化ガスをモクモク排出し続ける大手石油会社の債券や株式を売却する「ダイベストメント」（撤退）という代表的な方法がありますが、ユニバーサル投資家はこの方法を取りにくいのです。なぜなら、温暖化ガスを大量に排出しているような大手企業は規模が非常に大きく、ユニバーサル投資家が運用している債券や株式への投資額も巨額になるため、売却して手にした現金を他の債券や株式への投資に回す必要があるからです（現金はリターンを生まないため）。巨額の現金をすぐに他の投資に回すことは我々個人投資家が想像するほど容易ではありません。

　したがって、ブラックロックのようなユニバーサル投資家の投資戦略の基本は、バイ＆ホールド（買って、持ち続ける）ということになります。だからこそ、投資対象となっている企業に対するスタンスとしては、「気に入らなければ売ってしまえ」ではなく、エンゲージメントを通じた長期的な成長戦略の実践の後押しとなるのです。過去のラリー・フィンク・レターを振り返ってみると、こうしたことがよく見えてきます。

ラリー・フィンク・レターを読む

　2016年の書簡のテーマは「長期的な企業価値創出のための戦略」でした。日本ではコロナ禍に入ってからにわかに注目を集めるようになったESGが、

2016年の書簡ですでに最重要テーマとして語られています。ESGの事業戦略への組み込みやその実践、成果の実現は、その特性から時間のかかる、息の長いものです。長期的な価値創出のための戦略を取締役会で議論し、持続可能な利益を長期間生み出すためにESGに対して戦略的に取り組むことは、書簡で、その後、毎年のように触れています。ブラックロックがそれだけ中長期的な視点を重要視していることの証左といえるでしょう。

　2017年の書簡では、前年に続き長期的な視点にもとづくESGへの取り組みを促すメッセージが中心でしたが、短期的なリターンを求める株主からのプレッシャーに屈するかのように安易な配当と自社株買いによる株主還元に走る風潮を戒めるこのような記載もありました。

　「余剰資金の株主還元には賛同しますが、将来の成長に向けた投資と資本還元とのバランスに配慮する必要があります。自社株買いによるリターンが、資本コストや将来の成長に対する投資の長期的なリターンを最終的に上回ると確信できる場合にのみ自社株買いは実施すべきでしょう。」

　2018年と2019年は「パーパス」の設定と実践に取締役会へのコミットメントを、そして、2020年と2021年はパンデミック、気候変動リスク、ネットゼロに対応するための長期戦略と積極的な情報開示を求める内容となっています。ブラックロックは運用資産が巨額で資本市場に対する影響力が大きいだけに多くの批判を受けやすい立場にもあります。特に、気候変動問題を投資戦略の中心に据えるとのコミットメントを表明しておきながら、同社の投資先企業の株主総会における議決権行使が企業寄りであるとの指摘がされています。

　アメリカのNPO団体のマジョリティ・アクションのレポート[7]によれば、気候変動対策に関する株主提案に対する賛同割合について、同じくグローバル資産運用会社のPIMCOが100%だったのに対してブラックロックは僅か8.3%に過ぎません。炭素依存度の高い企業への働きかけに消極的であることが鮮明になっています。

　このことから、フィンク氏が毎年の書簡で言及している内容は口先だけだ、実態の伴わない行為だと見るのは早計でしょう。もともとベンチマークに連動する運用成果を目指して長期的に幅広い資産に投資するスタイルのパッシブ運用を行ってきた資産運用会社は、ベンチマークに連動した運用を行っているからこそアセットオーナーに低い手数料率でサービスを提供するというビジネスモデルを可能としてきました。そのため、優秀な人材とコストのかかるエンゲージメントや議決権行使によるスチュワードシップ活動には消極的にならざるを得なかった面があります。

　しかし、日本の年金積立金管理運用独立行政法人（GPIF）がブラックロックに委託するパッシブ運用の外国株を2019年に半分に減らすなど同社に対するアセットオーナーの目も厳しくなっています。そのため、ブラックロック自身も世界でもっとも多く温暖化ガスを排出するグローバル企業167社に対して温暖化ガス排出削減を促す機関投資家のイニシアティブClimate Action 100＋に2020年から参加し、気候変動問題に関する言行不一致を軌道修正する姿勢を明確にしています。

1.6　アメリカで支持されはじめた「コンシャス・キャピタリズム」という考え方

　アメリカのBRTやラリー・フィンク・レターによるステークホルダー資本主義の提唱に呼応するかのような新規上場（IPO）が、近年のアメリカのスタートアップ企業のあいだで勃興し始めています。

　2020年7月にニューヨーク証券取引所に上場したレモネードは、保険契約から保険金の支払いまでAIが自動処理することによって人手が介在しないテクノロジードリブンな保険会社です。同社がユニークなのは、行動経済学を応用した「自分が選んだグループで1年間保険金請求がなかったら、翌年の保険料が安くなるうえに指定したチャリティ団体に寄付される」という

ソーシャルな取り組みを活用し、従来の保険会社にとってリスクであった保険金の不正請求を予防しているところです。

　また、同時期にナスダックに上場した養鶏場運営のバイタル・ファームズは倫理的な方法で飼育した鶏の卵やバターなどの加工食品を取り扱っている会社です。近年、SDGsやサステナビリティの文脈で「動物福祉」（アニマル・ウェルフェア）が注目されています。この考え方は家畜にも適用されます。たとえば、養鶏場であればケージフリーで育てた（自然放牧）鶏が生んだ卵がスタンダードとなり、すでにEUは畜産業のケージ飼育の禁止を法制化することを表明しています。

「PBC」という新しい企業形態

　この２社に共通しているのは、ステークホルダー資本主義の思想をパーパスに据えているため、「パブリック・ベネフィット・コーポレーション」（Public Benefit Corporation：公益目的をも採択した営利法人、以下「PBC」）という法人形態を選択している点です。

　PBCは事業目的を追求することに加え、営利事業と並行して１つまたは複数の明確な公益を追求することも意図して設立されます。PBCの取締役会は株主の利益と他のステークホルダーの利益とのバランスを取ることができます。また、PBCは、利益を追求するという点では通常の企業と同じですが、社会や環境、自然、あるいは世界全体のために、より広い社会的利益を追求しています。

　このようにPBCは、株主の経済的利益のみに焦点を当てた株主優先モデルとはまったく異なる企業形態といえます。本原稿執筆時点では、デラウェア州をはじめアメリカ40の州、および、他４ヶ国でPBCの設立が認められています。

　いまやPBCは、社会の分断や環境問題を招いた株主資本主義に対するアンチテーゼとして、また、アメリカのオーガニック食品スーパー「ホールフ

ーズ」の共同創業者ジョン・マッキー氏が提唱した「コンシャス・キャピタリズム」という概念を実践するひとつのビジネス形態としてアメリカでは認識されています。バイタル・ファームズ創業者のマット・オヘア氏は、金儲けばかり考えていた若い頃の自分に嫌気がさしていたとき、コンシャス・キャピタリズムの思想に触発されたそうです[8]。

　それを反映するかのように、レモネードとバイタル・ファームズが上場したときの目論見書には、PBCの取締役会として、公益目的やステークホルダーの利益を優先し、株主価値を最大化しない行動を取ることがある旨を堂々と謳い上げています（図表1-15）。株主資本主義の最前線アメリカではこれまで考えられなかったことですが、コンシャス・キャピタリズム、ステークホルダー資本主義を地で行く会社の上場が受け入れられた歴史的な瞬間となったのです。

図表1-15　株主価値を最大化しない場合があることを記した目論見書の一部

新規IPO企業の目論見書S-1に衝撃の文言が記された
「PBCとして、特定の公益目的を重視し、社会にプラスの効果をもたらすことが、当社の業績にマイナスの影響を与える可能性があります。（中略）　株主価値の最大化のみに注力する受託者責任を負う伝統的な企業とは異なり、当社の取締役は、株主の利益だけでなく、会社の特定の公益および当社の行動によって影響を受ける他のステークホルダーの利益も考慮する受託者責任を負っています。」 レモネード（AI保険／2020年7月NYSE上場）
「PBCとして、様々な利益のバランスを取る義務があるため、株主価値の最大化につながらない行動をとる可能性があります。（中略）公益法人として、当社の取締役会は、(i)株主の金銭的利益、(ii)当社の行為によって重大な影響を受ける人々の最善の利益、および(iii)当社の定款に規定された特定の公益のバランスを取る義務を負っています。当社の公益指定および義務は株主の利益になると信じていますが、これらの利益のバランスをとるために、当社の取締役会は株主価値を最大化しない行動をとる可能性があります。」 バイタル・ファームズ（養鶏場運営／2020年7月NASDAQ上場）

（出所）著者作成

未公開企業のESGへのコミットメントを示す「SPOフレームワーク」

　さらに2021年11月、ESG、サステナビリティのど真ん中を闊歩する若いスタートアップ企業がアメリカのナスダックに上場しました。その名は「オールバーズ」（Allbirds）。レモネード、バイタル・ファームズ同様、オールバーズもPBCの法人形態を採用しています。

　オールバーズは、ウールやサトウキビなどの自然由来の素材を用いたスニーカーを開発し、サステナビリティに敏感な消費者の間で大ブレイクしたフットウェアのD2C[9]ブランドで、2015年にアメリカのサンフランシスコで設立されました。共同創業者のひとり、ティモシー・ブラウン氏は元ニュージーランド代表のサッカー選手でもあり、引退後にイギリスのトップ大学のひとつであるロンドン・スクール・オブ・エコノミックスの修士課程での「アントレプレナーシップ」のクラスで、母国の特産品であるウールを使ってシューズがつくれないかと思案したのが開発のきっかけだそうです。

　気候変動が人類にとって深刻な脅威であると認識しているミレニアル世代やZ世代の消費者は、自らの消費が気候変動問題の解決につながることを求めている一方、いくら環境に良い、サステナビリティにつながるといってもダサいものは買いたくないとちゃっかりした側面も併せ持っているものです。環境保護に熱心な俳優レオナルド・ディカプリオ氏がオールバーズにいち早く出資したことも話題になり、こうした世代の消費者の心をぐっとつかんだのが同社だったわけです。

　オールバーズは、販売開始からわずか2年でユニコーンの仲間入りを果たし、2021年の上場に至るのですが、同社は、レイターステージや上場準備中の未公開企業のサステナビリティ、ESGに対するコミットメントと実践に関する基準「サステナビリティ原則と目標フレームワーク」（Sustainability Principles and Objectives Framework、以下「SPO」）を満たし、サステナビリティ、ESGへの取り組みレベルが一定の水準であることを表明しています。

　SPOの評価を受けるための基準は、ESGレーティング、ミッションとパ

ーパス、気候と環境、バリューチェーン、人、ガバナンス、全6カテゴリーから構成される19個の基準が設けられており（**図表1-16**）、対象企業がSPOフレームワークを満たしているかどうか、ESG評価機関による評価・査定を受けることになっています。

さて、株主の利益を損ねてでも自分たちのパーパスを追求します、と力強く宣言して上場を果たしたレモネードやバイタル・ファームズ。株主資本主義の全盛時代では非常識ともいえる挑戦状を叩きつけた格好ですが、両社とも上場時のロードショー[10]では好感触だったようです。

ところが、その後の株式市場での評価に関しては、必ずしも望ましいものではありません。レモネードは上場直後にナスダック総合指数を大きくアウトパフォームしていたものの、2021年夏からはわずかにアンダーパフォームしており、バイタル・ファームズにいたっては、ほぼ一貫して大きくアンダーパフォームの状態で株価は低迷しています（**図表1-17**）。

オールバーズも2020年12月期の売上高は2億1,929万ドル（約241億円）を記録するものの最終損益は2,586万ドル（約28億円）の赤字となっており、上場後、2021年12月末までの株価はほぼ一本調子で下げてしまっています。

しかし、いずれの会社もスタートアップであり、成果を出すまでに時間のかかるサステナビリティやESGを経営の中心に据えているため、財務パフォーマンスを上げるまでにはどうしてもタイムラグがあるものです。現状の姿のみを見て評価を下すのはフェアではないでしょう。

なにより資本主義の最前線たるアメリカで、このように新しく大きなうねりが起こっていること自体が画期的であり、株主資本主義からステークホルダー資本主義へ進化する胎動を感じると同時に、サステナビリティ、ESGの時代にあるべき上場企業のひとつの理想像を示しているのかもしれません。

図表 1 - 16　SPO フレームワークの基準

カテゴリー		基準	充足時期
ESG レーティング	1	第三者評価機関による ESG 評価を受け、その 評価の概要を開示すること。その ESG パフォーマンスは、評価機関の対象母集団の上位3分の1に入ること。	上場時
ミッションとパーパス	2	ビジネスモデル、製品・サービスに、社会的・環境的なプラスの影響がどのように組み込まれているかを SEC 登録書類で説明すること。対象企業が PBC や B-Corp でもよい。	上場時
	3	SASB、GRI などの開示基準に則り主要な ESG 要素について上場時に開示するか、または、毎期報告することを約束している。	毎期
気候と環境	4	気候関連のリスクを TCFD にしたがいすでに報告しているか、または、上場後24か月以内に報告することを約束している。	上場から24か月以内
	5	自社およびサプライチェーン全体（TCFD のスコープ1、2、3）の温暖化ガス排出量を毎年報告、検証する。	毎期
	6	上場後1年以内に「2040年までにサプライチェーン全体のカーボンニュートラルを目指すこと」かつ「1.5℃シナリオに沿った2030年までの中間目標」を設定すること。	上場から1年以内
	7	重要な環境問題に対処する全社方針と従業員のための労働安全衛生原則を備え、毎期の進捗状況報告を約束する。	上場時
バリューチェーン	8	自社の Tier 1 サプライヤーに対し重要な環境問題への取り組みを求める方針を備え、毎期の進捗状況報告を約束する。	上場時、毎期
	9	Tier1 サプライチェーンの労働基準が適切かモニターするための方針を備え、毎期の進捗状況報告を約束する。	上場時、毎期
人	10	従業員の多様性を達成、維持し、進捗状況を毎期報告するとともに継続的な研修の実施を約束している。	上場時、毎期
	11	現地の規制、または、適切な規定にもとづき賃金格差に関する目標に対する進捗状況を毎期報告することを約束する。	毎期
	12	上場後1年以内に国連の「ビジネスと人権に関する指導原則」に準拠した人権方針を策定することを約束する。	上場から1年以内
	13	上場 から 24 か月以内に全従業員に対する生活賃金の支給に関する基準を設定し実施することを約束する。	上場から24か月以内
ガバナンス	14	戦略、リスク、報告などの ESG 関連事項を取締役会がどのように監督するかを明文化する。	上場時
	15	取締役会の多様性を達成し、維持することを約束し、その進捗状況を毎期報告する。	毎期
	16	役員報酬を ESG 指標に連動させているか、または、上場後1年以内に連動させることを約束する。	上場後1年以内
	17	ESG に特化した取締役をチーフ・サステナビリティ・オフィサーとして1人以上有する。	上場時
	18	サステナビリティに関する政策提言、政治献金、業界団体への参加を約束する。	上場後6か月以内
	19	倫理基準を有し、懸念事項を報告するための匿名による内部通報制度を持っている。	上場時

（出所）Sustainability Principles and Objectives Framework ウェブサイトをもとに著者作成

図表1-17　PBC 2社の上場後の株価パフォーマンス

レモネード、バイタル・ファームズ上場後の株価推移

（出所）著者作成

1.7　社会や環境に配慮した「公益資本主義」にお墨付きを与える世界の動き

　前述したPBCという法的形態が世に産声を上げたのは、2010年4月のアメリカメリーランド州[11]でした。その後、2013年にはアメリカのデラウェア州でもPBCが法制化されます。法制化の根底にあったのは、株主第一主義を排除し、公共利益の創造を会社のパーパスに加えることでした。

　ところで、少々紛らわしいのですが、日本では「ベネフィット・コーポレーション」通称「B-Corp」の方が有名だと思われます。B-Corpは、社会課題の解決を実践している企業をアメリカのペンシルベニア州に拠点を置く非営利団B Labが認定するフレームワークであり、B Labに認定されると晴れてB-Corpを名乗れるわけです。B-Corpに認定されると、社会や環境、サプライチェーンや従業員の福利厚生などに配慮した公益性の高い企業として

評価されるといわれています。

実際、筆者もこんな場面に出くわしたことがあります。EU圏の人たちと顔を合わせる場にたまたまB-Corp認証企業の社長がいたのですが、一緒に居合わせた人たちが名刺に印刷されている"B-Corp"の文字を見て「ワオ！クール!!」と称賛の言葉をかけていました。

B Labは2006年に設立され、創業メンバーが積極的なロビー活動をした成果がB-Corp認証とは別にアメリカの各州がPBCという法人形態を州レベルで導入するという形で結実したのです。前述したレモネード、バイタル・ファームズ、オールバーズはいずれもPBCであると同時にB-Corp認証も取得しています。

世界77カ国、153の業界で拡がるB-Corp認証

B-Corp認証を取得している代表的な企業としては、アウトドアアパレルのパタゴニアやクラウドファンディングのキックスターター、食品大手ダノンのカナダやアメリカの子会社などが挙げられます。そして、日本の楽天グループのRakuten OverDriveやキッコーマンのグループ企業であるCountry Lifeも同様です。現在、B-Corp認証取得のムーブメントは、アメリカにとどまらず世界に急速に広がっており、2021年9月末時点では、世界77カ国にわたり、153の業界で4,088社がB-Corpに認定されています。それだけ、営利法人であることと社会課題の解決を両立させようという企業が世界中に増えてきたことを示しています。ただし、認証の性格から、その多くは規模の大きくない非上場の企業です。

B-Corpに認定されるためにはガバナンス、従業員、コミュニティ、環境、顧客の5つの項目から200点満点で80点以上を獲得する必要がありますが、これが非常に難しいのです。

日本では本書執筆時点で6社しかB-Corp認証企業がないため（すべて非上場）、あまり馴染みがないかもしれません。また、アメリカのウォール街

ではB-Corpは社会課題を解決している良い会社かもしれないけど、投資対象としては魅力的でないと長らく冷ややかな目で見られるのが相場でした。しかしながら、前述したB-Corpの上場事例が物語るとおり、投資家サイドの姿勢が明らかに変質してきています。

　考えてみれば当然のことでしょう。社会の分断や環境破壊を引き起こした株主資本主義にうんざりしているミレニアル世代やZ世代の消費者を魅了するのは、エコフレンドリーでサステイナブルな商品やサービス、企業にかぎるのですから。

　以前、GPIFの最高投資責任者CIOとしてGPIFにESG投資を導入し、現在は国連事務総長の革新的ファイナンス・持続可能な投資担当特使を務める水野弘道氏が講演[12]でこのようなことをおっしゃっていました。「ESG投資を行う投資家が投資行動を通じて会社を潰すことなんてできません。しかし、消費者が消費行動を通じて会社を潰すことはあり得ます。」

　企業はもはや、このような世代の消費者層からそっぽを向かれてしまっては将来がないのであり、消費者に受け入れられてこそサステナブルな企業であり続けられるわけです。これが欠けてしまっては増益も株主価値の向上も難しくなります。ひと昔前までウォール街ではフンッと鼻であしらわれていたB-Corpのような企業がステークホルダーの間でクールであると評価されるようになると、お墨付きを求めるムーブメントは一層広がっていく可能性があるでしょう。

　カナダ出身でありながらイギリス国籍を取得し、カナダ銀行総裁とイングランド銀行総裁を歴任するという異色のキャリアを持つマーク・カーニー氏は、ESGやサステナブル・ファイナンス、インパクト投資を世界に広めた最大功労者のひとりです。そんな華々しいキャリアを積み上げてきたカーニー氏が2021年に選んだ就職先がアメリカで最後に残るデカコーン[13]企業ストライプでした。そのストライプがカーニー氏を取締役に招聘したのもサス

テイナビリティを推進するためであるとされています。B-Corpのような認証取得ではありませんが、フィンテック企業のストライプにとってカーニー氏の取締役就任はある種のお墨付きといえるのかもしれません。どれだけサステナビリティが重視されているのか、よくわかる電撃人事でした。

　アメリカ以外の地域に目を転じると、フランスでは、2019年5月に「企業の成長・変革のための行動計画に関する法」（PACTE法）が施行されました。これは、企業に対して利益だけでなく社会的責任や環境への配慮に加えて、従業員に対する利益配分や退職金を整備し、労働者が報われる姿勢を企業に求めるものとなっています。

　この動きに真っ先に呼応したグローバル企業が食品大手のダノンでした。2020年6月、ダノンは株主総会で満場一致の承認を受け、上場企業で初となる「使命を果たす会社」（Entreprise à Mission）というモデルを採択したのです。フランスの使命を果たす会社とは、会社のミッションとそれに沿った社会的、環境的な分野での目標が定款に記載され、その目標の達成について専任のミッション委員会と独立した第三者が監督するという法人形態です。

　ダノンはこれによって、国連の持続可能な開発目標（SDGs）に沿った自社の社会・環境目標と経済的成長の両立を目指し、自社ブランドが広く公益に資することを消費者などのステークホルダーに示すことができるわけです。

─第1章のまとめ─

- 会社は株主のものであり、株主利益の最大化を実現すべきという株主資本主義の思想、および持続的な株主価値の向上をファイナンス戦略の中心に据える株主価値経営は、本来的には優れた仕組みである。資本市場を介して投資家と企業に規律を与え、企業の競争力を高めるとともに、株価の上昇を通じて、投資家ひいては、われわれ個人に経済的豊かさをもたらすというダイナミズムを持つからだ。

- 近年、株主資本主義の限界が指摘されるようになっている。企業経営者が株主の利益を極端に重視し、目先の利益に目がくらむショートターミズムに陥った結果、優れた仕組みであったはずの株主資本主義が「株主資本至上主義」「株主第一主義」とでもいうべき状態になった。具体的には、社会の分断や深刻な環境問題といった形でその限界が露呈された。

- このままでは社会も地球環境ももたないとの危機感から、資本市場や企業経営のあり方を株主資本主義からステークホルダー資本主義へシフトしようという動きがアメリカから起こっている。キーワードは「長期」と「ステークホルダー」である。社会や環境に関する課題をビジネスで解決するには時間がかかるため取り組みは自ずと長期となり、持続的な価値創造を実現するためには、株主のみならず顧客、従業員、取引先、地域コミュニティ、将来世代、地球環境などのステークホルダーの利益を考慮することが求められるからである。

- 社会の分断や環境問題を招いた株主資本主義に対するアンチテーゼとして、「コンシャス・キャピタリズム」（寛容な資本主義）という概念がアメリカで提唱されている。アメリカのパブリック・ベネフィット・コーポレーション（PBC）やフランスのEntreprise à Missionなどの法人形態は、企業の事業目的に社会的、環境的な目標＝公益を掲げることが法的に求められ、コンシャス・キャピタリズムを体現する企業形態として注目され、上場する企業も誕生している。

- 社会課題を解決する企業を「ベネフィット・コーポレーション」（B-Corp）として認証するスキームが世界で広がりつつある。公益資本主義を実践する企業としての「お墨付き」が与えられたことを意味するため、ステークホルダー資本主義の考え方が支持されるのに合わせて、今後B-Corpの認証取得がさらに広がる可能性がある。

第2章

ESG経営と
ファイナンス戦略の
あり方を問う

投資家にも求められる
エンゲージメントという考え方

2.1 なぜ「ESG」という規範が生まれたのか

前章では、近年熱を帯びた議論を巻き起こしているステークホルダー資本主義の萌芽が株主資本主義で露呈した限界（社会の分断、環境問題など）にあることを見てきました。

そのうえで、幅広いステークホルダーの利益に応える姿勢を見せた企業経営陣や投資家（アメリカのBRT声明、ラリー・フィンク・レターなど）、サステナブルで新たな資本主義の枠組みづくりに着手した国・自治体・民間団体（PBC、B-Corp、Entreprise à Mission）とそれに呼応してサステナビリティを事業に組み入れる企業（レモネード、バイタル・ファームズ、オールバーズ、ダノン）といった、株主資本主義を前提とした従来の株主価値経営をアップデートする試みについて概観しました。

読者のみなさんは、サステナブルなステークホルダー資本主義が環境（Environment）、社会（Social）、ガバナンス（Governance）の頭文字を取った「ESG」と密接に関連していることは容易に想像がつくでしょう。

日本では2019年のアメリカBRTによるステークホルダー資本主義宣言、気候変動やCOVID-19であらわになったグローバルリスクへの対応を迫られたことをきっかけにESGが世界的なムーブメントになったと感じている人が多いかもしれません。

ところが、実際にESGという言葉がこの世で産声を上げたのは2004年6月のことです。国連環境計画・金融イニシアティブ（UNEP FI）は「社会、環境、コーポレート・ガバナンス課題が株価評価に与える重要性」（原題：The Materiality of Social, Environmental and Corporate Governance Issues to Equity Pricing）と題したエポックメイキングなレポートを公表しました（図表2-1）。

UNEP FIのイニシアティブのもと、BNPパリバ、ABNアムロ銀行、シティグループ、日興アセットマネジメントなど世界12のアセットマネージャ

図表2-1　「ESG」という言葉は2004年に生まれた

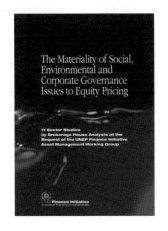

国連環境計画金融イニシアティブが発表したレポート。
「社会、環境、コーポレートガバナンス課題が
株価評価に与える重要性」ではじめて
「ESG」という言葉が使われた。
このときは、ESGではなく、
Social、Environment、Governanceの
順になっている

（出所）左図：2004年6月／国連環境計画金融イニシアティブより転載

ーが2003年4月にワーキンググループを組織し、7つの産業セクターについて世界50社以上の証券会社を巻き込んでESGが長期的な株主価値に与える影響を分析し、このレポートを共同編集したのです。

　同レポートは、気候変動、職業上および公衆衛生上の問題／疾病、労働問題と人権、そして、コーポレート・ガバナンスの課題が企業財務に重要なインパクトを与えることを指摘したうえで、「長期的な株主価値の向上のためには、投資判断において環境、社会、コーポレート・ガバナンス（ESG）を統合的に考慮すべき」と結論づけています。

　ESGが提唱された、その源流はどこにあるかといえば、1992年6月、ブラジルのリオ・デ・ジャネイロで開催された国連環境開発会議（地球サミット）にまで遡ります。ここでは「アジェンダ21」「国連気候変動枠組条約」「生物多様性条約」など近年誰もが耳にする多くのグローバル・アジェンダが採択されたほか、2015年に国連が呼びかけたSDGsのもとになる「持続

可能な開発」(Sustainable Development) という概念がはじめて提唱されました。

　その後、1994年には、企業の社会的責任(Corporate Responsibility、以下「CSR」)や持続可能な開発の第一人者、作家でシリアルアントレプレナーのジョン・エルキントン氏(イギリス)が企業の評価において環境、社会、経済を統合しようという「トリプルボトムライン」の概念を提唱しました。「ボトムライン」は、企業の損益計算書で最終行(ボトムライン)に表示される「当期純利益」を意味します。企業は経済的な利益だけでなく、ソーシャルグッド(社会的に良いこと)であり、エコフレンドリー(環境にやさしいこと)でなければならないと考えたのがトリプルボトムラインの概念です。

　エルキントン氏のトリプルボトムライン概念の影響は非常に大きく、上場企業が毎期開示している「統合報告書」に関する作成ガイドラインのひとつ、Global Reporting Initiative(以下、「GRI」)スタンダードが「サステナビリティ報告書を企業は毎年発行すべきである」と提唱するに至っています。GRIスタンダードが「経済」「環境」「社会」に与えるインパクトの報告を求めるようになっているなど、トリプルボトムラインがフレームワークの基礎になっているほどです。

世界の課題を解決するために発足した「国連グローバル・コンパクト」

　さらに、ときを経ること2000年7月、アナン国連事務総長(当時)の呼びかけにより国連グローバル・コンパクト(UNGC)が発足します。急速にグローバル化が進む一方、グローバル化のネガティブな側面が顕著になってきた当時、アナン氏は1999年1月のダボス会議で次のように提唱し、グローバルな課題解決への参画を企業に求め、世界の経営トップに協力を要請しました。

「世界共通の理念と市場の力を結びつける力を探りましょう。民間企業の持つ創造力を結集し、弱い立場にある人々の願いや未来世代の必要に応えてい

こうではありませんか」[1]

　端的にいってしまえば、国連を中心とした国際機関や各国政府の力だけでは、もはやグローバルな課題を解決するには限界があることを認め、持続可能な成長を実現するための世界的な枠組みづくりに参加するよう企業に促したイニシアティブがUNGCです。

　発足当時は、ABB、BASF、UBS、バイエル、BP、BTグループ、ボルボ、クレディ・スイス、ダイムラー、デロイト、ドイツ銀行、ドイツテレコム、ナイキ、ノバルティス、ロイヤル・ダッチ・シェル、サノフィ、SAP、ユニリーバなど、欧米企業46社に過ぎなかった署名数ですが、現在では企業8,300社を含む13,000の団体にその数がのぼっています。日本からは2001年3月にキッコーマンが最初に署名しています。

　そして、ESGを不可逆的に普及させるため、2006年4月、UNGCとUNEP FIが創設を主導し、近年のESGへの布石となる決定打を放ちます。それが、アナン氏が機関投資家、金融機関に対して提唱したイニシアティブ「国連責任投資原則」（Principles for Responsible Investment、以下「PRI」）の発足です。2004年6月にUNEP FIが長期的な株主価値向上のためにESGを考慮して投資判断すべきであると提唱してから約2年後のことでした。

　アナン氏は、持ち前の知性と強力なリーダーシップを発揮し、社会課題、環境課題の解決のためにグローバル企業が取り組むよう促すことに成功したわけですが、UNGCが想定しているような世界規模の課題解決には莫大な資金が必要になります。加えて、株主資本主義の限界で露呈した課題は解決するのに時間がかかるものばかりです。長期的な視点で巨額の資金を課題解決に取り組む企業がアクセスできる資本市場に呼び込むには、世界中の機関投資家や金融機関を結集するしかない、とアナン氏は考えたわけです。

　このとき、PRIはESGに関する6原則を発表しました（**図表2-2**）。投資家の資金がESG投資に流れ込むよう道筋を付けたのです。発足した当初、

図表2-2　PRIの6つの責任投資原則

1 私たちは、投資分析と意思決定のプロセスに
ESGの課題を組み込みます

2 私たちは、活動的な所有者となり、
所有方針と所有習慣にESGの課題を組み入れます

3 私たちは、投資対象の主体に対してESGの
課題について適切な開示を求めます

4 私たちは、資産運用業界において本原則が受け入れられ、
実行に移されるように働きかけを行います

5 私たちは、本原則を実行する際の効果を
高めるために協働します

6 私たちは、本原則の実行に関する活動状況や
進捗状況に関して報告します

（出所）PRIウェブサイトをもとに著者作成

署名した運用機関は50、署名したアセットオーナーが運用する資産を合わせると2兆ドルというPRIの船出でした。日本からは、三井住友トラスト・アセットマネジメント、三菱UFJ信託銀行、大和アセットマネジメントの3社が署名しています。日本でも連日のようにESGに関する報道がされるようになった2021年にはPRIに署名した運用機関数は3,826、運用資産残高は121兆ドルにまで広がっています（**図表2-3**）。

2.2　ESGへの関心に見る日本と世界の差

　2004年にESGが世に誕生し、2006年にはPRIが発足し、ESGに関する6原則が発表されました。その後、PRIに署名する投資家数も運用資産残高も一貫して増え続けています。

　一方、日本ではESGへの対応が遅れているといわれています。たしかに

図表2-3　ESG投資は不可逆な流れになっている

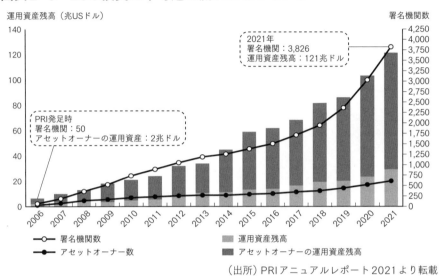

運用資産残高（兆USドル）　　　　　　　　　　　　　　　　署名機関数

2021年
署名機関：3,826
運用資産残高：121兆ドル

PRI発足時
署名機関：50
アセットオーナーの運用資産：2兆ドル

- ○─ 署名機関数　　　　　　　　　　□ 運用資産残高
- ●─ アセットオーナー数　　　　　　　■ アセットオーナーの運用資産残高

（出所）PRIアニュアルレポート2021より転載

UNGCにしてもPRIにしても、発足時に署名したのは欧米企業が中心で、日本からの参加は寂しいものでした。我が国でESGに関する議論が喧しくなったのもコロナ禍に入ってからですので、ごく最近のことだと言えます。

　実際に、世界におけるESGのムーブメントを見てみましょう。Googleトレンドの機能を使って、日本、EUの中心であるドイツ、フランス、そして、アメリカの4ヶ国で「ESG」がどれだけ検索されているか、PRIが発足した翌年の2005年以降のトレンドをチェックしてみました（**図表2-4**）。

　日本がつい最近になって急速に注目されるようになったことが一目瞭然で、ドイツやアメリカでは2010年前の時点ですでに2021年のピーク時の半分程度の水準に達しており、フランスにいたっては2010年以降少し下落傾向にありましたが、PRI発足直後から高い関心を持たれていたことがわかります。

　世界がESGへ大きく舵を切っていくなかで、なぜ日本での理解や取り組

図表2-4 世界の「ESG」ムーブメント：Googleでの「ESG」検索数

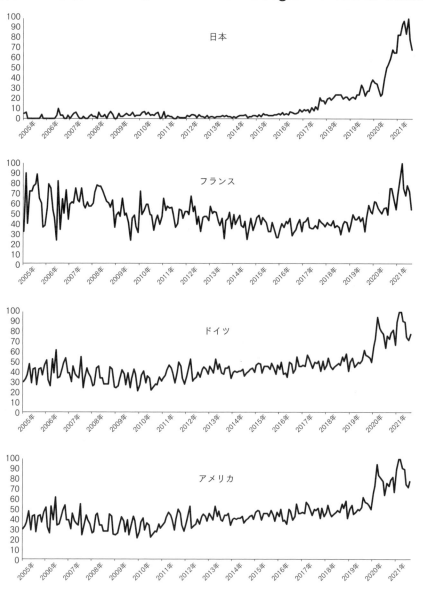

（出所）著者作成

みに時間がかかってしまったのでしょうか。

　日本においても、ESG投資の源流ともいえる「社会的責任投資」（Social Responsibility Investment、以下「SRI」）が知られていました。SRIは、社会と環境面でポジティブな影響を与えながら、経済的なリターンを追求する、換言すれば、トリプルボトムラインの概念にもとづいて優れたCSR（Corporate Social Responsibility：企業の社会的責任）経営を行っている企業に投資することです。

　SRIの先がけは、1920年代にアメリカのキリスト教団体が教義に反する業種（たばこ、アルコール、武器、ギャンブルなど）を資産運用の対象から排除したり、1960年代に大学基金や年金基金がベトナム戦争に加担する軍需関連企業やアパルトヘイト政策を講じる南アフリカで事業を行う企業の株式を売却したり、といったところにあるとされています。

　その後、1980年代から1990年代にかけて、環境問題の顕在化や前述のエルキントン氏によるトリプルボトムラインの提唱により、環境問題に特化した投資ファンドや優秀なCSR企業へ投資するファンドの組成といったSRIが広がっていきます。日本では、1999年、環境改善に寄与する企業に投資する「日興エコファンド」が日本初のSRIファンドとして日興証券によって組成・販売されました。そして、2000年以降、SRIをテーマとした投資信託は、本数と純資産残高も右肩上がりで増えていったのです。

日本に大きな後遺症を残したリーマン・ショック

　しかし、2008年9月のリーマン・ショックで転機を迎えます。日経平均株価は暴落し、2009年3月10日、バブル崩壊後の最安値となる7,054円98銭を付けました。SRI関連の投資信託も軒並み運用パフォーマンスが悪化した結果、「SRIは儲からない」とのレッテルを貼られ、それ以降、SRIは一気に萎んでいくことになります。

　その結果日本では、事業会社も機関投資家も社会・環境的価値を実現しな

がら経済的リターンを追求することに尻ごみしてしまうという後遺症だけが残ってしまいました。このことが、海外でESG投資をめぐる大きな地殻変動が起きていたにもかかわらず、不幸にも日本を無関心にさせてしまった一因です。

　一方、欧米の先進国ではまったくの逆で、リーマン・ショックを契機にESGを加速させた面があります。景気低迷の淵をひときわ深くしたリーマン・ショックの余波が残る2011年、アメリカニューヨークのウォール街では「ウォール街を占拠せよ」（Occupy Wall Street）という若者主導による抗議運動が発生しました。

　カネに目がくらんだウォール街の金融関係者が引き起こした世界規模の不景気のとばっちりを受けた若者は、自分たちは就職すらできないと米政府に対して不満をぶちまけたわけです。当初の主張は、欲深い金融機関をなぜ救済するんだ！という批判だったものの、徐々に富裕層への優遇措置、学費や家賃の高騰に対する批判、高い失業率への改善要求へと変化し、気候変動の問題にも広がっていきます。

　また、時をほぼ同じくして中東各地ではアラブの春が、スペインでは政府の緊縮財政に反対するインティグナドス運動が発生します。アラブの春は、政府の腐敗、貧困、失業率問題に抗議するSNSに目覚めた人たちが起こした民主化運動といった側面が日本ではクローズアップされましたが、その背景には地球温暖化を起因とする大干ばつにより発生した食糧危機があったとも指摘されています。スペインの運動は、リーマン・ショックの影響をまともに受け不満を抱える若者らが中心となり「われわれは政治家と銀行の手中にある商品ではない」と訴える抗議デモから始まっています。

　さらに、スペインをはじめヨーロッパ各国は、金融危機の後遺症も癒えないうちにアラブの春で国を追われた難民が大量に流入してくる事態に見舞われます。移民・難民もコントロールできているうちはまだいいのですが、想定を超える大量の人たちが一気に入ってくると各地で摩擦や衝突が起こるよ

うになります。

　もはや、こうなってくると政府だけでは対応が困難です。ビジネスの基盤となる社会の安定が維持できない現実を目の当たりにし、危機感を強めないほど鈍感な企業も機関投資家もいません。

　このように世界規模の金融危機リーマン・ショックをきっかけにして、ESGの源流であるSRIが急速に萎んでいった日本、そして、社会、環境の問題に代表されるESGへ本気の取り組みを始めた欧米が対照的な動きを見せることになったのです。

　日本では、遅ればせながら2015年9月にGPIFがPRIに署名し、さらに、2017年7月にESG投資の運用を開始したことで、ようやくESGに取り組む機運が事業会社、金融機関、アセットマネージャーの間で高まっていきます。

2.3　似て非なるESGとSDGs

　2000年に国連ミレニアム・サミットで採択された「ミレニアム開発目標」（Millennium Development Goals、以下「MDGs」）が2015年で終了するのに合わせ、同年9月、国連総会で「持続可能な開発目標」（Sustainable Development Goals、以下「SDGs」）が新たに採択されました。

　SDGsは、主に極度の貧困にあえぐ途上国の目標だったMDGsと違い、世界のすべての国の包括的な目標（アジェンダ）として設定されています。「誰ひとり取り残さない」（leave no one behind）という要請のもと示されたSDGsの具体的指針は、17の目標、および、それらをブレークダウンした169のターゲットとして示されています。

　大手町・丸の内エリアへ行くとジャケットの胸の部分に17色に彩られたSDGsのバッジを付けているビジネスパーソンが（GPIFのESG投資開始の影響か）2017年あたりから増えてきたこともあり、日本においてはコロナ禍

で認知が広がったESGにくらべてSDGsの方が馴染み深いと思います。

　日本ではESGと同じ文脈で語られることの多いSDGsですが、両者の違いと関係をうまく説明できるでしょうか？　両者ともに国連から生まれたイニシアティブであり、コンセプトも似ているため、「ESG/SDGs」とひとくくりにされがちです。

　ESGというのは、一般に「ESG投資」という言葉で語られる場面が多いことからもわかるとおり、機関投資家（アセットオーナー）が資産運用会社（アセットマネージャー）を通じて企業に投資をするときに適用する投資原則のことです。つまり、機関投資家は、投資先の企業の長期的な株主価値向上を図るため、投資判断にあたり環境（E）、社会（S）、ガバナンス（G）を考慮に入れることになるわけです。

　他方、SDGsは全人類のグローバル・アジェンダですが、とりわけ企業にとっては具体的に取り組むべき社会・環境課題に関する事業機会の例示と理解することができます。

　ESGとSDGsの関係は、GPIFのウェブサイトに掲載されている図がいちばんわかりやすいでしょう（**図表2-5**）。これは2015年から2020年までGPIFで最高投資責任者CIOを務めていた水野弘道氏のアイデアで作成されたものです[2]。

日本とは相性がいいESGの理念

　水野氏は、古くから「三方良し」の精神が根付いている日本では、「ESGとSDGsは表裏一体の概念である」と啓蒙した方が政財界にすんなり受け入れられるとの読みがありました。また、水野氏には、ESGとSDGsのコンセプトは日本が古くから守ってきた文化と親和性が高く、日本がこの分野でオピニオンリーダーになれるとの期待があったとも述べられています[3]。

　欧米の専門家の間ではESGとSDGsはまったく別物という扱いをされることが多いようですが、日本ではGPIFが両者は表裏一体というコンセプト

図表2-5　ESG投資とSDGsの関係

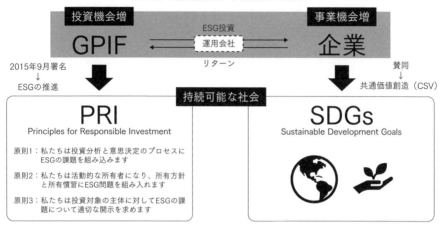

（出所）GPIFウェブサイトをもとに著者作成

で啓蒙をしてきているため、企業の間でもそのように理解されるようになっています。これはかつて日本独特の考え方といわれていましたが、近年では欧米のグローバル企業もこれにならい、毎期開示する統合報告書において、自社の事業ポートフォリオがSDGsの掲げる17のどの目標の解決につながるのかを明示することがすっかりお決まりの基本作法になりつつあります。

　企業にしてみれば、機関投資家の資金がどんどんESG投資へシフトしていくなかで自社に投資してもらうためには、ESG投資の基準にフィットするような事業ポートフォリオを構築する必要があるわけです。特にEUの投資家は、ESGスコアが低い（特に環境）企業に対してはダイベストメント（投資の撤退＝保有する債券や株式の売却）という手段を選ぶ傾向にあります。したがって、企業としては、ESGテーマである環境、社会課題を解決する事業としてSDGsに機会を見出すことになるのです。

　その結果、SDGsに取り組む企業は中長期的な株主価値の向上を実現し、

ESG投資を実践する投資家は中長期的に高いリターンを享受し、持続可能な社会をつくることができるようになるわけです。

　そして、SDGsに代表される環境・社会課題を解決する事業は資金も時間もかかることが容易に想像されます。だからこそ、ESGのガバナンスが重要課題として理解されています。企業の経営陣が「この四半期も稼がないといけないから」と近視眼的で安易な経営判断に陥ることを防ぐ必要があります。経営陣の暴走を防ぐ役割をガバナンスが担保するわけです。ガバナンスは、環境・社会課題を解決する事業に取り組むことで長期的な株主価値の向上を図る（高いESGパフォーマンスを実現する）ための前提として捉えるとしっくり来ます。

　もちろん、ESG投資の世界では、企業の経営陣がショートターミズムへの引力に引っ張られることのないよう、投資家にも健全なエンゲージメントが期待されています。

2.4　ESGはCSRと根本的に違う

　ESGとよく似た概念に「企業の社会的責任」（Corporate Social Responsibility、以下「CSR」）があります。一般に、ESGもCSRも社会貢献のイメージが強いようで、両者の違いがよくわからないといった声を聞くことが少なくありません。特に、CSR活動に熱心に取り組んできた企業にとっては、その傾向がなおさら強いように見えます。

　結論からいえば、ESGとCSRは根本的に違います。環境・社会課題が影響を与える消費者、取引先、地域社会、環境などさまざまなステークホルダーの利益を考慮し経営判断を行うという意味においては両者に共通点を見出すこともできます。

　他方、両者は次の点において決定的に異なります。それは、CSRが環境・社会課題の解決は企業にとって経営課題の中心ではありませんが、ESGは

環境・社会課題の解決が経営課題のど真ん中に据えられます。

　CSRが想定する世界は、企業は環境や社会に負荷をかけながらビジネスを行う存在であるとの基本的な前提に立ちます。そのうえで、美術展やイベントへの協賛といった文化活動、植林や海岸の清掃などの環境保護活動を通じて企業の利益の一部を社会に還元します。いってみれば、環境・社会に負荷をかけながら儲けていることに対する贖罪行為・免罪符として、利益の一部を使ってCSRを標榜しています。

　これに対して、ESGは、本業のビジネスを通じて環境・社会課題を解決する世界観であり、企業は課題解決と自社の利益の両立を実現します。

　したがって、CSRは株主の利益と株主以外のステークホルダーの利益の間にトレードオフが生じてしまいます。まさに、ミルトン・フリードマン氏がCSRを厳格に戒めたとおり、企業がCSR活動に熱心に入れ込むほど株主利益は毀損します。株主に報いることを求められる株主第一主義のもとでは、CSRは一時的なブームやファッションにこそなれてもサステナブルな広がりを見せることはありませんでした。

　ESGはCSRとは発想が異なっており、環境・社会課題を本業のビジネスを通じて解決することこそ長期的な株主価値を向上するという、環境、社会、経済を高度に統合したフレームワークです。環境・社会課題を解決できたとしても長期的な株主価値が向上しなかったら、それはESGの世界で評価される会社にはならないのです。

　ESGと通底するステークホルダー資本主義の議論をすると、消費者、取引先、従業員、地域社会、環境といったステークホルダーを満足させることができれば結果的に株主への利益還元が減ってしまってもしかたないと考える向きもあります。しかし、それはまったくもって誤解です。ESGやステークホルダー資本主義というのは、株主以外のステークホルダーを満足させたうえで、さらに、今までどおり株主のリターンも同時に上げることにほかなりません。そのため、ステークホルダー資本主義は、ある意味、株主第一

図表2-6 ESGとCSRの違い

根本的に違う考え方

CSR		ESG
環境や社会に負荷をかけながら 儲けていることに対する贖罪・免罪符		本業のビジネスを通じて環境・社会課題を 解決すること（課題解決と利益の両立）

企業は経済活動を通じて環境や社会に負荷を かけているため、文化活動や環境保護活動に よって企業の利益を還元するという考え方	社会、経済、環境のすべてにとってメリットが あることを前提にビジネス設計をする考え方

（出所）著者作成

主義より野心的な使命であるともいえるのです。

2.5　経営戦略の根幹を成すCSV

　ESGに関してよく聞かれるもうひとつの疑問が「共通価値の創造」（Creating Shared Value、以下「CSV」）との違いです。

　CSVは、競争戦略論の大家、ハーバード大学経営大学院のマイケル・ポーター教授が『ハーバード・ビジネス・レビュー』に掲載した論文記事[4]で提唱した企業の競争戦略のフレームワークです。ESGが生まれた背景と同じで、ポーター教授も社会的価値を提供するために企業は経済的な成功をある程度あきらめなければならないとする偏狭な資本主義の考え方をアップデートすべく、企業の経済的価値と社会的価値の創造を両立させる概念とフレームワークを打ち出したのです。経済的価値と社会的価値という共通価値の

創造を実現することこそが企業の本質的、長期的な競争力の源泉にほかならないとする概念がCSVです。

　ESGとCSVの違いについて、結論から述べれば、両者に通底するコンセプトはまったく同じと考えて差し支えありません。『DIAMONDハーバード・ビジネス・レビュー』の2011年6月号で紹介された「Creating Shared Value：経済的価値と社会的価値を同時実現する共通価値の戦略」を通読するとわかりますが、そこで書かれている内容は近年ESGの文脈で聞かれる内容と相通じるとすぐに気が付きます。

　同記事には、たとえば、こんな記述が見られます。

- 共通価値（CSV）の概念は、企業が事業を営む地域社会の経済条件や社会状況を改善しながらみずからの競争力を高める方針とその実行と定義できる。
- 現在直面している喫緊の社会問題に対して、慈善活動ではなく、あくまで事業として取り組むことが何より効果的である。
- 企業本来の目的は、単なる利益ではなく、共通価値（CSV）の創出であると再定義すべきである。
- 共通価値（CSV）は（中略）企業が生み出した価値を「共有する」こと、すなわち再配分することでもない。そうではなく、経済的価値と社会的価値を全体的に拡大することである。
- 社会目的を伴う利益からは、より高次元の資本主義、すなわち、企業のさらなる成長をもたらすと共に、社会をよりいっそう早く進歩させる資本主義の姿が見えてくる。その結果、企業と地域社会の繁栄という好循環が生まれ、持続的な利益が実現する。
- 資本市場は間違いなく、短期的な利益を稼ぎ出すよう企業に圧力をかけ続けるだろうし、一部の企業は間違いなく、社会的ニーズを犠牲にして利益を生み出し続けるだろう。しかし、このような類の利益はたいてい長続きせず、ついにはより大きなチャンスを逸するはめにな

る。

　このように、CSVは、ステークホルダー資本主義やESGの思想哲学とまったく同じであることがわかります。

　したがって、ESGとCSV、そして、ESGと表裏一体の関係にあるSDGsも合わせて3者の関係を整理すると、次のようなイメージになります。

　まず、競争戦略論を専門分野とするポーター教授が提唱していることからも理解できるように、CSVは企業全体の経営戦略の根幹をなすものといえるでしょう。そして、CSVを実現するためのファイナンス戦略に組み込むエッセンスがESGであり、環境・社会課題を解決する具体的な事業機会がSDGsと位置づけられます。この統合されたフレームワークこそ、さまざまなステークホルダーの長期的価値の向上を実現することになるのです（**図表2-7**）。

図表2-7　ESG、SDGs、CSVの関係

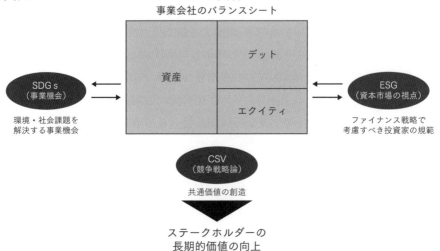

（出所）著者作成

共通価値の創造に必要な３つの視点

　以上、CSR、ESG、CSVの違いについて見てきましたが、やや抽象的な説明に終始したため具体的なイメージを持ちづらかったかもしれません。そこで、CSRとCSV（CSVとESGは同じコンセプトなので、ここではCSRとの違いを説明するためCSVとしています）の相違に関して、ポーターの論文で登場する実例がわかりやすいので紹介しておきましょう。

　以下は、フェア・トレードの例です。コーヒーやカカオなど途上国の原料や製品を適正な価格で購入することで立場の弱い現地生産者の手取り収入額を増やすことを目的とした運動がフェア・トレードです。フェア・トレード自体は社会的な意義があるものの、創造された価値全体を拡大するものではなく、再配分するための仕組みに過ぎません。わかりやすいように平たくいってしまえば、先進国の大企業や最終消費者が情けの気持ちで途上国の生産者にお恵みを与えている状態です。まさにCSRの領域です。

　一方、生産者の能率、収穫高、品質、持続可能性を高めるために作物の育成技術を改善したり、サプライヤーを強化したりすることを通じて、企業の売上と利益のパイが大きくなり、途上国の生産者と生産物を購入する先進国の大企業の双方に恩恵が生まれるのがCSVです。

　たとえば、コートジボワールのカカオ豆農家に対する調査結果によると、フェア・トレードで農家の所得は10-20％増加したが、CSVの取り組みを実践していれば、（企業の売上・利益のパイ拡大にともない）300％超増加する可能性があったとされています。すなわち、環境的にサステナブルな方法で収穫したカカオ豆の生産者もそれを調達する大企業もお互いに経済的分け前が増えてこそCSVだというわけです。

　ところで、ポーター氏は、前出の論文で、社会的価値を創造しながら経済的価値を創造する、つまり、共通価値（CSV）を創造するための方法として以下の３つを挙げています（それぞれの具体的事例については**図表2-8**）。

- 製品と市場を見直す

図表2-8　共通価値を創造している例

製品と市場を見直す	ケニアで、ボーダフォンとサファリコムの合弁企業がモバイル・バンキング・サービスのM-PESAの事業を立ち上げたことにより、途上国の低所得層の人たちも安心して、先進国の銀行と同等の預金・送金サービスを受けられるようになった。
バリューチェーンの生産性を再定義する	ウォルマートは、2009年、トラック配送ルートの見直しにより納入数量が増えたにもかかわらず環境負荷の減少とともに2億ドルのコスト削減を実現した。また、店舗の使用済みプラスチックの処理方法を変えたことで処理コストを数百万ドル削減。
	英小売業マークス・アンド・スペンサーは、南半球⇔北半球の輸送をやめるなどサプライチェーンを見直し、2016年度に1.75億ポンドのコスト削減と二酸化炭素削減を実現。
	ネスレは、コーヒー豆の調達プロセスを見直し、貧困国の農家に対して、農法アドバイス、銀行融資の保証、苗木・農薬・肥料など必要資源の確保を支援するなど、協力し、さらに、コーヒー豆の品質測定施設を現地に設置したうえ高品質の豆を上乗せ価格で農家から直接購入することで農家のやる気が高まり単位面積当たりの収穫高が増加。農家の所得が増えたとともに農地への環境負荷が減少。この取り組みを通じてネスレは安定的に高品質のコーヒー豆を調達できるようになった。
	ジョンソン&ジョンソンは従業員の禁煙支援や健康増進プログラムに投資することで従業員の医療費削減を実現した（会社の総コストが減少）結果、従業員の欠勤が減り生産性が向上した。
企業が拠点を置く地域を支援する産業クラスターをつくる	ネスレのケニアでの取り組みは、コーヒーの栽培地に農業、技術、金融、ロジスティクス関連の企業やプロジェクトの立ち上げにつながり（＝地域雇用の創出）、苗木や肥料の調達、灌漑設備の整備の促進、カカオ豆品質向上のための最新設備建設のための資金援助、地域の農業組合の強化、すべての農家に対する教育プログラムの支援にまで発展し、国際NGOレインフォレスト・アライアンスとともに持続可能な農法を指導。その結果、地域に産業クラスターができ、ネスレの生産性が向上。
	世界最大の無機肥料メーカー、ノルウェーのヤラ・インターナショナルは、ロジスティクスが未整備のアフリカで非効率極まりない状況を解消するため、農業の発展を目指し、モザンビークとタンザニアに回廊地帯をつくろうと港湾や道路の整備に6千万ドルを投資。ヤラは、ノルウェー政府の支援のもと現地政府と一緒に農業クラスター形成に取り組む結果、モザンビークだけで20万人以上の零細農家がこの恩恵に預かり、合計35万人の雇用創出が見込まれることに。

（出所）マイケル・ポーター「Creating Shared Value」をもとに著者作成

- バリューチェーンの生産性を再定義する
- 企業が拠点を置く地域を支援する産業クラスターをつくる

このように、CSVの実践は社会目的をともなう利益を生み出します。旧来の偏狭な資本主義思想にもとづくショートターミズムから生まれた利益とは違い、サステナビリティの面で圧倒的に優れた利益、ひいては、株主価値を創造することになります。

2.6　長期的視点でステークホルダーの利益を実現する

ポーター教授が論文で明らかにしたCSVは、共通価値を創造するための実践論を示したといえるでしょう。同論文が公表されたのが2011年ということもあり、「社会的価値を創造しながら経済的価値をも創造する」としているのは、「環境」という言葉を特段用いずに「社会」の中に環境を包含しているものと考えられます。

CSVがステークホルダー資本主義やESGの思想哲学と通底することが理解できると思いますし、共通価値を創造している例（**図表2-8**）を確認することでESGを事業活動に組み込んだ実践論もイメージできるのではないでしょうか。

それでも「ESGって儲かるの？」という声はアセットオーナーや企業からも聞かれます。確かにESGと表裏一体にある事業機会としてのSDGsの17目標にあらためて目を向けると、どれもこれも途方もなく資金と時間がかかりそうなものばかりです。というより、むしろ、かつては儲からないことが明らかな壮大な社会・環境課題ばかり列挙されています。だからこそ、企業が手掛けるビジネスにならなかったし、政府、国連機関、NGOなどがやらざるを得なかったというのが実態でしょう。「ESGって儲かるの？」という疑問が湧くのも、従来の常識に縛られているかぎりは無理からぬことです。

ただ、ここでハッキリさせておきたいことは、そのような疑問自体がきわめて愚問だということです。「ESGって儲かるの？」という問いに対する回答は「儲けるためにやる」に決まっているのです。

　そこで、このあたりをもう少し詳しく掘り下げて見ていきましょう。本書では、ESGとSDGsを中心に据えた企業のマネジメントのことを「ESG/SDGs経営」と呼んでいますが、ここでは、このESG/SDGs経営の本質を明らかにしていきます。

　ESGと表裏一体にあるSDGsが2030年までのアジェンダとされていることからもわかるとおり、17の目標はどれも時間がかかります。しかも、到底2030年で完結するようなスケールのアジェンダではないため、その後も何らかの形で継続していく可能性が濃厚です。したがって、事業機会としてのSDGsは自ずと長期戦になります。

　SDGsと表裏一体のESGも同様です。ESGのうちのE（環境）やS（社会）は、多くの時間と資金がかかることは容易に想像がつくでしょう。特に資本市場に集まった巨額のESGマネーは、いわゆるメガトレンドに着目しています。世界のメガトレンドは、将来解決すべき環境・社会課題を浮かび上がらせるとともに、どのようにディスラプション（破壊）が進み、イノベーションが生まれ、長期的な価値を創造していくべきかを分析・考察する材料となります。

グローバルリスクの大半は環境問題

　世界のメガトレンドは、多くのシンクタンクやコンサルティング会社がレポートを作成、公表していますが、近年、資本市場で広く共有されているレポートのひとつが、世界経済フォーラムが毎年公表している「グローバルリスク報告書」です。

　横軸に発生の可能性、縦軸に影響の大きさを取りプロットしたグローバルリスクのマトリクスは、毎年、多くの資本市場関係者が注目しています。

2022年のレポートからマトリクスは消えてしまいましたが今後の10年間で深刻度の高いグローバルリスクとして指摘した上位は「気候変動適応の失敗」「異常気象」「生物多様性の喪失」という環境に関連するリスクです（**図表2-9**）。

　現在のESGマネーは、こうした脅威となり得るグローバルリスクをヘッジするためのディスラプション（破壊）、イノベーションに注目しています。だからこそ、近年、ESGがイノベーションと一体となって語られることが多くなっているのです。この分野にチャレンジするスタートアップには投資マネーが集まりやすくなっているのも自然なことといえるでしょう。

　となれば、ESG/SDGsをど真ん中に据えた経営のフレームワークというのは、どのように考えたらいいのでしょうか。有効なのが2000年代前半に戦略コンサルティング会社マッキンゼーのローウェル・ブライアン氏が開発した「イニシアティブ・ポートフォリオ」です（**図表2-10**）。

　かつては、将来がある程度の確率で予想できたものですが、現代はそうはいきません。将来が流動的で予測不可能な環境下で戦略を策定する方法を提供してくれるのが、このイニシアティブ・ポートフォリオです。

　横軸に「効果が実現するタイミング」、縦軸に「馴染みやすさ」（競合より得意、スキルや経験がある）を取ったマトリクスに、現在社内で手掛けている、および、これから仕込む計画の事業ポートフォリオをプロットしていきます。左上には足元で稼げている本業のビジネスがプロットされ、そして、真ん中には中期的成長に貢献する事業が、右下には長期的な価値創造につながることを期待して投資する事業がプロットされます。特に右下に位置する未来のオプション創造は、本当に価値創造につながるかわからないけど、10年、20年といったメガトレンドを想定したときに今から投資しておくべき重点分野と位置づけられるはずです。

図表2-9　深刻度から見た世界のグローバルリスクトップ10

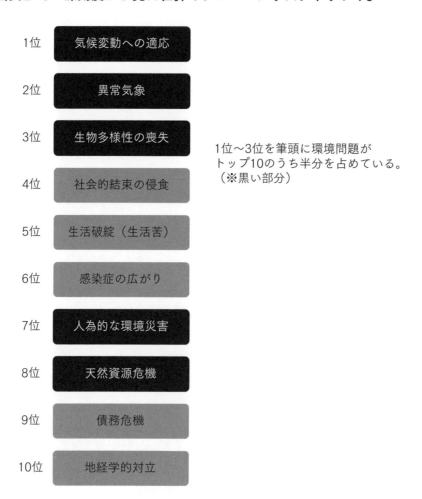

1位	気候変動への適応
2位	異常気象
3位	生物多様性の喪失
4位	社会的結束の侵食
5位	生活破綻（生活苦）
6位	感染症の広がり
7位	人為的な環境災害
8位	天然資源危機
9位	債務危機
10位	地経学的対立

1位〜3位を筆頭に環境問題が
トップ10のうち半分を占めている。
（※黒い部分）

（出所）World Economic Forum が公表している The Global Risks Report 2022 をもとに著者作成

図表2-10　ESG経営の本質：イニシアティブ・ポートフォリオ

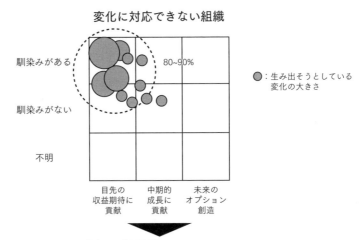

変化に対応できない組織

馴染みがある　　　80~90%

馴染みがない

不明

●：生み出そうとしている
　変化の大きさ

目先の　　　中期的　　　未来の
収益期待に　成長に　　　オプション
貢献　　　　貢献　　　　創造

・ショートターミズム/PL脳
・「それって、儲かるの？」という"何でもROI"症候群
・大きな失敗はないけど、無難でつまらない中期経営計画

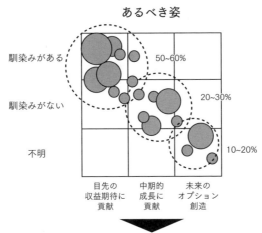

あるべき姿

馴染みがある　　　50~60%

馴染みがない　　　20~30%

不明　　　　　　　10~20%

目先の　　　中期的　　　未来の
収益期待に　成長に　　　オプション
貢献　　　　貢献　　　　創造

・長期志向/ファイナンス思考
・メガトレンドを踏まえた超長期のミッション
・やってみないとわからないからこそ"パーパス"が突き動かす

（出所）安宅和人『シン・ニホン　AI×データ時代における日本の再生と人材育成』（NewsPicks
　　　　パブリッシング,2020）をもとに著者作成

未来に備える羅針盤を持つ

　すでにお気づきだと思いますが、ESG/SDGs経営とは、この長期的な未来オプションを創造することにほかなりません。目先しっかり稼げる本業のビジネスが安定しており、そこから得られるキャッシュで中期、長期に価値創造できる事業の種まきをしておくことが望ましいわけです。慶應義塾大学環境情報学部教授、ヤフーCSOの安宅和人氏は著書『シン・ニホン』の中で目先50-60%、中期20-30%、長期10-20%が理想的としています。まさに、これこそがESG/SDGs経営の本質です。

　しかしながら、日本企業の多くが左上の目先の領域に事業や投資対象が集中しているのではないでしょうか。四半期決算へのプレッシャーに追われてという事情もあるかもしれませんが、行き過ぎたショートターミズムに蝕まれた多くの日本企業が将来のリスクテイクに対して過度に保守的になりすぎた末に、大きな失敗はないけど無難でつまらない中期経営計画ばかりが飛び出すようになっています。そうすると、目先の利益は出ているものの将来への備えが十分でなく、長期的な価値創造を可能とする競争力が徐々に衰退していってしまいます。

　ESG/SDGs経営が上手なグローバル企業は、目先だけでなく、未来オプションの創造のための仕込みが十分にできているから競争力が高いのです。もちろん、長期的なメガトレンドを見通す必要があるため、投資が成功するかどうかは実際にやってみないとわかりません。それでもやらなければならないのが未来のオプション創造というわけです。

　だからこそ、企業の社会的な存在意義が明確になっていないと生まれてこない投資領域であり、近年、企業の「パーパス」がクローズアップされているのです。ESG/SDGs経営で創造すべき未来オプションは、企業にパーパスという大義がないと到底生まれてこないであろうからです。

2.7　ESG/SDGs経営のグローバルスタンダード

ESG/SDGs経営は、イニシアティブ・ポートフォリオの右下の長期のマスを埋めに行く行為にほかなりません。具体的には、研究開発、戦略的な事業投資、および、ポートフォリオの組み替えのためのM＆Aを実践することで10年以上先の将来に備える未来オプションを創造していきます。換言すれば、10年後も20年後も長期的な価値創造を持続可能とすべく、事業そのもの、そして、事業の集合体である企業をサステナブルにしようというファイナンス戦略です。

未来オプションの創造が具体的にどのようなものかイメージを持てるよう、ダノン（フランス）、ネスレ（スイス）、シーメンス（ドイツ）の事例を簡単にご紹介しておきましょう。このような長期志向のグローバル企業をざっと20年くらい遡ると、未来オプションを創造し、事業ポートフォリオの効果的な組み替えを通じて、サステナブルな企業をつくってきた歴史を理解することができます。

ESGが資本市場で幅を利かせるようになったのは2010年以降ですし、SDGsが事業機会として明確に認識されるようになったのも2015年以降です。そのため、2000年代初頭に「ESG/SDGs経営」を意識していたわけでは必ずしもないでしょう。ただ、いまのESG/SDGsにつながる持続可能な価値創造経営、すなわち、ミッションやパーパスに導かれた「サステナビリティ経営」が実践されてきたことが理解できるはずです。

フランスの食品大手ダノンは、ESG/SDGsへの取り組みが先駆的なことで知られているグローバル企業の1社です。一般的に、B-Corpは非上場企業が取得するケースが圧倒的に多いのですが、ダノンは海外各地のグループ企業の多くが認証を取得しています。また、ステークホルダー資本主義を地で行く「使命を果たす会社」にいち早くなったことは前述したとおりであ

り、さらに、決算では「気候変動調整済みの1株当たり利益」を報告するなどESG投資に資する情報開示を積極的に行っています。

　そんなダノンは、2000年代初頭から早くもESGを意識していたのでは？と感じられるほど、この20年間、事業ポートフォリオをESGやサステナビリティ色の強いものに入れ替えています（**図表2-11**）。

　かつてのダノンは多くの製品を抱えており収拾のつかない事態に陥っていました。自分たちが何者かを見失っていたといいます。そんな混乱と決別すべくダノンは2006年に「世界のより多くの人に、食を通じて健康を届ける」という新しいミッションを掲げました。これと前後して、このミッションから少しでもはずれるものは事業ごと売却していきます。主だったものだけでも、2000年にビール事業、2002年にチーズ・ハム事業、2004年に英国ビスケット事業、2005年にHPブランドのソース事業、2006年にアモイブランドのソース・冷凍食品事業、2007年にはビスケット・シリアル事業を売却しています。

　一方、売却で得た資金をもとに未来オプションを創造するための仕込みも行います。2007年にはベビーフード事業を123億ユーロ、2016年には植物由来食品（Plant-based foods）のホワイト・ウェーブを100億ドルで大型買収を敢行しました。

　自社のミッションに忠実にM&A戦略を実行してきたことがうかがえますが、ダノンのミッションそのものがESGやサステナビリティに沿ったものだといえるでしょう。現在、世界の食品業界では、気候変動への対応から生育過程で二酸化炭素を大量に発生させる牛の飼育を減らす動きが勢いづいています。したがって、牛肉の消費を減らすかわりに植物肉・代替肉に置き換える動きが活発ですし、乳製品でも牛乳のかわりに環境負荷の少ない植物由来の食料品、飲料へのシフトが進んでいます。ホワイト・ウェーブは、豆乳のほか、アーモンド、ヘーゼルナッツ、カシューナッツ、米、オーツ麦、ココナッツなどのミルクを早くから開発・販売し、環境に敏感な消費者層に広

図表2-11　ダノンの事業ポートフォリオの入れ替えと売上高推移

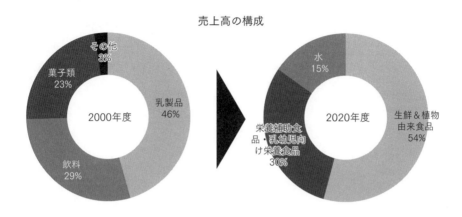

売上高の構成

その他
3%

菓子類
23%

2000年度

乳製品
46%

飲料
29%

水
15%

栄養補助食品・乳幼児向け栄養食品
30%

2020年度

生鮮＆植物由来食品
54%

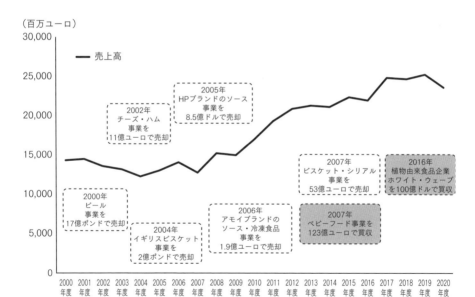

（百万ユーロ）

―― 売上高

2002年
チーズ・ハム
事業を
11億ユーロで売却

2005年
HPブランドのソース
事業を
8.5億ドルで売却

2007年
ビスケット・シリアル
事業を
53億ユーロで売却

2016年
植物由来食品企業
ホワイト・ウェーブ
を100億ドルで買収

2000年
ビール
事業を
17億ポンドで売却

2004年
イギリスビスケット
事業を
2億ポンドで売却

2006年
アモイブランドの
ソース・冷凍食品
事業を
1.9億ユーロで売却

2007年
ベビーフード事業を
123億ユーロで買収

（出所）日経ビジネスの記事（2017年1月23日号）およびダノンのアニュアルレポートをもとに著者作成

く受け入れられています。

　日本にずっといるとなかなか感じられませんが、ヨーロッパではすでに「牛乳は環境に悪いもの」という共通認識があるように見受けられます。著者（田中）は、フランスのトライアスロンチームに所属しており、毎年冬に南仏で行われる10日間のチーム合宿へ参加するのですが、そのときに感じたフランス人の環境意識を象徴するエピソードを紹介しましょう。

　合宿期間中、毎食後にヨーグルトが出されるのですが、そのとき必ず牛乳ヨーグルトと豆乳ヨーグルトの2種類がテーブルに置かれます。筆者はフランスの濃厚な乳製品に目がないこともあり、乳脂肪分が高い牛乳ヨーグルトを手に取るのですが、私以外のフランス人のほとんどが豆乳ヨーグルトを食べるのです。せっかくフランスは乳製品が美味しいのに…と当初は考えていた私もこれが3日も続くと、さすがに環境問題に鈍感な自分がダサく感じるようになってきます。そして、気がつくと自分も豆乳ヨーグルトを手に取るようになっています。これはいわゆる「ピア効果」以外の何物でもないわけですが、フランス人の「自分にできることを、自分のできる範囲で」と環境問題と向き合う姿に食品業界の市場の確かな変化を感じることができたことは大変貴重でした。

　実際のところ、ダノンは2025年までに乳製品に占める植物由来食品を15％から40％まで引き上げる方針を示しています。ご存知のとおり、ヨーロッパは酪農の盛んな国・地域が多いのも事実です。このような動きに対しては、いままでの主要な仕入先である地元の酪農家からの反発も強いそうですが、環境意識の高い消費者がこれを求める以上、ダノンに迷いはないようです。このように、ミッションに忠実に、戦略的に事業ポートフォリオを組み替えてきたダノンは、2000年からの20年間で売上高を1兆円増やすことに成功しています。

　一方、順調にESG、サステナビリティを推進してきたかに見えたダノンですが、2021年3月に世界に衝撃を与える事件が起こります。ダノンの株

主になっていたアクティビストファンドが、業績不振と株価の低迷の責任を取らせるべく、ESGのエバンジェリストともされていた同社のエマニュエル・ファベールCEOを解任させたのです。確かに資本市場で比較対象とされるユニリーバやネスレと並べられてしまうと、株価パフォーマンスで劣るのは事実です。しかしながら、営業利益率は2009年度に記録した16.8%から低下したとはいえ、コロナ禍の影響を受けた2020年度でさえ11.8%を維持しており、食品業界でこれほどの高い収益性を実現できている大手企業は日本には1社も存在しません。それにもかかわらず、業績が「不振」というレッテルを貼られてしまうのは少々酷なようにも感じられます。

　ESG業界では、ファベールCEOが解任された件に関して「いまもって、どう解釈したらいいかわからない」「ダノンの取り組みが数年早過ぎた」といった声が聞かれるほどであり、関係者に与えたショックは大きいものがありました。2021年5月7日付『フィナンシャル・タイムズ』は「ダノン前社長、更迭の背景にあった権力闘争を語る」（Former Danone chief says power struggle was behind his ousting）と題する記事の中で、解任の原因は取締役会の権力闘争にあったとするファベール前CEOのコメントが報じられていました。

　また、GPIFの前CIO水野氏は、『フィナンシャル・タイムズ』によるインタビューでファベール前CEOについて「ステークホルダー・キャピタリズムとESGを推進した彼の伝説的なリーダーシップは、これらの哲学を支持したすべての人々の間で記憶されるべきものです」と評価しています。

　第6章のケーススタディで取り上げるネスレとシーメンスも、事業ポートフォリオの組み替えが巧みです。

　直近20年間で事業ポートフォリオの構成が変化しているのはネスレもダノンと同様で、過剰摂取が健康を害することにつながりかねない加工食品や菓子類の割合は減り、栄養食品やペット用品の構成が高くなっています（**図**

表2-12）。

　なお、ネスレの事業ポートフォリオ戦略は、売上高は20年前とくらべてほとんど変わらないものの、2000年度に13.6％だったEBITDAマージン[5]は2020年度には21.6％という食品業界としては驚異的な水準にまで向上しており、このように収益性が高くなっている点が特徴です。これを受けて、2000年以降、株価は一貫して上昇を続けており、2021年10月8日時点の時価総額は3,143億フラン（約41兆円）と日本のトヨタ自動車（同日の時価総額31兆円）より高くなっています。

　ドイツを代表するグローバル企業シーメンスは、10年以上先の長期予測を世界のメガトレンド分析にもとづいて作成される「Picture of the Future」（PoF）を拠り所に経営戦略を組み立てることで知られていますが、同社のインダストリー 4.0先端企業への変身も、事業ポートフォリオの組み換えが奏功しています（**図表2-13**）。

　シーメンスの売上高の25％を占めるデジタルインダストリー事業に関して、2020年度におけるEBITDAマージンは21.7％と同社の稼ぎ頭となりました。この「デジタルインダストリー事業」という言葉は2002年に公開したPoFにはじめて登場しており、同社がいかに長期を見据えた未来オプションの創造に注力し、サステナビリティ経営を徹底しているかを理解することができるでしょう。

図表2-12　ネスレの事業ポートフォリオの入れ替えと売上高推移

売上高の構成

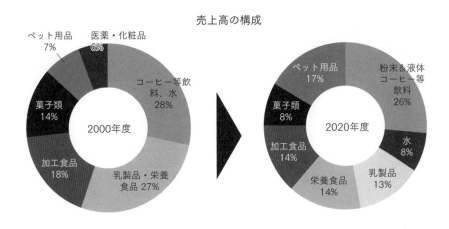

売上高の推移

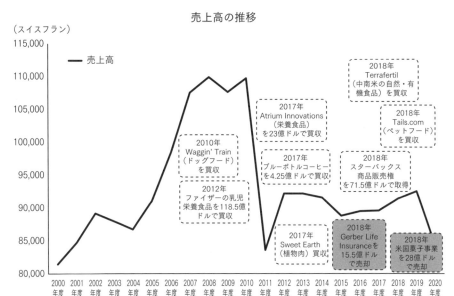

（出所）ネスレのアニュアルレポートより著者作成

図表2-13　シーメンスの事業ポートフォリオの入れ替えと売上高推移

売上高の構成

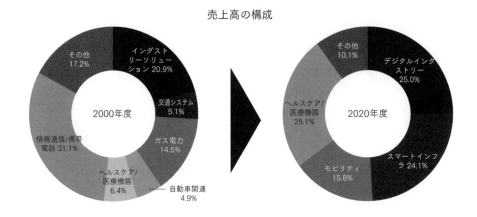

（出所）シーメンスの公開資料をもとに著者作成

Coffee Break：世界のESG商品
オートリーのオーツミルク

・牛乳と遜色ない味の植物性（オーツ麦）ミルク代替品
・同社はミルク代替品に留まらず、同原料を使いアイスクリーム、ヨーグルト、カスタードクリームやマヨネーズも展開

第2章のまとめ

- ESGは、国連の呼びかけに呼応した世界のグローバル企業・投資家がコミットしている共通の価値であり、ESG投資に流入している投資家の資金も、投資家に応える企業のESGへの取り組みももはや不可逆の流れとなっている。ESGに対する取り組みが先行している欧米と出遅れた日本を分けたのはリーマン・ショックである。環境、社会、ガバナンスの課題に真剣に取り組まなければ企業経営の基盤そのものが危ぶまれるとの危機感に目覚めた欧米に対して、リーマン・ショック後の株価低迷で社会・環境課題への取り組みは儲からないと日本は無関心になった。

- ESGとよく似た概念としてCSRが話題にのぼることもあるが、両者はまったく異なるものである。CSRは企業の経済活動によって社会や環境に対して負荷を与えていることの免罪符・贖罪として利益の一部から社会貢献や環境保護活動などを行う活動であるのに対して、ESGは本業のビジネスを通じて社会・環境課題を解決し、社会・環境に対してポジティブなインパクトを与えると同時に経済価値を生み出し（利益を増やし）、長期的な株主価値をも向上させる概念である。

- ESG、SDGs、CSVの関係を整理すると、CSVは企業全体の経営戦略の根幹をなすフレームワークであり、そのCSVを実現するためのファイナンス戦略に組み込むエッセンスがESG、環境・社会課題を解決する具体的な事業機会がSDGsとなる。

- ESG/SDGs経営とは、長期的な価値創造につながる未来オプションを創造することである。これを実践するためには、自社の存在意義や大義といった「パーパス」が必要である。

- ダノン、ネスレ、シーメンスなどESG/SDGs経営を実践しているグローバル企業は、持続的な価値創造を可能にする（企業そのものをサステナブルにする）ため、事業ポートフォリオをパーパスにもとづいて戦略的に組み替えている。

第3章

新たに求められる投資家との対話のカタチ

非財務情報のファイナンスモデル構築に向けて

3.1 企業価値評価モデルの基本

本書の冒頭で述べたとおり、コーポレート・ファイナンス戦略の目的は企業価値・株主価値を向上させることにあります。企業の価値、つまり、「企業価値」は企業が将来キャッシュを生み出す実力で評価しようというのがコーポレート・ファイナンスの基本的なフレームワークです。

したがって、ESG/SDGsを経営のど真ん中に据えたファイナンス戦略では、ESG/SDGsのパフォーマンスを上げつつ、企業価値・株主価値の向上をも同時に実現することが求められます。

企業価値・株主価値を理論的に求める伝統的なファイナンスモデルの中にいかにESGの要素をビルトインすべきか。コーポレート・ファイナンスの世界で目下、この論点が大きなテーマになっています。

ここで理論的な企業価値・株主価値を求めるファイナンスモデルをおさらいしておきましょう。

企業をキャッシュの創出能力で評価することがコーポレート・ファイナンスの基本作法となっているため、ディスカウンティッド・キャッシュ・フロー（Discounted Cash Flow、以下「DCF」）法と呼ばれる手法が代表的な企業価値評価の方法として君臨しています。

紙面の関係で詳細な説明は割愛しますが[1]、本業のビジネスが将来生み出すキャッシュフローを一定の資本コストで割り引くことにより現在価値を求めるのがDCF法のコンセプトです。このキャッシュフローの割引現在価値が本業のビジネス（事業）の評価額であり「事業価値」と呼ばれています（**図表3-1**）。

そして、将来獲得するキャッシュの現在価値である事業価値に、評価時点において金庫で保管している現金や銀行に預けている預金といった手元キャッシュを加えたものが企業全体の価値、すなわち「企業価値」です。この企業価値は債権者と株主という2種類の投資家に帰属するため、企業価値から

図表3-1　企業をキャッシュの創出能力で評価するDCF法

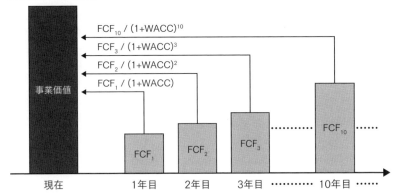

FCF: Free Cash Flow（フリーキャッシュフロー）
WACC: Weighted Average Cost of Capital（加重平均資本コスト）

（出所）田中慎一、保田隆明『コーポレートファイナンス　戦略と実践』（ダイヤモンド社, 2019）より転載

有利子負債を控除することにより最終的に「株主価値」が導出されます（**図表3-2**）。

　DCF法を用いた企業価値評価は、このように非常にシンプルなフレームワークとして整理されています。この伝統的なファイナンスモデルによれば、企業価値や株主価値は、①本業のビジネスが生み出すキャッシュフローを増やす、または、②資本コストを小さくする、によって向上させられることが理解できるはずです。

3.2　ESG要素をどのように企業価値に反映させるか

　ESGへの取り組みが加速度的に進むにつれ、各企業のESG施策が業績や企業価値・株主価値にどのような影響を与えるのかという論点がフォーカスされるようになります。企業の現場でESGの実務に従事している人なら、

図表3-2 事業価値から企業価値・株主価値へ

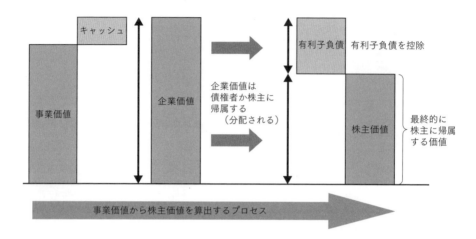

（出所）田中慎一、保田隆明『コーポレートファイナンス　戦略と実践』（ダイヤモンド社）より転載

自分たちの行う施策がどう業績に影響し、その結果、投資家からどう評価されるのか、といったことが関心事になるのは当然のことでしょう。

　前述したファイナンスモデルにESG要素をどのようにビルトインすれば理論的な企業価値・株主価値を求められるのか。これを明らかにしたいところですが、結論から述べると、現時点ではアカデミアの世界においても気の利いたモデルはいまだ確立されていません。

　モデルで表現することができないので、ここでは概念図でイメージすることにしましょう（**図表3-3**）。

　財務情報とESGに関連する非財務情報をひとつにまとめた企業の統合報告書に関する情報開示ルールづくりを主導してきた国際的な非営利団体IIRC（International Integrated Reporting Council：国際統合報告評議会、2021年6月にVRFに改編。後述）は、企業の長期にわたる持続可能な成長は、多様な形態の資本に支えられているとの考えに立ち、IIRCが示した統合報

図表3-3　ファイナンス価値創造モデルとESG要素

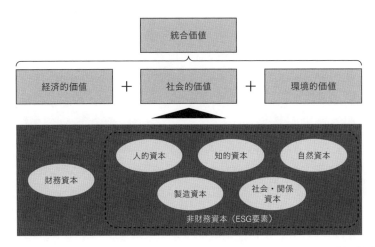

（出所）著者作成

告書フレームワークは、企業の資本を①財務資本、②製造資本、③知的資本、④人的資本、⑤社会・関係資本、⑥自然資本の6つに分類しています。

　財務資本以外の5つの資本がいわゆる「非財務資本」であり、ESG要素とみなすことができるでしょう。企業は、こうした資本を統合的に活用することにより、経済的価値だけでなく、社会的価値や環境的価値を生み出すものと想定されています。これら6つの資本がインプットとして活用され企業のビジネスモデルを通じてアウトカムを生み出し資本を増やしてくというIIRCフレームワークは概念的にはわかりやすい（本フレームワークでは「価値創造プロセス」と呼ばれています）といえます。

　経済的価値に社会的価値と環境的価値をあわせたものが統合価値ともいうべきものであり、ESGを中心に据えたコーポレート・ファイナンス戦略は理論的にはこの統合価値を最大化することを目的とすべきでしょう。

　ESG関連資本である5つの非財務資本がどのように価値創造に影響を与

えているか、端的にいえば、企業価値や株主価値に与えるインパクトを定量的に捕捉することができるか、これを明らかにすることができれば自社のESG施策をビルトインしたファイナンス戦略を立案することが容易になるうえ、個々のESG施策の価値を投資家に対して適切に説明できることになります。

　企業価値のベースになる事業価値をDCF法により求めることは前述しましたが、ESG施策のすぐれたパフォーマンスは、理論的には、DCFのファイナンスモデルにしたがい、①本業のビジネスが生み出すキャッシュフロー（FCF）を増やす、②資本コストを低下させる、という2つの要素に対する作用で説明することができます（**図表3-4**）。

　企業が直面するESG課題を事業機会として捉え、売上・利益を生み出す事業に育てることができればキャッシュフローを増やすことにつながります。また、ESG課題へ適切に対応することによって企業のリスクを低減で

図表3-4　ESGがDCFに与える影響

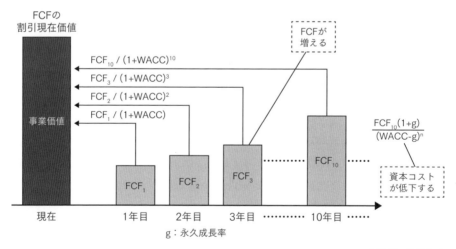

（出所）著者作成

きれば資本コストを低下させることにもなります。

　そこで、ESGの要素をどのようにキャッシュフローや資本コストに定量的に織り込んだらよいのか？　と気になるわけですが、前述したとおり、コーポレート・ファイナンスの世界でも広くコンセンサスの取れたメソッドが確立していないのが現状です。

ESGの定量評価は試行錯誤の段階

　では、ESGを投資判断に組み込んでいるアセットマネージャーは、どのように投資先企業の企業価値評価を行っているのでしょうか。擬似的に彼らの思考に近づくことで、その手法を垣間見ることができます。

　ある資産運用会社は、ESG要素を正確に定量化することは難しいとの前提のもと、投資先企業との長年の対話を通じて得られたESG課題に関する改善点のエビデンスにもとづき企業価値評価に反映させています[2]。

　投資先の欧州スポーツ用品メーカーを評価するにあたり、従来、サプライチェーンの労働問題に関する懸念を持っていたものの、対話と現地視察によって改善が確認されたことから、ブランド力と従業員満足度の向上が期待できるとし、予想売上高の成長率を年率1％引き上げるともに、割引率である資本コストを0.5％引き下げたとしています。その結果、企業価値評価額は20％アップしたとされており、また、上昇幅の75％は資本コストの低下による影響としています。

　すでに察しが付くと思いますが、このケースにおいて、成長率の引き上げ幅の「1％」や資本コストの引き下げ幅「0.5％」という数値を理論的に説明することはできません。まだまだ黎明期にあるESG投資の世界では、投資家サイドも実際の投資判断をこのように「ざっくり」やっているのが現状なのです。

　万人が腑に落ちる手法ではないかもしれませんが、それくらい難しいということを物語っているといえるでしょう。だからこそ、経営や戦略に影響を

与える要因を正しく理解した「人間」による判断が非常に重要になるわけです。

3.3　ESGを企業価値評価に組み込むエーザイの試み

　ESG要素をファイナンス価値創造モデルへビルトインするためのメソッドが確立していないなか、自社のESG施策と企業価値の関係について定量的に明らかにし、統合報告書等を通じて広くステークホルダーに向けて発信している企業があります。日本の製薬企業、エーザイです。ここでは、同社の柳良平CFOが独自に確立したユニークな価値創造モデルを紹介しましょう。

　上場企業には、投資家が集まる株式市場から受ける評価として時価総額が付いています。簿価純資産の何倍の時価総額を付けているかを示す財務指標に簿価純資産倍率（Price Book-value Ratio：以下、「PBR」）があります。日本の上場企業のPBR平均は概ね1.2〜1.3倍といった水準です。

　このPBRが1を下回る企業は、極論すれば、その企業を存続させるよりも解散して残余財産を分配したほうが株主は得をするとの解釈も成り立ちます。困ったことに日本にはメガバンクをはじめPBRが1を下回っている上場企業が少なくありません。

　こんなお馴染みのPBRですが、柳氏は、会計上の簿価純資産を財務資本と捉え、時価総額のうち簿価純資産を超える部分（つまりPBR1倍を超える部分）を知的資本などの非財務資本が生み出した「市場付加価値」と定義しています。IIRCが提唱する資本の概念とPBRを関連付けていることから、同氏はエーザイの統合報告書「エーザイ価値創造レポート2021」のなかで「IIRC-PBRモデル」と命名しています（**図表3-5**）。

　時価総額は、いわば株式市場から企業に付けられた株主価値です。この株主価値は財務資本である簿価純資産に非財務資本（ESG資本）である市場付

図表3-5　エーザイの財務戦略とESG-価値関連性モデル

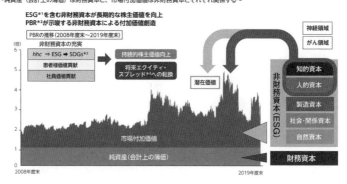

● IIRC-PBRモデル（企業価値を構成する6つの資本の価値関連性）
　〜純資産（会計上の簿価）は財務資本と、市場付加価値は非財務資本とそれぞれ関係する〜

＊1 Environment（環境）、Social（社会）、Governance（企業統治）
＊2 Price Book-Value ratio（株価純資産倍率）
＊3 Sustainable Development Goals（持続可能な開発目標）
＊4 ROE（親会社所有者帰属持分当期利益率）ー株主資本コスト（当社は8%と仮定）
「CFOポリシー」中央経済社（2020）を一部改編

（出所）エーザイ「価値創造レポート2021」より転載

加価値を上乗せしたものですから、企業のESG施策のパフォーマンスが高ければ市場付加価値、すなわち、株式市場からの評価も高くなるというわけです。

　PBRはあまりに見慣れた平凡な財務指標だけにポカンとしてしまいますが、IIRC-PBRモデルは、ESGをファイナンス価値創造モデルに組み込みながらも誰でもわかりやすいレベルでシンプルに整理されている点で非常にすぐれています。

　また同社は、エーザイ価値創造レポート2021のなかで「非財務資本とエクイティ・スプレッドの価値関連性モデル」を示しています。そして、前述のIIRC-PBRをモデルに加え「Intrinsic Valueモデル」として、株主価値のうち簿価純資産を超える部分に相当する市場付加価値は「サステナビリティ価値（ESG/CSRの価値）」「顧客の価値」「人の価値」「組織の価値」から構成されると定義します。このうち、ESGの価値は資本コストの低減効果

を、顧客の価値、人の価値、組織の価値はマージン（キャッシュフロー）の改善をもたらすと理論的に整理しています（**図表3-6**）。

ESGが株主価値を高めることを示したファイナンスモデル

さらにエーザイ価値創造レポート2021では、IIRC-PBRモデル、Intrinsic Valueモデルと並んで3つ目のモデルとして「残余利益モデル」を提示しています。ファイナンス初学者には若干わかりにくいかもしれませんが、ごく簡単にいってしまえばこういうことです。

企業は株主の期待に応えるべく、株主が期待するリターン（企業から見たら株主から資金調達する場合の資本コスト＝CoE：Cost of Equity）を上回る投資リターン（株主資本利益率＝ROE）を獲得する必要があります。この株主資本利益率ROEと株主資本コストCoEの差をエクイティ・スプレッドと呼んでおり、ファイナンス理論によれば、市場付加価値はエクイティ・スプレ

図表3-6 エーザイの非財務資本と株主価値の関係

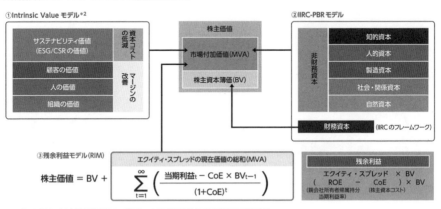

●非財務資本とエクイティ・スプレッドの価値関連性モデル*1

①Intrinsic Value モデル*2

②IIRC-PBR モデル

③残余利益モデル（RIM）

$$\text{株主価値} = BV + \sum_{t=1}^{\infty} \left(\frac{\text{当期利益}_t - CoE \times BV_{t-1}}{(1+CoE)^t} \right)$$

エクイティ・スプレッドの現在価値の総和（MVA）

*1 『CFOポリシー』中央経済社（2020）を一部改編　*2 『企業価値最大化の財務戦略』同友館（2009）

（出所）エーザイ「価値創造レポート2021」より転載

ッドの現在価値の総和に収斂すると考えられています。**図表3-6**の下に書かれている数式が意味しているのは、このエクイティ・スプレッドが大きければ大きいほど株主価値が大きくなり株主に報いることができるという単純明快な結論です。

図表3-6で重要なことは、非財務資本と市場付加価値を関連付けたIntrinsic Valueモデルと IIRC-PBR モデル、そして、エクイティ・スプレッドと市場付加価値の関連性を示す残余利益モデルの3つのモデルが市場付加価値を介して密接に関係しているということです。なぜなら、これによれば、ESGをはじめとする非財務資本の価値、および、伝統的なファイナンスの世界で重視されてきたエクイティ・スプレッドによる市場付加価値の創造とが整合的で相互に矛盾しないものであることを説明できるからです。ピンと来ない読者もいるかもしれませんが、簡単にいえば、ESGが株主価値を高めることをシンプルなファイナンスのモデルを使ってわかりやすく明らかにしているということに過ぎません。

エーザイの IIRC-PBR モデルは、企業のESG施策が株主価値に与える影響を概念的に説明したに過ぎませんが、同社が公表しているESG関連の測定指標KPIとPBRの関係は画期的といえます（**図表3-7**）。

人的資本への投資や施策として、人件費の増加や女性管理職比率の向上が長期的に株主価値の向上につながるかもしれないことは感覚的には理解できるものの、それが定量的にどれほどの影響を与えるのかハッキリと示すことは難しいものです。

エーザイは、この難題にも取り組み、たとえば「障がい者雇用率」「人件費」「女性管理職比率」といった人的資本、「調剤薬局お取引先件数」など社会・関係資本、「研究開発費」など知的資本に関するESG課題のKPIとPBRの相関関係を明らかにしています（**図表3-7**）。

このようにESG課題に関するKPIとPBRの関係を重回帰分析によって定量的に示すことを通じて、ESGへの取り組みが株主価値にどのような影響

図表3-7　エーザイのPBRとESG関連のKPI

重回帰分析（対数変換）[*2]: $\ln(PBR_i) = \alpha + \beta_1 \cdot \ln(ROE_i) + \beta_2 \cdot \ln(ESG\ KPI_{i-t}) + \gamma_{i-t}$								
	ESG KPI[*3]	遅延浸透効果（何年後に相関するか）	回帰係数[*4]	t値[*5]	p値	自由度修正済み決定係数[*6]	データ観測数	
社会・関係資本	調剤薬局　お取引先軒数（単体）	0	3.30	4.55	0.001	0.70	12	p <0.01
人的資本	障がい者雇用率（単体）	10+	3.35	4.25	0.003	0.72	11	
人的資本	人件費　（連結）	5	1.38	4.40	0.003	0.75	10	
人的資本	健康診断受診率　（単体）	10	38.57	3.26	0.012	0.61	11	
知的資本	医療用医薬品　承認取得品目数（国内）	4	0.25	3.13	0.017	0.61	10	
人的資本	女性管理職比率（単体）	7	0.24	2.96	0.018	0.56	11	
人的資本	管理職社員数（単体）	10+	3.14	2.94	0.019	0.56	11	
社会・関係資本	薬局等[*7] お取引先軒数（単体）	4	0.48	2.93	0.019	0.56	11	
知的資本	研究開発費（連結）	10+	0.82	2.90	0.020	0.55	11	p <0.05
社会・関係資本	hhc ホットライン[*8] お問合せ数（単体）	5	1.08	2.88	0.021	0.55	11	
人的資本	育児短時間勤務制度利用者数（単体）[*9]	9	0.33	2.89	0.023	0.57	10	
知的資本	研究開発費（単体）	10+	0.88	2.78	0.024	0.53	11	
人的資本	EMEA[*10] 従業員数	9	0.33	2.75	0.025	0.53	11	
人的資本	アメリカス[*11]従業員数	10	0.29	2.70	0.027	0.52	11	

（出所）エーザイ「価値創造レポート2021」より転載

を与えるのかがはじめて明確になります。具体的には、同社のESG関連の
KPIが5～10年のタイムラグを経て500億円～3,000億円の企業価値を創造
することを示唆しています（**図表3-8**）。こうして具体的なデータを示すこ
とで、エーザイ自身のESG施策への取り組みに強力な動機づけが働くほか、
IRで説明を受ける投資家も理解しやすくなるわけです。

　ESG施策への取り組みがPBRと正の相関関係があることをデータで示し
ている会社はエーザイが世界初だとされています。ESG評価機関によるス
コアと株価パフォーマンスの間には正の相関関係があることが多くの学術論
文が示していますが、エーザイのように自社のデータをもとにESGとPBR
の関係を定量的に開示している（PBRを通じて株主価値との関係をも間接的に
示している）事例はまだありません。

　もっとも、エーザイのESG関連のKPIとPBRの関係については、あくま
で相関関係に過ぎず、因果関係とまでいえるのか？　といった指摘もあるの

図表3-8　エーザイのESGと企業価値の関係

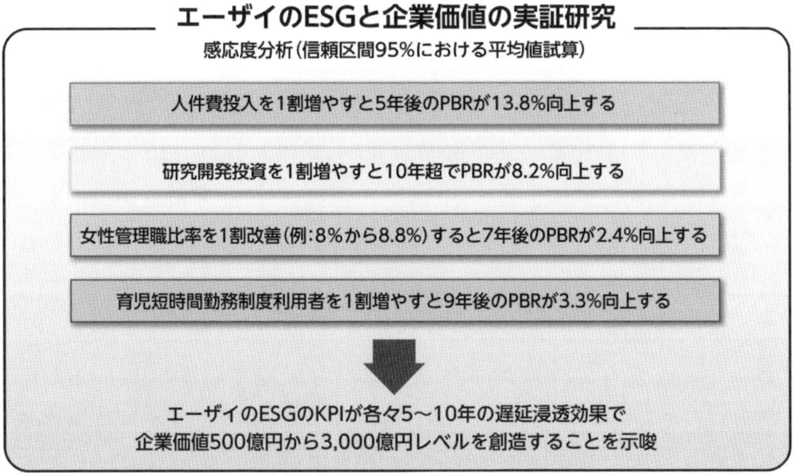

エーザイのESGと企業価値の実証研究

感応度分析（信頼区間95％における平均値試算）

- 人件費投入を1割増やすと5年後のPBRが13.8％向上する
- 研究開発投資を1割増やすと10年超でPBRが8.2％向上する
- 女性管理職比率を1割改善（例：8％から8.8％）すると7年後のPBRが2.4％向上する
- 育児短時間勤務制度利用者を1割増やすと9年後のPBRが3.3％向上する

↓

エーザイのESGのKPIが各々5～10年の遅延浸透効果で
企業価値500億円から3,000億円レベルを創造することを示唆

（出所）エーザイ「価値創造レポート2021」より転載

は事実です。別の表現をすれば、ESG施策のパフォーマンスが高いから株主価値が高いのではなく、株主価値が高く余裕があるから高いレベルのESG施策を充実させることができるのではないか？　という疑問が湧くのは自然なことでしょう。同社CFOの柳氏も当然そのことは理解されていて、このような定量データの提示と併せてナラティブなストーリーを語ることでESGの取り組みが長期的に株主価値の向上につながるという論を展開しています。

　このエーザイ柳CFOが提唱、採用しているESG課題のKPIとPBRの関係を示すモデルは、まだ広くコンセンサスの取れたフレームワークになったとはいえませんが、KDDIも「統合レポート2021」で採用するなど、日本企業の間に徐々に広がっていく可能性も考えられます。なお、このエーザイの価値創造モデルについては、柳（2021）や柳・杉森（2021）などの一連の論文で詳しく解説されています。

3.4 ますます重要になる企業のIR活動

　これまで上場企業が公表する財務関連情報といえば、日本では有価証券報告書、アメリカでは10-Kといった各国の監督当局が定めたルールに則った開示が中心でした。有価証券報告書や10-Kには定性的な情報も記載されていますが、投資家が関心を持って見るのは、もっぱら貸借対照表（B/S）、損益計算書（P/L）、キャッシュフロー計算書（C/F）から構成される財務3表だったといえるでしょう。

　ところが、株主第一主義が見直され、ステークホルダー資本主義の考え方が唱えられるとともに、ロングタームの経営課題であるESGへの対応が企業に求められてくると、ステークホルダーは財務情報だけを見ても企業のサステナビリティや長期的な価値創造の実力を評価することが難しくなります。そこで重要になってくるのが財務情報以外の非財務情報（ESG情報）となるわけです。

　上場企業は非財務情報に関して、「統合報告書」（財務情報と非財務情報を合わせ、持続的な価値創造ストーリーを統合的に報告しているため統合報告書と呼んでいます）や「ESGレポート」「サステナビリティレポート」「CSRレポート」といった各社ごと実情に合わせた名称を付した報告書（以下、すべてまとめて「統合報告書等」と呼びます）を公表しています。

　この統合報告書等では、企業のESG課題を特定し、リスクと事業機会を明確にしつつ、経営戦略への組み込み、事業ポートフォリオマネジメントなどの経営資源・資本配分戦略の構築、戦略の進捗を示すKPIの設定と価値創造の達成度を自己評価した一連の内容を説明しています。

　ところで、各国の監督当局が定めた規制や国際財務報告基準IFRSに則って、決められたルールどおりに作成すれば事足りる財務3表を中心とした財務情報とは対照的に、ESGやサステナビリティなどの非財務情報はGRIや統合報告書フレームワーク（かつてIIRCが公表したフレームワーク。後述）な

どの開示ガイドラインはあるものの各企業にかなりの自由度が与えられています。

　自由演技が得意な欧米のグローバル企業はこれを前向きに捉え、各社が創意工夫を凝らして積極的な開示を行っている姿が目立ちます。これに対して、日本企業は決められた規定演技は得意ですが、自由演技が求められる非財務情報の開示に対する投資家からの評価はあまり思わしくありません。

　上場企業にとってIR活動が重要であることは論を待ちませんが、近年では投資家がESGに関する非財務情報を重視しているため、従来にも増してステークホルダーとの丁寧なコミュニケーションの重要性がより一層高まっています。

「やっているフリ」は通用しない時代

　では、企業として、どのようにIR活動を進めていけばよいのでしょうか。

　まず、挙げられるのが、いかに良く見せるかではなく、「いかに正直に真摯に対応するか」が大切であるということです。

　よく考えてみてほしいのです。ステークホルダー資本主義もサステナビリティもESGも、企業と資本市場があまりにショートターミズムに陥っていたがゆえに環境や社会に多大な負荷をかけてきたことの反省のなかから生まれたうねりにほかなりません。世界中のほとんどの企業がそうした外部不経済を内包する市場メカニズムの中で活動し、炭素依存度の高いビジネスを展開してきたのです。現時点でESGに関するすべての課題を100％完璧に仕上げている聖人君子のような企業などほとんど存在しないでしょう。

　いってみれば、ESG/SDGsへの取り組みに関して、世界中のすべての企業がマイナスからのスタートです。そして、そのことを資本市場の関係者も消費者も地域コミュニティ、環境NGOもわかっています。

　したがって、ESG/SDGsが中心となるファイナンス戦略のIRでは、自社にとって都合の良いところだけをきらびやかに魅せるのではなく、課題をも

客観的に分析し、事業機会につなげる戦略を明らかにする正直で真摯な姿勢が求められます。

つまり、ESG/SDGsの世界において、ステークホルダーは企業に対して「本物」であることを求めているのです。日本では少子化ばかりがクローズアップされるため霞んで見えますが、世界ではZ世代が全人口のおよそ3分の1を占めています。社会のあらゆるコミュニティや市場で存在感も影響力をも持ちつつあるのがZ世代といえるでしょう。このZ世代はことのほか、うわべだけの見せかけを嫌うため、企業がオーセンティック（本物）であるかどうかを注視しています。言行不一致であればすぐに見抜きます。

したがって、企業がグリーンやサステナビリティ、SDGsを謳っておきながら、それらに整合しない行動をしていたり、それに反する事実が明るみに出たりすると、それはグリーンやサステナビリティ、SDGsのフリをしているだけの「グリーンウォッシュ」（エコなイメージの「グリーン」と、誤魔化しや上辺だけという意味のホワイトウォッシュを組み合わせた造語）という烙印を押されてしまいます。

オーセンティックであるというのは、長期的にESG/SDGsに取り組んでいくなかで今は至らない部分があったとしても、それを正直に課題として認め、改善に向けたアクションプランとセットで公表し、取り組むという真摯な姿勢を持つことです。ステークホルダーとの強固な信頼関係を構築するためには、オープンであり、透明性を備える必要があります。

2009年から2019年までの11年間にわたりCEOとしてユニリーバを率い、ESG/SDGsへの先駆的な取り組みと高い財務パフォーマンスの両立を実現したポール・ポルマン氏は、著書『net positive』（本書は日本では未翻訳です。2022年2月時点）のなかでこう述べています。

「一般的にCEOはオープンにしすぎることを懸念しています。法務、PR、コミュニケーションといった部署の人たちもレピュテーションの低下や訴訟を起こされるリスクを恐れます。しかし、それは、いいわけに過ぎないし、

そもそも、秘密主義は賢明な戦略ではありません。なぜなら、信頼関係を築きにくくするばかりか、会社のチャレンジをオープンにすることによって得られる、人とのつながりや学びの機会を逃すことになるからです」

「透明性とは、すべてが正しいということではなく、オープンであること、そして、改善への道を歩むことを意味します」（いずれも和訳は著者による）

　CEOに就任した2009年当時は経営不振に陥っていたユニリーバをパーパス・ドリブンなサステナビリティ経営で復活させたポルマン氏の言葉だけに大変説得力があります。

3.5　価値創造をストーリーとして語れるかがカギ

　前述したとおり、ESG投資の流れが世界的に加速してきたことによって、いわゆる非財務情報に投資家の関心が集まるようになっています。それらはすなわちESG課題に関する情報ですが、これらの要素は将来、財務情報へ昇華していくわけです（**図表3-9**）。つまり、現時点では"まだ"財務情報になってはいないものの、ロングタームで見るといずれ財務情報になるという意味では、本来は「未財務情報」と呼ぶべきなのかもしれません。

　いずれにせよ、企業が長期的にESG課題に取り組むことを通じて、そうした取り組みの成果がどのように財務情報にポジティブなインパクトを与えていくのか、その財務パフォーマンスを向上させていく道筋をステークホルダーに納得してもらうためには完成度の高いナラティブなストーリーが求められます。

　当たり前ですが、決算発表や投資家向けのイベントでプレゼンテーションするときになって慌てて手元にある社内情報を材料に「どう見せるか」といった表面的なテクニックの話をしているのではありません。デジタル・トランスフォーメーション（DX）にしてもESGにしても、社内に専門部署を設けて「じゃ、お願い」と丸投げして済むような話ではありません。経営トッ

図表3-9　ESGでは「非財務情報」が財務情報の基盤になる

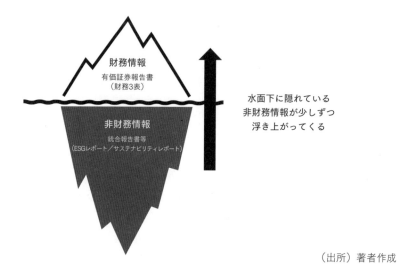

財務情報
有価証券報告書
（財務3表）

非財務情報
統合報告書等
（ESGレポート／サステナビリティレポート）

水面下に隠れている
非財務情報が少しずつ
浮き上がってくる

（出所）著者作成

プ自らが主導し、ビジョンと戦略をともなう魂と血の通った全社レベルの実践という中身を開示することこそが重要です。

　前述したとおり、非財務情報がどのように財務情報へ昇華していくのか、その相関関係を定量的に明示した事例は世界を見渡してもほとんどありません。ほぼすべての企業がナラティブなストーリーを示すことにより、ESG/SDGs課題へ取り組むことが持続的な企業価値の向上につながるというロジックを展開しています。

ナラティブなストーリーのお手本：ユニリーバの事例に学ぶ

　ここでも非常にわかりやすいので、サステナビリティ経営のお手本企業ともいえるユニリーバの例で説明しましょう。

　ユニリーバもポルマン氏がCEOに就任した2009年当時は会社が疲弊しており、すっかり内向き志向の組織になっていました。官僚組織のようにブラ

ンド、機能、地域ごとの組織はサイロ化し、社員のプライドも執着心も欠如していたのです。さらに当時のユニリーバの衰退ぶりを象徴するかのように、オフィスの洗面所には競合他社の石鹸が置かれ、カフェテリアではこれまた他社製品のお茶やバターが提供されているというありさまでした。

　そんなユニリーバでポルマン氏が最初に手を付けたのがマルチステークホルダーの長期的な利益を重視したパーパス・ドリブンな経営へのシフトです。キーワードは「マルチステークホルダー」「長期」「パーパス」の3つ。このエッセンスを徹頭徹尾、経営のあらゆるところに導入していきます。ポルマン氏が、就任早々、短期志向の株主に経営が左右される傾向に異を唱え、四半期毎の財務報告を廃止したのは有名なエピソードです。

　そして、できあがったコンセプトが「Compass」と呼ばれる同社の新しい戦略フレームワークに凝縮されます（**図表3-10**）。ボリュームにしてわずか2ページに過ぎないドキュメントですが、ユニリーバの存在理由（パーパス）を明確にし、規律、共通の価値観、行動指針、リーダーシップの明確な基準（成長志向の維持、人への投資、責任の所在など）を示しています。

　日本には「三方良し」という素晴らしい商売哲学が受け継がれていますが、ユニリーバのマルチステークホルダーは、従業員（Our People）、最終消費者（Consumers）、小売店（Customer）、サプライヤーとパートナー（Suppliers & Business Partners）、社会（Society）、地球（Planet）から構成されており、三方良しどころか「六方良し」となっています。

　そして、Compass公表の1年後、この中で示していたパーパスを具体的なミッションへ落とし込んだユニリーバ・サステナブル・リビング・プラン（Unilever Sustainable Living Plan：USLP）を立ち上げます（**図表3-11**）。これにより、同社の戦略とサステナビリティのロードマップを一致させているのです。

　USLPは、持続可能な生活を当たり前にするという会社の目的を、強力なパフォーマンスによって事業規模を倍増させながらも、その成長から環境負

図表3-10 「ユニリーバ・コンパス」では社会で果たすべき目標を示した

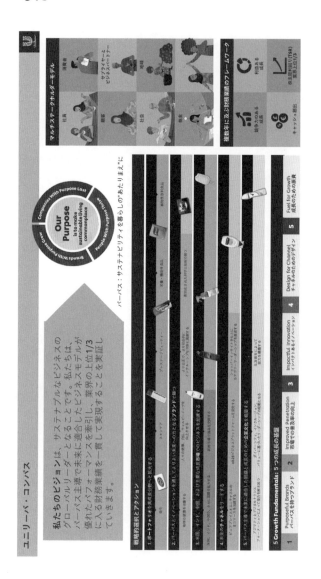

108

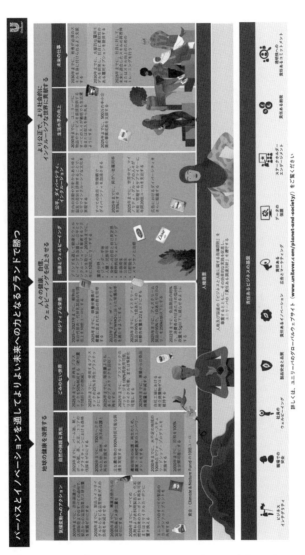

（出所）ユニリーバ「ユニリーバ・コンパス：社会と地球との新しい約束」より転載

図表3-11　ユニリーバ・サステナブル・リビング・プラン

10億人以上の健康とウェルビーイングを改善する	2020年までに、私たちは10億人以上が健康とウェルビーイングを改善するための行動を支援します。	環境への影響を半分に減らす
貢献するSDGsの目標 		貢献するSDGsの目標 

健康と衛生

2020年までに、私たちは10億人以上が健康と衛生状態を改善することを援助します。これは下痢のような生命を脅かす病気を減少させます。

2020年末に**13億人**を達成。

◎手洗いを通じて下痢や呼吸器疾患を減らす

×安全な飲料水を提供

◎衛生環境の改善

◎口腔健康の改善

◎自己肯定感の改善

◎肌の治癒力を高める

栄養

私たちは継続して全製品の味と栄養品質の改善に努めます。当社製品の大部分を国が推奨する栄養基準に合致またはそれ以上にします。2020年までに、私たちは国際的に認識されている高い食事摂取基準に合致する当社製品の割合を2倍にします。

2020年末において当社製品の**61%**がもっとも高い栄養基準を満たしています。

◎塩分を減らす

飽和脂肪酸：
△飽和脂肪酸を減らす
△必須脂肪酸を増やす

×より多くの食品から飽和脂肪酸を減らす

◎トランス脂肪酸を除去する

△糖分を減らす

カロリーを減らす
◎子供向けアイスクリーム
◎より多くの乳製品

×健康的な食事に関する情報を提供する

温室効果ガス

製品ライフサイクル：
2030年までに、当社の製品ライフサイクルを通じて温室効果ガス（GHG）の影響を半減する。
消費者1人当たりGHGが2010年から概ね**−10%**減少した。

製造過程：
2020年までに、当社工場からの二酸化炭素排出量を2008年レベルまたはそれ以下に減らす。

製造1トン当たりのエネルギーから排出される二酸化炭素は2008年から**75%**減少した。

製造工程からのカーボンポジティブを目指す
◯すべて再生エネルギーでまかなう
◎グリッド電力を自然エネルギーで調達
△エネルギーミックスから石炭を除く
×余剰エネルギーを地域コミュニティが利用できるようにする

衣類の洗濯から発生するGHGを減らす
◎改良

◎運搬過程で発生するGHGを減らす

◎冷蔵過程で発生するGHGを減らす

◎オフィスのエネルギー消費を減らす

◎社員の出張を減らす

水

製品使用時：
2020年までに、当社製品を顧客が利用する際の水利用を半減する。
当社製品に関する顧客の水利用は**0%（変化なし）**だった。

製造過程：
2020年までに、当社のグローバルな工場ネットワークでの水利用量を2008年レベルまたはそれ以下に減らす。
製造1トン当たりの水利用料は2008年から**49%**減少した。

洗濯で使用する水の利用料を減らす。
◎水利用を減らせる製品
◎農業での水利用を減らす

廃棄物

製品
2020年までに、当社製品の廃棄に関連するゴミの量を半減する。
当社製品に関する顧客のゴミ廃棄量は2010年から**34%**減少した。

製造過程：
2020年までに、当社の廃棄物の量を2008年レベルまたはそれ以下に減らす。
製造1トン当たりの廃棄物の料は2008年から**96%**減少した。

製造過程で廃棄するゴミの量を減らす。
◎有害廃棄物の埋め立てゼロ

◯再利用、リサイクルまたは、生分解プラスチックパッケージ

×パッケージの削減

リサイクルパッケージ
×リサイクル・回収率の向上
◯再生材を増やす
×生ゴミ対策

△塩ビの排除

オフィスのゴミ削減
◎リサイクル、再利用、回収
◎紙使用量の削減
×紙のプロセスをなくす

| 2030年までの私たちのゴールは、事業成長と同時につくること、使うことによるエコロジカルフットプリントを半減することです。 | 数百万人の生活を向上させる

貢献するSDGsの目標
   | 2020年までに、私たちは事業成長を通じて数百万人の生活を向上させます。 |

サステナブル調達

2020年までに、持続可能な農産物の調達割合を100%にする。
2020年末における持続可能な農産物の調達割合は67%だった。

△サステナブルなパームオイル
△紙と板
〇大豆と大豆油
×茶類
×果物
△野菜
〇ココア
〇砂糖
×ひまわり油
△菜種油
×乳製品
×フェアトレードのBen & Jerry's
〇ケージフリー卵
◎オフィス用品のサステナブル調達を増やす

公正な職場

2020年までに、社内とサプライチェーン全体の人権を推進する。
調達額の**83%**が当社の責任ある調達方針を満たすサプライヤーによる。
当社の人権報告書では、8つの重要な課題に焦点を当て、引き続き人権の定着に努めた。
安全性に関する記録によると、100万時間あたりの事故は0.63回で、2008年より70%減少した。

◎国連ビジネスと人権に関する指導原則の履行
×当社の責任ある調達原則に準拠した調達100%達成
◎公正な給与支払の枠組みを構築
◎従業員の健康、栄養、ウェルビーイングを改善
◎職場の事故や怪我を減らす

女性のために

2020年までに、500万人の女性をエンパワーする。
263万人の女性の安全確保、能力開発、機会拡大を目的としたイニシアティブの利用を可能にする。

◎管理職を中心にジェンダーのバランスが取れた組織構成
◎職場のコミュニティにおける女性の安全を推進
×研修やスキル獲得プログラムの利用促進
◎バリューチェーンでの機会拡大

インクルーシブなビジネス

2020年までに、550万人の生活にポジティブな影響を与える。
83万2,000人の零細農家と**183万人**の零細小売業者が、農法の改善や所得の向上を目指す取り組みにアクセスできるようにしました。

◎零細農家の生活向上
×零細小売業者の所得向上

それぞれの進捗
◎計画通り達成
〇達成
△ほぼ達成
×未達成

（出所）ユニリーバ「Unilever Sustainable Living Plan 2010 to 2020」をもとに著者が独自に翻訳

荷を切り離し、ユニリーバのポジティブな社会的インパクトを最適化するという中核目標に置き換えたものです。そのUSLPが掲げている大胆な目標は以下の3つで構成されています。

- 10億人以上の人々の健康とウェルビーイングを改善する
  〜2020年までに、10億人以上の人々が健康と福祉を向上させるために行動を起こすことを支援します〜
- 環境負荷を半減する
  〜2030年までに、製品の製造と使用におけるエコロジカル・フットプリントを半減させることを目標に事業を展開します〜
- 何百万人もの人々の生活を向上させます
  〜2020年までに、私たちは事業を拡大しながら、何百万人もの人々の生活を向上させます〜

「3年後に売上1,000億円を達成しましょう」といったしばしば見られる一般的な事業計画と違い、グローバル規模の社会・環境課題を解決し、世界に貢献しようという、実に壮大なパーパスです。

　このような野心的な目標を掲げるに至ったのは、会社の事業規模を拡大するためといった古典的な考えもあるでしょうが、それ以上に従業員を巻き込み総力を結集するためには、パーパスという「大義」や「利他の精神」が必要だったわけです。実際、ポルマン氏は著書のなかで、USLPを通じて徐々に従業員の誇りを取り戻していったと語っています。

　なお、ユニリーバは、2021年3月、USLPの2010年から2020年までの進捗状況を公表しています（**図表3-11**）。壮大で野心的な目標であるため、もちろん、達成した目標もあれば未達のものもありますが、このようにオープンにすることでパーパスの実現への強い想いや実践に対する執着、強固なエンゲージメントにつながっていると考えられます。2020年の従業員サー

ベイで「ユニリーバで働くことに誇りを感じる」と回答した割合が93％というのもうなずけます。

　そうはいっても、日本では、社会貢献はしょせん「施し」に過ぎず、事業規模の拡大には結びつかないといった考えがいまだに強いかもしれません。これについてもポルマン氏は、マルチステークホルダーと一緒に社会課題を解決することによって競争優位、利益、成長を求めることは間違っていないと強調しています。ポルマン氏は2016年9月28日付けの『フィナンシャル・タイムズ』の記事で以下のように述べています。

「ユニリーバは100年以上の歴史がありますが、私たちはさらに数百年存続したいと考えています。そのためには、公平で、共有され、持続可能なこの長期的な価値創造モデルに賛同していただく必要があります。そして、私たちと一緒に投資してください。もしこれに賛同しないのであれば、人間としては尊重するが、我々の会社にお金を預けないでほしいのです」

　ユニリーバがユニセフとのパートナーシップで開発途上国の衛生状態を改善するために手洗い石鹸を配布する活動を立ち上げた際には、こんなエピソードがあります。ユニセフ代表から「石鹸を寄付してください」と依頼されたポルマン氏は「石鹸はありません。Lifebuoy（ユニリーバの代表的な石鹸ブランド）ならありますので、必要なだけ寄付します」と答えたのです。最初はユニセフ代表から「それでは自己満足ではないか」と指摘されたそうですが、ユニリーバも民間企業ですから、そこはしたたかにブランド力の向上に活用したということでしょう。

　また、USLPの野心的な目標を1社単独で実現することなどできないため、企業やNGOなどとの連携が欠かせません。そもそも、SDGsの17番目の目標に「パートナーシップで目標を達成しよう」とあるのはそのためです。今日でもユニリーバとユニセフは、衛生改善とコミュニティの繁栄を支援するための長期的なグローバル・パートナーシップを結んでいます。

　このようにESG/SDGsをど真ん中に据えた経営というのは、経営トップ

マターであり、いかにナラティブなストーリーが大切かということがわかると思います。これを強く実感できるのが、ユニリーバが2019年に開催した投資家向けイベント Sustainability Investor Event 2019[3] です。CEOのアラン・ジョープ氏やCSO（Chief Sustainability Officer）のレベッカ・マーモット氏をはじめ、幹部社員が登壇し、よどみなくプレゼンテーションするのですが、みんな楽しそうに話している姿が印象的です。

価値創造ストーリー構築の簡単な方法

では、実際にどうすれば、このあとの第6章で紹介するケーススタディやユニリーバのようにナラティブな価値創造ストーリーを構築し、投資家を含むステークホルダーに響くようなIRなどのコミュニケーションができるでしょうか？

おすすめする、いちばん簡単な方法は、経済産業省が公表している「価値協創のための統合的開示・対話ガイダンス[4]」（通称「価値協創ガイダンス」）にしたがって組み立てることです。価値協創ガイダンスのなかで示されている全体像は非常にわかりやすいため、これを参考にするとよいでしょう（**図表3-12**）。

以下では、価値協創ガイダンスの全体像の中でも、特にESGと密接に結びついており、かつ、実務上も悩ましい下記2つの論点にしぼって簡単に解説しておきましょう。

- マテリアリティの特定（価値協創ガイダンス4.3）
- キャピタル・アロケーション（同ガイダンス4.4）

① マテリアリティの特定

企業の開示で機関投資家から「わかりにくい」とよく指摘されるのがマテリアリティ、つまり、重要なESG課題の特定です。実際の統合報告書などを見ると、GRI（Global Reporting Initiative）スタンダードにしたがい、各

図表3-12 「価値協創ガイダンス」の全体像

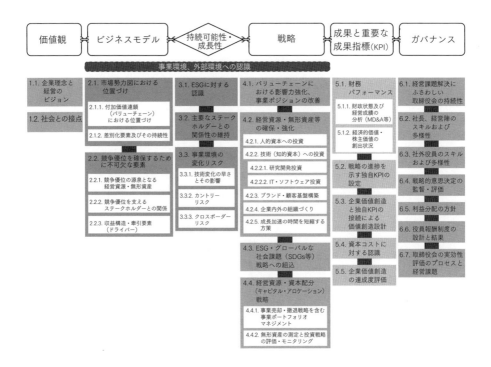

（出所）経済産業省「価値協創のための統合的開示・対話ガイダンス - ESG・非財務情報と無形資産投 -」より転載

社とも自社のマテリアリティを特定しています。ところが、投資家から見ると、それがどのようなプロセスを経て特定されるに至ったのかがわからず、どこからともなくフッと湧いてきたように見えてしまうのです。

　ESG/SDGsをど真ん中に据えた経営では、自社のESG課題を特定し、リスクと事業機会を見出したうえで、それらをどのようにビジネスに組み込

み、長期的な価値創造を実践していくのかにステークホルダーの関心が向けられています。

　ユニリーバでは、マテリアリティの特定については、統合報告書ではなく自社のコーポレートサイト[5]で詳細なプロセスを開示しています。同社の場合、マテリアリティの特定と評価（優先順位付け）がUSLPの前提になっていることはいうまでもありませんが、毎期の戦略構築と開示内容に反映させるとしています。

　ユニリーバは、定期的にマテリアリティを見直しています。たとえば、2009年-2010年では最初にUSLPを策定する際にマテリアリティ分析を活用しましたが、2013年には初期のマテリアリティ分析を大きく変更し、労働者の権利、女性、インクルージョン、小規模農家へのコミットメントを拡大しています。

　2015年にはステークホルダーの期待の高まりを受けてESG課題を大きく増やし、2017-2018年には商品パッケージ、水利用、気候変動などの環境課題の重要度を引き上げるというアップデートを行っています。

　2019〜2020年にはマテリアリティ分析の手法をバージョンアップさせています。

　絶えず変化し続けるサステナビリティに関する状況を踏まえ、それまで少数の代表的なステークホルダーへのインタビューに頼っていた方法を改め、AIを搭載したマテリアリティ・ツールを通じて獲得したビッグデータや社内のマーケティング部門から得られたインサイトを活用するとしています。そして、169のロングリストの中から19の異なる課題をマトリクスに分類しています（比較ができるようネスレのマテリアリティマップもあわせて掲載しています、**図表3-13**）。

　最終的には、マテリアリティ分析で特定された重要なESG課題と戦略が密接に連携していることが取締役会で確認されたうえ承認されるというプロセスで進みます。

図表3-13　マテリアリティマップ

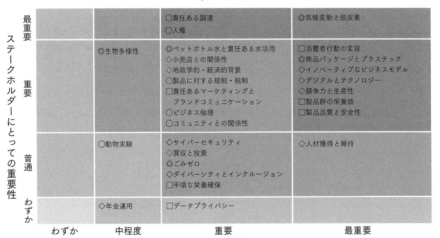

ユニリーバ

中程度　　　　　　　　高い　　　　　　　とても高い

ステークホルダーにとっての重要性

気候変動◎

健康と衛生状態□　　水資源◎　商品パッケージ＆廃棄物◎

社会・経済的インクルージョン△　　　　人権△

栄養と食生活□

持続可能で責任ある調達◎

◇データセキュリティとプライバシー　　　　信頼性のある製品と成分の透明性○

　　　　◇納税と経済的な貢献

◎生物多様性　△従業員の健康、安全とウェルビーイング

　　　　　　　　　　　　　◇ガバナンス、説明責任と企業文化

○動物実験・福祉　◇倫理と誠実生

サステナブルなイノベーションとテクノロジー○

◇責任あるマーケティングと広告　　　　　　人材と育成△

事業へのインパクト（0-5年）

◎環境　　□健康・ウェルビーイング　　△生活　　◇責任あるビジネス　　○幅広いサステナビリティ課題

（出所）ユニリーバグローバルサイト（https://www.unilever.com/planet-and-society/sustainability-reporting-centre/our-material-issues/）をもとに著者が独自に翻訳

ネスレ

最重要		○責任ある調達 ○人権	◎気候変動と脱炭素
重要	◎生物多様性	◇ペットボトル水と責任ある水活用 ◎小売店との関係性 ◇地政学的・経済的背景 ○製品に対する規制・税制 □責任あるマーケティングと ブランドコミュニケーション ○ビジネス倫理 ○コミュニティとの関係性	□消費者行動の変容 □商品パッケージとプラスチック ◇イノベーティブなビジネスモデル ◇デジタルとテクノロジー ◇競争力と生産性 □製品群の栄養価 □製品品質と安全性
普通	○動物実験	◇サイバーセキュリティ ◇買収と投資 ◎ごみゼロ ◇ダイバーシティとインクルージョン □手頃な栄養確保	○人材獲得と維持
わずか	◇年金運用	□データプライバシー	

ステークホルダーにとっての重要性

わずか　　　中程度　　　　　重要　　　　　　最重要

事業へのインパクト（内部ステークホルダー）

□人とペット　　○コミュニティ　　◎地球環境　　◇長期的価値の最大化

（出所）ネスレグローバルサイト（https://www.nestle.com/csv/what-is-csv/materiality）をもとに著者が独自に翻訳

また、ヨーロッパの企業では、ユニリーバにかぎらず、多くのステークホルダーへのインタビュー等の結果をマテリアリティ分析に活用することに積極的です。フランスのエア・リキードは顧客企業、ユーザー、サプライヤー、投資家、ジャーナリスト、NGO、従業員代表など1,400件以上の声を集めています。ドイツのシーメンスは、100件に及ぶ潜在的なサステナビリティ関連のトピックスを重要性と優先順位の高いものに絞り込むため（2021年は15個）、顧客、投資家、サプライヤー、政府機関、NGO、従業員など内外のステークホルダーとのワークショップやインタビューを行っています。

　日本ではまだ少ないようですが、環境に関する課題は考慮すべき影響の範囲が広く、かつ、専門性も高いため、社内の人材だけで検討するのが難しいのが実情でしょう。ユニリーバでさえわからないのが当たり前と割り切っているからこそNGOなどとの対話に積極的です。彼らの批判をよく聴き、自社で不足しているところは外部のステークホルダーの力を借りるといった謙虚な姿勢が求められます。

②　キャピタル・アロケーション（経営資源・資本配分）戦略

　持続的な企業価値の創造を実現するために経営資源、特に、資本をどう配分するのかは経営戦略の重要な柱になります。もっとも、このキャピタル・アロケーションはESG課題のみを考慮するためのテーマではなく、ESG課題を組み込んだ戦略そのものです。

　それだけに、ESG課題を組み込んだ自社のビジネスモデルにおいて、キャピタル・アロケーションの最適化が持続的な企業価値の向上にどう寄与するのか、どのような事業ポートフォリオを構築し、場合によっては組み替えていくのか、という点については戦略上きわめて重要です。

　第2章でネスレ、ダノン、シーメンスの事業ポートフォリオの組み替えによるESG/SDGs経営の実践例を紹介しましたが、キャピタル・アロケーシ

ョン戦略はESG/SDGsを組み込んだ戦略の象徴といえることが理解できるはずです。

このキャピタル・アロケーション戦略に関しては、マテリアリティの特定と違い、ESG関連の情報開示基準となっているGRIスタンダードや統合報告書フレームワークなどに規定されたフォーマットがないため、各社とも統合報告書等、または、コーポレートサイトの「どこかで触れている」といった開示が多くなっています。

ユニリーバは、同社の戦略フレームワーク、コンパス（Compass）の1ページ目に「戦略的選択肢とアクション」（Strategic Choices and Actions）を掲げています。これは、持続可能なビジネスにおけるグローバルリーダーとなることを念頭に、パーパス主導で未来にフィットしたビジネスモデルによって優れたパフォーマンスを実現することを示すための重点強化領域となっています。

具体的には、高い成長が期待できる衛生用品、スキンケア、高級美容、機能性栄養食品、植物由来の食品といった領域で製品ポートフォリオを構築するとしています（**図表3-10**）。そして、カーボンゼロや森林保護、サステナブル調達、水利用削減といった地球環境の改善、植物由来、糖分や塩分を抑えた食品の開発、ウェルビーイングの追求など人の健康改善、エクイティ、ダイバーシティ、インクルージョンといった公正でインクルーシブな世界への貢献など、ESG/SDGsのエッセンスを戦略にふんだんに組み込んでいます。

次に、デンマークのヴェスタス（風力発電タービンの設計・製造・販売）のキャピタルアロケーション戦略に関する開示を見てみましょう（**図表3-14**）。同社は、売上高が10億ドル超のグローバル企業をサステナビリティに関連するパフォーマンスの観点から評価したランキングを毎年公表しているカナダのコーポレート・ナイツ（Corporate Knights）によって、2022年に世界でもっともサステナブルな会社として1位にランクされています。

図表3-14　ヴェスタスのキャピタルアロケーション戦略

キャピタルアロケーションの優先順位

ヴェスタスは、キャピタルアロケーションに以下の原則を適用しています。

・当社の企業戦略、および、持続可能なエネルギーソリューション領域でグローバルリーダーになるという長期的なビジョンを実現するために必要な投資と研究開発に配分します。

・収益性と成長が見込める事業を加速・増強するために追加的に買収を行います。その際、オーガニックな成長、買収、いずれの投資においても長期的な財務目標である投資リターンを達成するものでなければなりません。

・株主への配当は、取締役会の意向にもとづき、年間純利益の25〜30%を推奨しています。

・自社株買いについては、資本構造を調整するために随時実施します。株主への分配の決定は、資本構造に関する目標と余剰資金の利用可能性にもとづいて行います。余剰資金の水準は、当社の成長戦略および必要な手許流動性に則して決定されます。自社株買いプログラムは、業績に応じて下半期に実施される可能性があります。2021年においては、主にコスト・インフレによる特別な影響と市場の不確実性から、自社株買いを実施しないことを決定しました。

取締役会は、ヴェスタスの現在の資本構造が株主と会社の利益にかなっていると考えています。また、持続可能なエネルギーソリューションにおけるグローバルリーダーとなるというビジョンを追求するための戦略的な柔軟性も備えています。

（出所）ヴェスタスのアニュアルレポート2021年版をもとに著者作成

　世界一のサステナブル企業がどんなユニークな開示をしているのか？　と期待して読むと少しがっかりするかもしれません。主語を入れ替えたら世界中のどの企業でも通じそうな当たりさわりのない、ファイナンス戦略のごくごく基本的な内容しか書かれていません。実は、第6章のケーススタディでESG/SDGs経営のお手本として紹介するネスレやシーメンスなども同様です。

　2050年までのカーボンニュートラルの達成が世界の主要国でコミットされたことは周知ですが、欧米の先駆的なサステナビリティ企業は2030年のカーボンニュートラル（スコープ1,2）目標を掲げることがある種のファッ

ションになっています。ヴェスタスも2030年までにカーボン・オフセット（排出権の購入により二酸化炭素排出量をなかったことにする）を使わずに達成するという野心的な目標を掲げている1社ですが、肝心なキャピタルアロケーション戦略の開示はこの程度なのです。

　本来であれば、どの事業にどのくらいの資本を投じて、長期的にROICやROEなどの投資リターンをどの程度生み出すのか、経営陣が想定するキャピタルアロケーション戦略から投資家は読み解きたいはずです。このあたりは、具体的な投資規模をコミットしてしまうより戦略的な柔軟性を持っておきたい、手の内を見せることは最低限にしておきたいといった企業の経営陣の考えが働いていると考えられます。また、投資家サイドにしても、企業が期待している投資リターンを直近まできちんと達成しているから良しとしている面もあるのでしょう。

　このように無難な開示にとどまる海外企業に対して、日本のグローバル企業のキャピタルアロケーション戦略に関する開示は非常に丁寧でよくできています。

　たとえば、成長戦略にあえぐ大手家電メーカーにあって、早々に伝統的なハードウェア中心の製造業モデルから脱却し、IoTプラットフォーム企業への転換を図った日立製作所は、向こう3年間におけるキャピタルアロケーションの総額や内訳、研究開発投資額のイメージを開示しています（**図表3-15**）。

　また、キャピタルアロケーション戦略にとって重要な、現在に至る事業ポートフォリオの再編の経緯についてもわかりやすく整理されています。ハードウェア主体の製造業からソフトウェアを中心としたプラットフォーム企業へ転換するといっても現実的には簡単ではないことは多くの巨大企業の歴史を振り返ると容易に想像できるでしょう。日立がいかに経営トップの強力なリーダーシップによって、それを果たそうとしているのか、この開示からはとてもよくわかるようになっています。

図表3-15　日立製作所のキャピタルアロケーション戦略

｜ キャピタルアロケーション

▶ 2021中期経営計画における基本方針
- 営業キャッシュ・フローの増加による原資の確保
- デジタルソリューション事業の拡大と、ソリューションを提供するために必要となる、サービスやプロダクトの強化、および人財確保のための成長投資の実施
- 安定的な増配

▶ 今後の資金配分方針
- 事業成長による営業キャッシュ・フローの確保、資産売却による継続した原資の確保
- 環境、レジリエンス、安心・安全領域への成長投資を継続
- 事業成長・資産売却・株価の状況を踏まえた自社株買いの検討および安定的な増配の実現による株主還元の強化
- 2022年度から2024年度の3カ年における研究開発投資を1.5兆円に増加し、将来の成長に向けた研究開発を強化

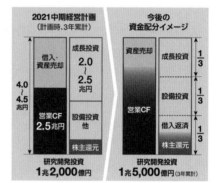

実行した成長投資の内訳

　2021中期経営計画において、日立は、成長のための重点投資分野をITセクター、エネルギーセクター、インダストリーセクターにおき、Lumada事業の拡大を図っています。事業強化に向けて実行した主なM&Aは、以下のとおりです。

セクター	対象企業［取得価額］*1	取得時期	取得目的
IT	フュージョテック社	2020年4月	アジア地域のAI・データアナリティクスのSaaS事業を取得し、Lumada事業のグローバル展開を加速
	日立チャネルソリューションズ（完全子会社化）*2	2021年3月	日立本体との一体経営を加速し、経営や意思決定のスピードアップを図る
	GlobalLogic社［約1兆円］	2021年7月	グローバルに顧客基盤を持つデジタルエンジニアリング力を活用し、Lumada事業の世界展開を加速
エネルギー	ABB社 パワーグリッド事業［約1兆円］	2020年7月	グローバルトップレベルのパワーグリッド事業に加え、グローバルな顧客基盤や人財、バックオフィス機能などの業務基盤を獲得し、真のグローバル企業への変革を加速
インダストリー	ケーイーシー	2019年4月	ロボティクスソリューション事業における競争力向上
	JRオートメーション社［約1,500億円］	2019年12月	北米ロボットシステムインテグレーション事業への参入と顧客基盤獲得
モビリティ	永大機電（一部株式）	2019年5月および2020年10月	昇降機事業におけるグローバル事業拡大および、収益性向上
ライフ	シャシー・ブレーキ・インターナショナル社	2019年10月	オートモティブシステム事業においてコア事業と位置づけているシャシー、安全システムの強化
	日立ハイテク（完全子会社化）［約5,300億円］	2020年5月	計測分析技術を活用したLumada・社会イノベーション事業の成長加速
	ホンダ系列会社であるケーヒン、ショーワ、日信工業との経営統合による日立Astemo設立	2021年1月	オートモティブシステム事業のCASE分野における、グローバルで競争力のあるソリューション開発・提供の強化

*1 取得価額が1,000億円を超える案件のみ金額を記載しています。
*2 2021年7月1日付で、日立オムロンターミナルソリューションズから日立チャネルソリューションズへ商号を変更しています。

（出所）日立 統合報告書2021年版より転載

　ブリヂストンについても日立同様、３ヶ年計画における事業投資額と投資領域を詳細に明示しています（**図表3-16**）。高品質なタイヤをつくって売るという伝統的な製造業モデルから原材料使用量や二酸化炭素排出量を劇的に減らしながらDXを推進するソリューション事業への転換を図るために同社が意図しているキャピタルアロケーションの計画や手法が非常にわかりやすく開示されています。

　野心的な目標の割に具体性のない海外企業に対して、詳細な戦略にもとづく数字のイメージを開示する日本企業は対照的に見えます。これは、過去において市場シェア・売上高至上主義だった日本企業が投資効率を無視していたため、結果的に低い水準のROE、ROICなどの投資リターンで甘んじていたことが背景にあると考えられます。P/Lばかりを意識して、キャッシュフローが軽視されていた日本的経営の弊害がしばしば指摘されますが、バランスシートを考慮に入れない限りキャッシュフローや投資リターンは一向に

図表3-16　ブリヂストンのキャピタルアロケーション戦略

（出所）ブリヂストン　サステナビリティレポート2020－2021より転載

改善されません。投資家にとって日本企業の売上や利益目標に対して投資計画に象徴されるキャピタルアロケーション戦略が適切かどうかは大きな関心事であるため、企業に対する開示要請が強く働いているのです。

3.6　非財務情報に関する常識を理解する

　現在、企業が非財務情報を伝える際にガイドラインとしている開示スタンダードは「アルファベットスープ」と称されるほど、横文字が並ぶ指針が世界中に多く乱立しています。今後より一層の開示対応を迫られる企業側は、なかばうんざりするレベルであり、これらを整理、統合しようという動きも生まれています。ここでは代表的な開示スタンダードをまとめてみました。

【GRIスタンダード】

　グローバル・レポーティング・イニシアティブ（Global Reporting Initiative）、通称GRIは、エクソンバルディーズの原油流出事故にともなう環境被害に対する世論の反発を受け、1997年にアメリカボストンでNPO団体Ceresと国連環境計画UNEPによって設立された国際NGOです。

　GRIは、企業が責任ある環境行動原則を遵守することを保証するアカウンタビリティ（説明責任）の仕組みをつくることを目的に誕生しましたが、現在はそこからさらに発展し、企業などの社会、経済、ガバナンスの問題を広く開示することを支援するための「GRIスタンダード」を提供しています。

　上場企業が開示する統合報告書等は投資家のための開示という側面が強いといえますが、GRIスタンダードは投資家を含むマルチステークホルダーに対する開示の透明性を高めようという狙いを持っており、企業がサステナビリティ報告書を作成する際のよりどころとしてはもっとも活用されているスタンダードになっています。

　企業が自らのESG課題を特定するためのマテリアリティに関するマトリ

クスを統合報告書等に掲載するのは、GRIスタンダードに依拠したもので
す。

　ところで、GRIスタンダードは、2021年10月に改訂版が正式発表され、
共通、セクター、項目別という3つのシリーズから構成されるようになりま
した（**図表3-17**）。

　共通スタンダードは、政府の期待に沿う形で人権や環境デューデリジェン
スに関する報告も取り入れられ、企業を問わず開示するすべての組織に適用
されます。GRIスタンダードに新たに加わったセクタースタンダードは、セ
クター（産業）固有のインパクトについてガイダンスを提供しています。ま
た、項目別スタンダードは、マテリアル（重要）な項目に関する特定の情
報、たとえば、廃棄物、労働安全衛生、税金などに関する開示ガイダンスを
リストアップしています。

図表3-17　GRIスタンダードの構成

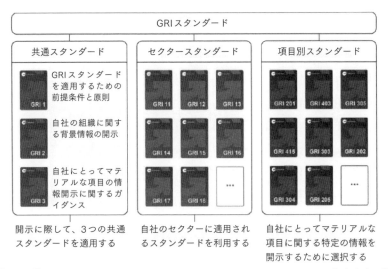

（出所）GRI「GRI Standards "A Short Introduction to the GRI Standards"」をもとに著者が
　　　独自に翻訳

【統合報告書フレームワーク】

　国際統合報告評議会（International Integrated Reporting Council：IIRC）は2009年、イギリスチャールズ皇太子が自身の設立したA4S（Accounting for Sustainability）のほか、GRI、投資家、会計基準設定主体や国連代表者などによるハイレベル会合を開催し、統合報告書のフレームワークを策定する監督機関として創設されました。

　統合報告書は、上場企業が財務報告と同様、財務資本の提供者たる投資家に対して、どのように長期的な価値創造を実現していくかを説明することを目的としているため、一義的には投資家向けの説明資料といわれています。

　もっとも、統合報告書は、企業が短期、中期、長期という各々の時間軸で価値を創造するために財務資本、製造資本、知的資本、人的資本、社会・関係資本、自然資本といった6資本をどのように活用し、蓄積していくかを説明することを目指しています。したがって、投資家のみならず、顧客、従業員、サプライヤー、事業パートナー、地域社会、地球環境などのマルチステークホルダーにとっても有益な情報になることが期待されているといえるでしょう。

　IIRCが定めた国際統合報告書フレームワークは、企業が説明すべき長期的な価値創造のプロセスを概念図（通称「オクトパスモデル」）として示しています（**図表3-18**）。

　なお、IIRCは、2021年6月に後述するサステナビリティ会計基準審議会（Sustainability Accounting Standards Board：SASB）と合併し、Value Reporting Foundation（VRF）となっています。乱立する団体ごとにバラバラに開示スタンダードが設定されていたことによる企業や投資家の負担を軽減する観点から両者が一緒になり、「統合思考原則」「統合報告書フレームワーク」「SASBスタンダード」の3つのツールをシンプルに提供する機関へと統合されました。さらに、VRFは、2021年11月のCOP26の開催にあわせてIFRS財団のもとに国際サステナビリティ基準審議会（International

図表3-18　統合報告書フレームワークの価値創造プロセス（オクトパスモデル）

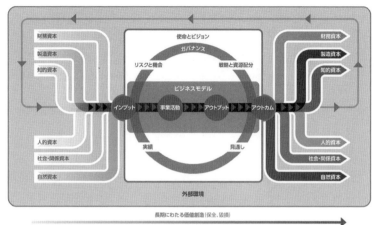

Sustainability Standards Board：ISSB）を設立する旨、および、2022年6月までにVRFがIFRSに統合されることが発表されました。

　なお、先に登場したダノン元CEOのファベール氏がISSBの議長に2022年1月より就任しています。

【SASBスタンダード】

　SASBは、投資家ニーズに応えうるマテリアル（重要）なサステナビリティ関連の情報開示の充実を図ることにより、グローバルな資本市場を拡大させるとともに企業に対する信頼を高めるため、サステナビリティ会計基準（SASBスタンダード）を策定することを目的として2011年に設立されました。

　ただ、サステナビリティ会計基準といっても、SASBスタンダードは一般に公正妥当と認められた会計基準（GAAP）や国際財務報告基準（IFRS）の

ようなイメージとはずいぶんと趣が違います。企業が開示すべきマテリアルなサステナビリティ関連情報について、基本的には企業の自主的な判断を尊重しつつも、完全な"おまかせ"状態にしてしまえば、企業によって開示する情報がバラバラとなり、投資家は企業間での比較、分析、検討ができなくなってしまいます。

　そこで、SASBスタンダードは、企業が投資家に対して財務上重要なサステナビリティ関連情報を開示する際のガイドラインを提供しているのです。このガイドラインが便利なところは、SASBが定めた11セクター77業種ごとに財務パフォーマンスにもっとも関連性の高い環境、社会、ガバナンス（つまりESG）課題にひもづけた開示項目を「マテリアリティマップ」として提示してくれている点です（**図表3-19**）。

　図表3-19のマテリアリティマップは、11のセクターごとに環境、社会・関係資本、人的資本、ビジネスモデル＆イノベーション、リーダーシップ及びガバナンスという5つの課題分類のうちマテリアルな項目を示したものです。実際には、さらに「消費財」セクターが7業種、「抽出物・鉱物加工」セクターが8業種といった具合にブレークダウンされており、77業種すべてにおいてマテリアルな項目が異なっています。自社がどの業種に属し、自社にとってマテリアルな項目は何かについて調べるには、SASBのウェブサイトの「Materiality Finder」[6]へアクセスして確認することができます。

　また、前述したとおり、ESG対応の進んでいるグローバル企業は膨大な時間と手間ひまをかけて自社のマテリアリティを特定していますが、まだそこまでの経験がなくマテリアリティの特定やKPIの設定が困難な企業は、このSASBスタンダードのマテリアリティマップを参考にするのが手っ取り早いといえます。

【TCFD】

　気候関連財務情報開示タスクフォース（Task Force on Climate-related

図表3-19　SASBマテリアリティマップ

●：セクター内でその課題が重要な産業が50％以上
○：セクター内でその課題が重要な産業が50％以下
無印：そのセクターにとって重要課題ではない

課題分類 ＼ セクター	消費者	抽出物・鉱物加工	金融	食品・飲料	ヘルスケア	インフラストラクチャー	再生可能資源・代替エネルギー	資源転換	サービス	技術・通信	運輸
環境											
GHG排出量		●		●	○	○	○	○		○	●
大気室		●				○					●
エネルギー管理	○	○		●			●	●		●	○
水および排水管理	○	●		●			○	●			
廃棄物および有害物質管理		●		●	○	○	○	●			
生物多様性影響		●			○				○		
社会・関係資本											
人権および地域社会との関係		○			○		○	○			
お客様のプライバシー	○		○							○	
データセキュリティ	○		○		○			○	○	○	
アクセスおよび手頃な価格			○		●	●					
製品品質・製品安全	●							●			
消費者の福利				●	●				○		
販売慣行・製品表示			●	●	●				○		
人的資本											
労働慣行	○	○		○		○			○	○	○
従業員の安全衛生		●		○		●	○		○	○	●
従業員参画、ダイバーシティと包摂性	○		○		○					●	
ビジネスモデルおよびイノベーション											
製品およびサービスのライフサイクルへの影響	●	○	●	●		●	●	●		●	○
ビジネスモデルのレジリエンス		○				●					
サプライチェーンマネジメント	●	○		●			○			○	○
材料調達および資源効率性	○			●		○	○	●		●	○
気候変動の物理的影響			○		○		○		○		
リーダーシップおよびガバナンス											
事業倫理		○	●		●	○		○			○
競争的行為		○							○	●	○
規制の把握と政治的影響		○					○	○			
重大インシデントリスク管理		●				○	○				●
システミックリスク管理			●				○			○	

（出所）SASBウェブサイトより転載

Financial Disclosures：TCFD）は、気候変動がグローバル経済に深刻な金融リスクを招く脅威になるとの危機感から、気候関連財務情報の開示を行う企業を支援しようとG20の要請を受けた金融安定理事会FSBが2015年12月、マイケル・ブルームバーグ氏を委員長として設立しました。

その後、2017年6月、TCFDによる提言の最終報告書が公表されました。同報告書は、投資家などが、企業が気候関連リスクと機会をどのように評価しているのかを理解するのに役立つ情報として、①ガバナンス（Governance）、②戦略（Strategy）、③リスク管理（Risk Management）、④指標と目標（Metrics and Targets）の項目について開示することを推奨しています。

TCFDにもとづく開示は、気候変動の影響を評価しようという壮大な試みであり、TCFD自体も模範解答を持ち合わせていないため、世界中の企業が手探りで対応しているのが実態です。そのため、TCFDでは、毎年ステータスレポートを作成し、企業の開示内容に関するグッドプラクティスの共有、現状のTCFD関連開示に関する課題などをホームページで公表しています。

最新のステータスレポート2021年版[7]は、世界1,600社を超える企業を調査し、TCFDにもとづく情報開示が浸透していることを印象づけた一方、気候変動の財務的影響を定量化することに世界中の企業が苦心している実態を浮き彫りにしています。

【ステークホルダー資本主義のコモンメトリクス】

投資家と企業によるESGへの取り組みがグローバルに進展していることは素晴らしいものの、ESG評価機関によって企業に対する格付け（スコア）にバラツキが生じたり、複数の格付けのうち企業がいちばん良いスコアだけを“いいとこ取り”してアピールする“なんちゃってESG”（ESGウォッシング）が起きたりしています。

過渡期ゆえにやむを得ない面があるものの、こうした弊害はESGやサス

テナビリティに関する開示スタンダードが乱立している現状、統一した報告基準が存在せず、比較可能な状態でESG評価に資するデータが企業から開示されていないことが要因のひとつとなっていると考えられます。

これを問題視した世界経済フォーラムは、インターナショナルビジネスカウンシルIBCで大手会計事務所4社共同でプロジェクトを立ち上げ、2020年9月に「ステークホルダー資本主義メトリクス」（Measuring Stakeholder Capitalism: Towards Common Metrics and Consistent Reporting of Sustainable Value Creation[8]）を公表するに至っています。

ステークホルダー資本主義コモンメトリクスでは、既存の乱立した開示スタンダードを参照・統合しつつ、企業が統合報告書等で開示すべき4つのカテゴリー、および、それをブレークダウンした21の中核指標を特定しており、ステークホルダーが比較可能なESG報告に向けた行動をいますぐ起こすよう企業に呼びかけています（**図表3-20**）。

図表3-20　ステークホルダー資本主義コモンメトリクス

カテゴリー	ガバナンス Governance	地球 Planet	従業員 People	繁栄 Prosperity
中核指標 Core metrics and disclosures	1.パーパス Setting purpose	7.温室効果ガス（GHG）排出量 Greenhouse gas(GHG) emissions	11.ダイバーシティ＆インクルージョン Diversity and inclusion	17.雇用数・雇用率 Absolute number and rate of employment
	2.ガバナンス組織構成 Governance body composition	8.TCFD対応 TCFD implementation	12.給与格差 Pay equality	18.経済価値 Economic contribution
	3.ステークホルダーに影響を与える重要課題 Material issues impacting stakeholders	9.土地利用と生態系への配慮 Land use and ecological sensitivity	13.給与水準 Wage level	19.財務的投資 Financial investment contribution
	4.反汚職 Anti-corruption	10.水不足地域における水利用量と取水量 Water consumption and withdrawal in water-stressed areas	14.児童労働・強制労働のリスク Risk for incidents of child, forced or compulsory labour	20.研究開発投資 Total R&D expenses
	5.保全された倫理的助言と報告の仕組み Protected ethics advice and reporting mechanisms		15.安全衛生 Health and safety	21.納税額 Total tax paid
	6.リスクと機会の事業プロセスへの統合 Integrating risk and opportunity into business process		16.研修プログラム Training provided	

（出所）Measuring Stakeholder Capitalism Toward Common Metrics and Consistent Reporting of Sustainable Value Creation WHITE PAPER SEPTEMBER 2020をもとに著者作成

日本からは三菱重工業とSOMPOホールディングスがいち早くステークホルダー資本主義コモンメトリクスに対する賛同を表明したほか、三井住友トラスト・ホールディングスが2021年1月にステークホルダー資本主義コモンメトリクスの共通測定基準を採用したサステナビリティレポートを発行しています。

IFRS財団が2021年11月に開催された国連気候変動枠組条約 第26回 締約国会議「COP26」のタイミングに合わせて、ISSBを発足し、統一したサステナビリティ開示基準の策定を目指していますが、それまでに多くの企業がステークホルダー資本主義コモンメトリクスを採用した開示が進展することが望まれます。これによって投資家を含むステークホルダーのアルファベットスープにまつわる煩わしさが緩和されることが期待されています。

【価値協創ガイダンス】

「価値協創のための統合的開示・対話ガイダンス」（通称「価値協創ガイダンス」）は、コーポレートガバナンスの改革を企図して、2017年5月に経済産業省から公表されました。

これは、持続的な企業価値の創造と中長期的にそれを可能にする投資を企業に促すとともに、投資家が長期的な視点に立ち企業を評価する方法、および、企業の情報開示や投資家とのエンゲージメント（対話）のための指針として策定されています。

価値「協創」という字のとおり、本ガイダンスは企業と投資家の双方に対して指針を提供することを意図しています。つまり、企業にとっては、経営トップが自社の企業理念や経営ビジョン、ビジネスモデル、戦略、成果と重要指標（KPI）、ガバナンスについて統合的に投資家へ伝えるための指針であり、投資家にとっては企業の持続的な企業価値の創造を促すべく、中長期的な視点から企業を評価し、投資家としてのスチュワードシップを発揮・促進するための共通言語となっているのです。

　本ガイダンスは、ESG/SDGsへの取り組みを説明するための単なる開示スタンダードではありません。低成長にあえぐ日本企業の稼ぐ力や資本生産性の向上を実現するため、企業に中長期的な成長を可能にする価値創造ストーリーを構築、実践するという取り組みそのものを求めているのです。

　企業と投資家との対話が欠如していた日本の歴史的な背景もあり、価値創造ストーリーをうまく構築できない、または、投資家に説明しても理解してもらえないといった悩みは企業の実務担当者からよく聞かれます。さらに、近年ではESGに関する要素をビルトインする必要があるため、その悩みは一層深くなります。その際、開示スタンダードをひととおり読み込んで全体像を理解すればいいのですが、前述したGRIや統合報告フレームワークといった開示スタンダードは、ややもすれば概念的、抽象的であり、理解しづらい面があることは否めません。

　そこで、お勧めの方法が価値協創ガイダンスに沿って価値創造ストーリーをつくってみるというものです。これにしたがえば、ESG課題をどう検討し、戦略に組み込むべきか理解できます。企業の実務担当者は、価値協創ガイダンスの全体像（**前出の図表3-12**）の番号順に自社の現状を書き出してみるだけで手っ取り早く価値創造ストーリーを記述できるはずであり、自社にとって足りない点も見えてきます。

3.7　インパクト加重会計

　開示スタンダードとは違いますが、現在では非財務情報とされている環境や社会に対して企業が与えるプラスやマイナスのインパクトを財務諸表本体に反映させる新しい会計手法を確立しようという動きについて本章の最後に触れておきましょう。

　ESG投資がメインストリームになりつつあることと並行し、企業の開示も充実してきました。一方、現状は非財務情報と財務情報に分かれているた

め、企業価値を評価するうえでは、非財務情報をどのように織り込むべきかという問題は依然として悩ましいままです。

　そこで生まれてくる発想が、いっそのこと非財務情報を財務情報に統合すればいいではないか、という考え方です。投資家や経営者にとって、金銭的な損得だけでなく、企業が社会や環境に与える広範な影響にもとづいた意思決定が行えるようパフォーマンスを統合的に把握できれば一番望ましいわけです。

　ハーバード・ビジネス・スクールのジョージ・セラフェイム教授が提唱する「インパクト加重会計」は、従業員、顧客、環境、より広い社会に対する企業のプラスとマイナスのインパクトを損益計算書や貸借対照表などの財務諸表上の勘定科目に反映し、財務の健全性や業績に関する説明を補足しようという会計手法です。

　脱炭素社会へ向かおうという取り組みが世界で広がるなか、企業が非財務情報として二酸化炭素排出量に関するデータを公表しても、これをどう評価してよいか難しいものです。そこで、セラフェイム教授らが主導してきたのが、二酸化炭素排出量といった経済的な外部費用を金額的に可視化し、使い物にならなくなった従来からの会計手法をアップデートしていこうという野心的なイニシアティブなのです。

　財務諸表そのものに反映する理屈はこれから洗練させていく必要があるものの、インパクト加重会計は、ESG施策がもたらすであろう、①収益に反映する「製品インパクト」、②従業員関連の支出を左右する「従業員インパクト」、③売上原価に反映される「環境インパクト」を対象にESG時代に整合した会計の構築を目指しています。

　つまり、環境問題を解決する製品であれば単純な売上以上のプラスの価値があるし、従業員の能力開発に意味のある人材教育にお金をかけているのなら単なる支出ではなく人的資本への投資となるし、二酸化炭素を排出することによる環境負荷はコストとして認識すべきである、と考えるわけです。

　セラフェイム教授らによる研究レポート「企業の環境インパクト」（Corporate Environmental Impact: Measurement, Data and Information[9]）によると、世界の調査対象企業が与えた環境インパクトが営業利益に対する割合の中央値は22%であり、67業種中11業種では100%を超えることがわかったとしています。

　このように、インパクト加重会計を適用すると、企業の違った姿が見えてくるため、投資家や経営者の意思決定に有用であることは間違いありません。他方、ともすれば恣意的になりかねないインパクトの評価をどのように行えばよいのか、客観性をどのように担保すればよいのか、といった課題が残るのも事実です。ただ、ESG投資のその先に控えるインパクト投資が存在感を高めていることも相まって、このテーマは今後も洗練されていくでしょう。

Coffee Break：世界のESG商品
ネスレのAWESOME BURGER

・植物由来の原材料から作ったバーガー。
・ヘンプと空豆由来のタンパク質を使用しており、ビーフのような風味と肉厚な食感でジューシーに仕上がっている。
・焼くだけで食べられる。NON-GMO Project認証の商品。

―第3章のまとめ―

- 非財務（ESG）情報を企業価値評価に織り込む理論的なファイナンスモデルはいまだ構築されていない。投資家もESG施策に関するKPIと価値創造ストーリーというナラティブな情報をもとにざっくり企業価値評価に反映させているのが現状である。

- 伝統的なファイナンスモデルにESG情報をビルトインするための確立されたメソッドはないが、ESG施策の成果が株主価値（PBR）に与える影響を定量的に示すモデル例をエーザイが示し、統合報告書で公表している。広くコンセンサスの取れたモデルではないものの、シンプルでわかりやすい点で非常に優れており、これにならう日本企業も出てくる兆しが見られる。

- 非財務情報は、将来の財務情報となる要素であり、ESG投資の広がりとともに投資家からの関心が高まっている。そのため、従来にも増して投資家との丁寧なコミュニケーションが重要である。ESG時代の投資家コミュニケーションでは、「いかに見せるか」ではなく、「いかに正直に真摯に対応するか」が大切となる。

- ESG時代のコミュニケーションでは、投資家のみならずマルチステークホルダーとの対話が求められる。壮大な社会・環境課題の解決と事業を両立するためには、従業員、顧客、サプライヤー、NGOなどのステークホルダーを惹きつけられるような大義や利他の精神といったパーパスが必要となる。そのため、経営トップが自らの言葉で血の通ったナラティブなストーリーを語れるかが重要である。

- 現在、ESGやサステナビリティへの取り組みに関する情報、それらを包含した価値創造ストーリーを報告するための開示スタンダードが乱立しており、投資家を中心としたステークホルダーが企業間で比較可能な状態でESG情報を分析できないという課題が指摘されている。IIRCとSASBが合併しVRFとなり、ステークホルダー資本主義コモンメトリクスが提言されるなど、集約、統合する動きが生まれてきている。

- 現行の開示制度において、非財務情報と財務情報が分かれているため、財務諸表が企業の実態を正しく表しているとはいいがたい状況が生まれている。さらに、ESG要素を企業価値評価に反映するのが難しいという課題が存在する。こうした要請に応える会計手法として、社会や環境に与えるプラスとマイナスのインパクトを財務諸表本体に反映する「インパクト加重会計」を確立しようというイニシアティブが生まれている。

企業はどのように
「ESGスコア」と
向き合うべきなのか

サステナブルな事業の取り組みで企業成長を
目指す

4.1 ESG投資を可視化する

　第1章から第3章で解説してきたことを第4章以降では、実践に結びつけていきます。具体的にいえば、ESGは、取り組む必要性、企業の戦略や業績に与える影響、株式投資家はどのように評価するのかなど、さまざまな論点が存在します。

　本章では、それらESGにまつわる主要な論点について、主に企業と投資家との対峙という観点から学術研究でこれまでに明らかにされている点にも触れながら整理していきます。

　ここでESG投資について、おさらいも兼ねて整理しておくと、従来の財務情報だけでなく、環境（Environment）・社会（Social）・ガバナンス（Governance）要素も考慮した投資のことを指します。

　経済産業省の説明を拝借すると、特に、年金基金など大きな資産を超長期で運用する機関投資家を中心に、企業経営のサステナビリティを評価するという概念が普及し、気候変動などを念頭においた長期的なリスクマネジメントや、企業の新たな収益創出の機会（オポチュニティ）を評価するベンチマークとして、SDGsと合わせて注目されています。

　ESG投資の流れを後押しした大きな要因は、2006年にPRIのレポートでESGを考慮した投資をすべきであると記載されたことであり、世界有数の機関投資家である日本のGPIFも2015年にこれに署名したことは先に述べました。GPIFが署名したということは、GPIFの資産運用を受託する各資産運用会社もこれに準じる必要が出てきます。

　PRIの6つの責任投資原則を再掲しましょう（**図表4-1**）。

　1.では、投資の意思決定にESG要素を組み込むこととなっていますが、これはまさにこのあと見るESG評価機関によるESGスコアへのニーズの高まりを促進する1つの要因です。

　2.では、株主としての責任ある行動ということで、議決権行使の場にお

いてもESGを考慮することが求められています。後述しますが、この行動指針によって機関投資家がESGをテーマとしたアクティビストファンドの提案に同意し、可決に至る事例もあらわれています。

3.の非財務情報の開示は、有効なガイドラインを策定しようといくつかの代表的な機関が取り組み中であることは第3章で見たとおりです。遠くない将来に、ある程度世界的に統一された報告基準がまとまっていくことでしょう。

4.はまさに、GPIFのようなアセットオーナー（資産運用の委託者）がESG投資を各運用会社に働きかけることになります。そして、5.と6.からは、PRIに署名した機関投資家はESG投資に対しての行動および説明責任を負うということになります。

ここまでは、いわゆるよくあるESG投資の説明ですし、「機関投資家はESG投資に傾倒しているのね」と頭では理解します。しかし、本書では実

図表4-1　PRIの6つの責任投資原則（再掲）

1 私たちは、投資分析と意思決定のプロセスにESGの課題を組み込みます

2 私たちは、活動的な所有者となり、所有方針と所有習慣にESGの課題を組み入れます

3 私たちは、投資対象の主体に対してESG の課題について適切な開示を求めます

4 私たちは、資産運用業界において本原則が受け入れられ、実行に移されるように働きかけを行います

5 私たちは、本原則を実行する際の効果を高めるために協働します

6 私たちは、本原則の実行に関する活動状況や進捗状況に関して報告します

（出所）PRIのウェブサイトをもとに著者作成

践レベルとしてもうひとつ上のレベルで考えてみましょう。

そのアプローチは「ESGの潮流はビジュアルでそのインパクトを目にすべき」です。なぜなら東京証券取引所を抱える日本取引所グループが毎月公表している投資部門別売買状況を確認するとわかりますが、日本株の売買の6〜7割は海外機関投資家によって行われており、海外機関投資家の運用資金の多くは海外の一般消費者の余資運用や年金を原資としています。

したがって、それらの運用方針には、一般消費者の民意が何らかの影響を与えることになります。日本にいると、海外での出来事がビジュアルで報道されることは極めて稀です。しかし、百聞は一見にしかず、Black Lives Matterや、2021年にイギリスで開催されたCOP26（国連気候変動枠組条約第26回締約国会議）における若者たちのデモ活動など、日本でも報道されてはいますが、ビジュアル付きで報道される時間はさほど多くはなく、その影響度のマグニチュードは日本では正確に理解されていません。

気候変動について日本と欧米間に生じる圧倒的な温度差

少し前のお話にはなりますが、2019年9月20日、アメリカで多くの公立学校が休校になりました。なぜだかご存じですか？　若き女性環境活動家のグレタ・トゥーンベリ氏に呼応する形で、若者たちの気候変動抗議を目的としたデモ行進が行われたからです。

主な原動力は、Z世代、そして、その上の世代のミレニアル世代です。日本では、これら世代に着目することはあまりなく、むしろ、さとり世代やゆとり世代などと揶揄する向きもありますが、欧米では異なります。

これら若い世代は、確固たる思いを胸に秘め、必要な局面では行動に出ます。先のジョージ・フロイド氏の件を発端としたBlack Lives Matterは、プロテニスプレーヤーの大坂なおみ氏が参加したことも話題となりました。

Z世代もミレニアル世代も、将来の消費者の中心的な存在です。彼らの声は企業の将来戦略にとって非常に重要です。少子高齢化が進む日本ではこの

感覚が薄いかもしれません。欧米企業のほうがCEOの平均年齢が若く、若者の感覚をつかむことに長けている可能性もあるでしょう。

　それら若者の気候変動に対しての危機感を目の当たりにした欧米企業とその投資家、一方で、海を隔てた日本ではそれを目の当たりにできないがゆえに、「なぜESG対応なんてするんだ」「面倒だ」と内心思っている経営者も一定数存在してしまいます。

　図表4-2は、2019年9月20日のデモの様子の写真ですが、日本のメディアではあまり大きくは報道されませんし、日本語のツイッターしか見ていないと自然に流れてくる情報でもありません。

　日本企業のグローバル化の必要性が近年、叫ばれていますが、売り先の確保という意味でもちろん重要ですが、こういったグローバル社会の動きを肌感として察知し、企業の戦略につなげていくことが、もっとも重要です。

図表4-2　ニューヨーク市公式ツイッターで掲載された2019年9月20日の若者世代による気候変動抗議デモの様子の写真

（出所）ニューヨーク市公式ツイッターより引用

4.2 世界の代表的なESG評価機関の評価手法を知る

ESGを議論するうえで、企業にとって気になるのはESGスコア（ESGレーティングやESG格付けとも呼ばれる）です。企業のESGへの取り組みを独自の指標で点数化（あるいは格付化）するESG評価機関が世界に数多く存在し、代表的なものだけでも10ほどあります。たとえば、MSCI、S＆P Global、Bloomberg、Sustainalytics、FTSE、Refinitivなどです。世界中の企業に分散投資をしている機関投資家にとって、個社のESGの取り組みを独自に評価することは、リソース的に手間がかかりすぎます。これは機関投資家が投資先企業の株主総会での議案に賛否を投じるときに発生する問題と同じです。

機関投資家は、1つひとつの議案を吟味している時間とリソースはありません。そこで、機関投資家は通常、議決権行使助言会社の勧めにしたがうことになります。議決権行使助言会社は、各企業の議案に賛成すべきかどうかを一覧で開示してくれますので、機関投資家はそれにしたがうだけならものの1分もあれば十分です。

ESGスコアも同じです。そのスコアの助けを借りることでESGを加味した投資が可能となるのです。これらはすべて、機関投資家がファンドへの資金提供者である最終投資家に対しての責任を果たすために必要なプロセス、いわばアリバイづくりとなります。

ただ、**図表4-3**を見るとわかるように、一口にESG評価機関と言ってもその評価手法の中身は機関ごとに異なります。

それぞれの評価基準のスコアが異なることで生じる混乱も

公開情報をメインにスコアをつけているところもあれば、企業へのアンケートがメインのところもあります。また、Bloombergのように、ESG関連の情報の開示状況にフォーカスを絞っているところもあります。

公開情報や情報の開示状況をもとにスコアがつけられる状況からは、企業

図表4-3　主要なESG評価機関の評価手法や評価項目

	ソース	カバレッジ	特徴
FTSE Russell	公表情報	約7,200社	■ESGについて14のテーマごとに評価。個々のテーマについて10~30の小項目について開示状況で評価し、セクター毎に重要性で重みづけをし、評価
RobecoSAM (S&P)	アンケート	約4,700社	■財務上のマテリアリティに重点。企業のサステナビリティにかかる機会の認識、活用能力を毎年評価 ■61の異なるセクター個別のメソドロジーも整備
Sustainalytics	公表情報	約9,000社	■企業の重大なESG課題へのエクスポージャーを評価 ■ESGリスク管理能力に応じてスコアリング。なお、企業が直接管理できるリスクのみ考慮
MSCI	公表情報	約7,000社	■企業のESGリスクと機会を7段階で評価 ■機関投資家向けにパフォーマンス調整ずみに設計
CDP	アンケート	約7,000社	■企業より提出されるアンケートに基づき、環境対応に関する透明性とサステナビリティを評価 ■気候変動、森林、水の安全という3つの主要なカテゴリーを評価
ISS ESG	公表情報	約6,300社	■企業の開示慣行を測定し、特に環境およびソーシャル指標に焦点 ■各種リスク軽減のための対策およびリスクに対する将来的な責任へのコミットメントに対して強い重みづけ
Bloomberg	－	約11,500社	■企業の環境データのBloomberg端末フィールドのカバー量を評価 ■開示量のみにフォーカスし、パフォーマンスはスコアリングに考慮されない

（出所）大和総研「ESGスコアの概要と開示対応の実務」2020年10月7日を一部編集し転載

にとってはESG的なアクションを遂行していくことはもちろんのこと、それをきちんと対外発信することで、はじめてスコアに反映されます。なお、日本国内のESG評価機関は存在しないものの、近い属性のものとしては東洋経済新報社のCSRデータがあります。

　また、各評価機関によって、重視する項目が異なるため、同じ企業に対するスコアや格付けでも評価機関のあいだでスコアが大きく違うことも珍しくありません。企業にとっては、このように評価機関によって評価軸が統一されていないことは、ESGスコアを厄介な存在にしている1つの要因です。

　アメリカのMIT（マサチューセッツ工科大学）はESGスコアにおけるこの混乱状況を研究対象として、専門のプロジェクトを運営しています。その名も「The Aggregate Confusion Project」で、ESGスコアをめぐる混乱がそのプロジェクト名からも良くわかります。ウェブサイトに行くとトップページには、"The problem? ESG data are noisy and unreliable"（ESGデータの何が問題なのか？　ノイズが多く信憑性に課題あり）と書かれており、noisy and unreliable（ノイズが多く信憑性に課題あり）と主張する1つの根拠として、彼らが執筆した論文の"Aggregate Confusion: The Divergence of ESG Ratings"（集計の混乱。ESG格付けの相違）を挙げています。**図表4-4**はその論文からの引用ですが、評価機関の間でスコアがあまり変わらない企業群（上）と、大きく異なる企業群（下）が示されており、なるほど、確かにESGスコアにDivergence（相違）が見られます。この状況は、ESGスコアの歴史がまだ浅いことに1つの要因があります。

　MITのプロジェクトは、ESGスコアのノイズの低減、ESGスコアと株価や業績の関連性の分析、ESG要素を投資に生かす改善策（インデックスに組み込む場合と個別投資を行う場合の両方）について、今後研究を進めていくことになっています。しかし、**図表4-4**の下図のESGスコアが評価機関で大きく異なる企業群の企業名を見てみると、いくつかの日本企業も含まれていることが確認できます。日本においても、この分野についてMITのような

図表4-4　主要なESG評価機関の評価手法や評価項目

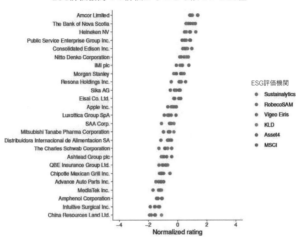

ESG評価機関での評価がもっとも似ている25社

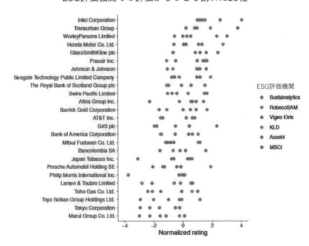

ESG評価機関での評価がもっとも割れた25社

注：6つのESG評価機関がスコア付けをしている企業数のレンジは1,665〜9,662社であったが、6社が共通して評価しているグローバルベースの924社が対象。データは2014年のものであるが、2017年のもので同じ分析をしても、ほぼ同様の結果を得たとのこと

（出所）Berg他（2020）、"The Divergence of ESG Ratings"より転載

研究プロジェクトを独自に推進していく必要があるでしょう。

　日本企業の場合、たとえば環境対応は非常に進んでいるものの、自分たちにとっては当たり前の行為ゆえに積極的に情報開示をしていない項目があったりします。どの程度、節水や水の再利用を実践しているか、商品パッケージの素材や、再利用可能性はどの程度かなど、数値で示す必要があります。

　実践内容と目標数値、そして進捗度合いをきちんと開示しないことには、評価機関からは行為そのものが見えないため、スコアが低くなっている可能性があります。また、雇用慣行は終身雇用、年功序列ですが、これは欧米ではあまり見られないものです。したがって、日本の企業文化も踏まえたうえで、ESGにどのように対応し、そしてどの程度情報開示をしていくか、より幅広い日本独自の研究と議論も期待されます。

4.3　「定量分析」と「定性分析」の違いを読むことのむずかしさ

　ESGスコアと似たようなものに、債券格付けが存在します。Moody'sやS＆Pが代表的な格付機関ですが、債券格付けの場合は企業が発行する社債に対して、各社債のデフォルト確率（債務不履行確率）をアルファベットの記号で格付けします。

　デフォルト確率がもっとも低い社債（もっとも安全な社債）はAaaやAAAで表され、**図表4-5**の下に行くほどデフォルト確率は高くなります。債券格付けは、過去に発行された社債を対象として、その後、実際にデフォルトした社債（企業）とそうでない社債（企業）の当時の特徴を統計的に分析し洗い出します。たとえば、利益率、成長率、キャッシュフローに対する借入金の割合とその増減度合い、純資産比率、流動性比率など多岐にわたる指標を分析し、それら数値がどのレベルになるとデフォルト確率が上がるかを統計分析により把握しているのです。

図表4-5　主要な格付機関による格付け

Moody's	Standard & Poor's	
Aaa	AAA	
Aa1	AA +	
Aa2	AA	
Aa3	AA-	
A1	A +	投資適格
A2	A	
A3	A -	
Baa1	BBB +	
Baa2	BBB	
Baa3	BBB -	
Ba	BB	
B	B	
Caa	CCC	投資不適格
Ca	CC	
C	C	

（出所）著者作成

　過去に社債を発行した企業の財務データをもとに、デフォルト確率を回帰分析で計算しています。このような定量的なアプローチであるがゆえに、格付機関によって同じ企業に対する格付けで、大きな差が出ることはほぼありません。

　一方、ESGスコアの場合は、その評価対象が収益や財務内容以外のいわゆる非財務情報がメインとなります。各企業のE（環境）、S（社会）、G（ガバナンス）のそれぞれの分野への戦略や取り組み姿勢が評価されます。

　情報開示の充実度合いも評価されます。極めて定性的なアプローチです。しかも、評価機関によって、重視する項目やウエイトづけが異なるのです。評価機関の評価が異なることを顕著に表す代表的な事例として、**図表4-6**のデータが示されることがよくあります。これは、GPIFの年次報告書からの抜粋ですが、代表的なESG評価機関のMSCIとFTSEによる国内株式に対するESGスコアのあいだでは、相関関係があまりないことが示されてい

ます。

　もしもMSCIとFTSE で同じようにESG評価を行なっているのであれば、この散布図は右肩上がりの直線に近い分布となるはずですが、散らばりが大きいことがわかります（**図表4-6上**）。また、MSCIもFTSEも ESGスコアをEのスコア、Sのスコア、Gのスコアと分解できますが、分解して比較してみると、MSCIとFTSEの間の相関はSとGではほとんど見られません（**図表4-6下**）。Eのスコアは少し相関が見られますが、これは環境領域は評価項目が各評価機関で大きく異ならないこと、数値化しやすいことが理由です。

　Sの領域は定義そのものや、どの企業にとっても評価がむずかしいことは想像できると思いますが、一般的に日本企業にとってマイナスに響いているのはダイバーシティの欠如です。この点は、のちほど第8章で詳しく見ていきます。また、日本企業は、Gのスコアが海外株式と比べて低くなる傾向にあります。日本でもコーポレートガバナンスコードが制定され、企業はある程度コードに準じた対応と情報開示をするようになってきています。しかし、まだコーポレートガバナンス領域では、外国企業に比べて改善の余地が大きい状況です。

　なお、湯山（2020）の報告によれば、FTSEのESGスコアはSustainalytics、RobecoSAM、Bloombergとは相関係数がそれぞれ0.6以上あり、高いことが報告されています。企業にとっては、各評価機関の特徴を理解したうえで、自社のスコアの理由についてきちんと把握し、対応できるものとできないもの（あるいは対応の必要性の高い項目と低い項目）を選別することが重要になります。

　ESG評価機関は、近年統合される流れとなっており、おそらく今後は片手で数えるほどの評価機関が代表的な存在となっていくことでしょう。また、各評価機関の特徴などの詳細は、ほかで多く解説されているので（日本証券取引所のサイトや湯山（2020）など）、それらを参照してください。

図表4-6　国内株式銘柄の「MSCI」と「FTSE」のESG評価の相関図（上図、2021年3月末時点）と相関係数の推移（下図）

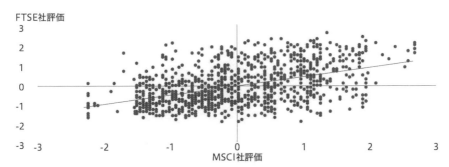

(注)　FTSE社およびMSCI社のESG評価を標準化（平均0、分散1）し、プロット
(出所)　FTSE社およびMSCI社提供データよりGPIF作成。FTSE Russell. Reproduced by permission of MSCI ESG Research LLC ©2021.

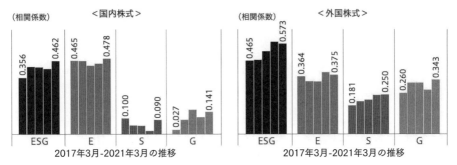

(出所)　FTSE社およびMSCI社提供データよりGPIF作成。FTSE Russell. Reproduced by permission of MSCI ESG Research LLC ©2021.

（出所）年金積立金管理運用独立行政法人（GPIF）「2020年度ESG活動報告」より転載

4.4 ESGスコアと企業の業績や株価との関係性をどう見るのか

　企業と投資家にとっての最大の関心ごとは、ESGスコアと企業の業績との関係性でしょう。もし、ESGスコアの高い企業の将来の業績が良いのであれば、株式投資家はESGスコアを投資の判断材料として用いることが可能となります。また、ESGスコアの改善が企業業績にプラスの影響をおよぼすのであれば、企業もESGスコアの改善に躍起になることでしょう。

　このESGスコアと企業の株価や業績との関係は、アカデミックの世界ですでに数多くの研究がなされていますが、その結果は、まちまちです。ポジティブな関係が見られたという報告もある一方、関係性は見られなかったという報告もあります。また、数は多くはないもののネガティブな関係も報告されています。

　加えて、この分野の研究で常にまとわりつく問題ではありますが、ポジティブな関係性が見られても、因果関係の方向性が議論となります。つまり、ESGスコアが良い企業は株価や業績が良くなるという関係性と、業績や株価の良い企業はESG対策をする余裕があるため、ESGスコアが高くなるという逆の因果関係です。もちろん学者たちは、統計分析上は、丁寧にこの逆の因果関係を取り除いて分析を実施しているのですが、それでも完全には拭いきれません。

投資家に求められるグリーンウォッシングを見抜く力

　このように、ESGスコアと企業の株価や業績については、統一した見解には至っておらず、今後もこの状況はしばらく続くことでしょう。ただし、株価だけに限定してみると、グローバルベースでESG関連投資へのマネーフローが年々増加している状況であり、ESG銘柄として認められると投資家からの買い需要が入ってきます。

　したがって、業績は不変であっても株価はある種のESGバブルによって上がるという局面が、今後しばらくは見られる可能性があります。これが、企業をESGに駆り立てるひとつの要因にもなっています。戦略や行動は変わっていないのに、ESGのラベルを貼ることに一生懸命になっている事例も散見されます。

　前述したグリーンウォッシングと呼ばれる行為で、ESGをあたかも実践しているように見せかける企業活動です。これについては批判が大きいのですが、ESG評価機関および投資家がグリーンウォッシングを見抜く力をつけて、本物のESG活動と見せかけのESG活動の選別が進むことを待つしかありません。

　なお、日本企業を対象としたESGスコアと株価や業績の関係性について、アカデミックの研究結果に興味ある方は、湯山（2020）にまとめられていますので、参照してみてください。

4.5　「株価パフォーマンス」を見るときに起こるバイアスはなにか

　アカデミックの各研究を見ていると、全体としては、ESGと株価のポジティブな関係性を見たい人たちが多いのではないかという印象を受けます。学者・研究者は中立的立場で物事を検証するので、ポジティブな関係性を見たい、というようなバイアスや意思がありきで研究、分析することはないはずですが、何かを検証したいという意思の裏側には本人も認識しないうちにバイアスが発生してしまうこともあります。もっとも、アカデミックの研究では、論文を公表するに当たっては、査読といういわゆる第三者による審査プロセスを経ますので、そのようなバイアスが明らかな場合は論文として認められませんが、ESGと株価にプラスの関係を見出すのと、マイナスの関係を見出すのではおそらく前者のほうが取り組みやすそうだということは皆

さんも想像できるのではないかと思います。

　そこで、このプラスの関係について、もう少し掘り下げてみます。先にも議論しましたが、いわゆるESG銘柄へのマネーフローが増える限りは、需給バランスの関係上ESG銘柄の株価はよくなるでしょう。問題はそのマネーフローが横ばいになったあとです。

効率的市場仮説をどう考えるかは厄介な問題

　各銘柄のESGスコアは公表されているので、各企業のESG面の評価は誰もが知りうる既知の情報ということになります。大学でファイナンスを勉強したことがある方なら聞いたことがあるものに、効率的市場仮説があります。利用可能な情報はすべて株価に織り込み済みという仮説です。

　この仮説に基づけば、ESGスコアは市場株価に反映されていることになります。したがって、本当の意味で、ESGを通じて高い投資パフォーマンスをあげようと思えば、特定の企業についてのESG関連の追加的な情報（ESGスコア以外の情報）をある投資家だけが知り得た場合にのみ、ほかの投資家よりも高いパフォーマンスを上げることができるということになります。これは難易度が相当に高いことが容易に想像できます。

　したがって、ESG銘柄へのマネーフローの影響を排除したうえで、ESGと株価のポジティブな関係を見出すことは、効率的市場仮説を前提にすると簡単ではないということになります。もっとも、実際の市場での株価は、効率的市場仮説どおりには動いていないというのが、多くの人の実感かもしれません。

　それは情報が完全ではない、全ての情報が株価に織り込まれているわけではない、あるいは、投資家の行動は今では大部分はAI化されつつあるものの依然として人間の感情が影響をおよぼしており、必ずしも合理的な判断を常にするわけではない、などの議論がありえます。

　したがって、効率的市場仮説を盾に「ESG投資で高い投資リターンを得

ようなんてのは安易な考えだ」と主張することはあまりにナイーブですが、一方で、効率的市場仮説を完全に無視してESG投資を信奉するのも、ナイーブといえるでしょう。

4.6　投資戦略で使われる3つのESG投資の手法とは

　ここまでは企業側に立って、ESGが会社に与える影響について見てきましたが、今度は逆に投資家サイドにとって重要な事項について見ていきましょう。ESG投資の手法はいくつかあります。

①　特定のセクターや個別企業を投資先から除外するネガティブ・スクリーニング（ダイベストメント）

②　投資マネージャーが財務分析に環境、社会、ガバナンスの要素を体系的かつ明示的に組み込むESGインテグレーション

③　ESGの課題について、株主として議決権行使等を用いて企業に対して働きかける、エンゲージメントと議決権行使

の主に3つが挙げられます。実際、投資家はこれら3つの組み合わせで投資戦略を立てていくことが多いです。

ダイバーシティは「イノベーション」「企業成長」に影響力がある

　Sの中で近年議論が盛りあがっているものは、ダイバーシティ（多様性）の追求と実現です。具体的には女性、外国人、マイノリティの、特に管理職への登用です。日本ではこのダイバーシティの実現は、女性の社会進出の観点のみで議論されることが多いですが、ダイバーシティのある組織のほうが企業業績がよいという研究結果もあり、実はダイバーシティはイノベーションと企業成長のドライバーとなっています（第8章で詳しく触れます）。

　インクルーシブな社会の実現のためというのは当然のこととして、そのような組織のほうがすべてのステークホルダーにとってメリットがあるからこ

そ、各機関はダイバーシティを求めるのです。

　たとえば、アメリカのNASDAQ市場では上場企業に女性とLGBTQ（性的指向のマイノリティ）の役員登用を義務付けると発表し、カリフォルニア州でも同州に本社を置く企業に同じような義務を課すと発表しています。呼応するように、投資銀行のゴールドマンサックスは取締役会にダイバーシティ人材が1人もいない企業の上場（IPO）は支援しないと表明し、ブラックロックなど他の主要な資産運用会社や機関投資家も同様の考えを表明しています。

　なお、ESGにまつわるエンゲージメントに関しては、ダノンに対して投資家がESG推進よりも業績改善を求めてプレッシャーをかけたような、逆のエンゲージメントもあります。ほかでは、ユニリーバでもESG推進よりも、業績改善を求める投資家の動きが見られます。同社が2022年の年初にイギリスの製薬大手企業のグラクソ・スミスクラインの一部事業を買収しようとしたことに対して株主が反対の声をあげるなど、まずは既存事業の業績改善に集中しろというプレッシャーが日に日に高まってきています。

4.7　sin stock銘柄に見るダイベストメントの限界

　ESG投資で手っ取り早いのはネガティブ・スクリーニングで、E（環境）への負荷の高い銘柄やS（社会）的に推奨できない銘柄を投資ユニバース（投資対象）から除外します。ダイベストメント（Divestment）と呼ばれる行為です。

　対象となる代表的な銘柄には石油企業、タバコ、アルコール関連などがあります。英語ではsin stockと呼ばれることもあるこれらの銘柄ですが、実は株価パフォーマンスが高いことが多く、除外することで投資家側の投資ポートフォリオ全体の投資パフォーマンスが下がってしまう可能性があります。

　図表4-7では、タバコ銘柄の株価パフォーマンスが比較的よいことを確認いただけます。日本では日本たばこ産業（JT）がこの中に含まれますが、実は同社の株価は、過去5年間は軟調に推移しており、やや例外になってしまいます。それでも、本書を執筆している2021年9月末時点の同社の配当利回りは約6.5%となっており、非常に魅力的です。なぜなら、東証1部全体の予想配当利回りは平均で1.72%ですし、日本の株式市場のリスクプレミアム（日本の株式市場に投資をする際に投資家が期待する年率超過リターン：対国債投資）は6〜7%程度です（いずれの数値も2021年9月末時点）。これらから、いかにJTが指標的には魅力的か理解いただけると思います。配当を重視するいわゆるイールド型の株式投資家にとっては、JTはmust buy（絶対に保有すべき銘柄）といえるでしょう。

　分散投資をする投資家の場合は、投資ポートフォリオに含まれる銘柄間の相関が重要になります。ある銘柄群の株価が下がった局面でも、ほかの銘柄

図表4-7　世界のタバコ銘柄の株価パフォーマンスと株価指数の比較

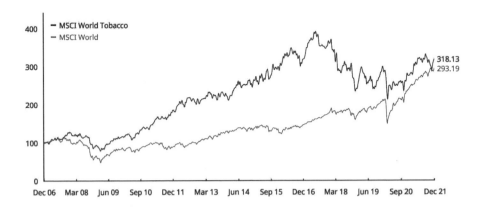

（出所）Bloombergのデータをもとに著者作成

群の株価が上がる、あるいは維持されることでポートフォリオ全体としての投資パフォーマンスを維持しようとするからです。

したがって、いわゆるsin stock群をポートフォリオから除外してしまうと、ポートフォリオに含まれる銘柄間の最適な相関関係が崩れてしまいます。これについては、sin stock群と相関の高い別の銘柄群の投資ウエイト（投資比率）を引き上げることで、投資ポートフォリオ全体としての最適性を維持することも論理的には可能ですが手間がかかります。

株主になり、議決権を通して企業に行動変容を迫る奥の手も

投資家がESG投資をする目的の1つは、企業にESG的な戦略、企業行動を促すことです。理論的には、ESG投資の対象から外れてしまったsin stock群の株価は下落し、それが企業に対して自社の戦略、企業行動をよりESG的に変更するように圧力をかけることになります。

一方、株価が下落しても、それら企業の業績が下がるわけではありません。業績が不変ななかで株価が下がれば、ファンダメンタル的には、PERやEV/EBITDA倍率などの指標では割安になることを意味します。

ESGに関係なくファンダメンタル投資をしている投資家にしてみると、おいしい投資対象ができたことになり、買いに走るでしょう。したがって、一部投資家がESG投資（ダイベストメント）を通じてsin stock群に企業行動の変容を一生懸命迫ったとしても、肝心の株価下落圧力は、ファンダメンタル投資をする投資家の投資行動によって、緩和されてしまいかねません。

このように、ダイベストメントを通じて企業にESG的な行動変容を促すことはなかなかむずかしくなります。では、投資を通じて企業をよりESG的に変化させるにはどうすればいいのでしょうか。もっとも効率的なのは、行動変容を迫りたい企業の株式を購入し、議決権行使を通じて企業に変革を迫るエンゲージメントになります。

4.8　PRI署名はアクティビストファンドを利するのか

　オイルメジャーのエクソンモービルの2021年の株主総会では、アクティビスト・ファンド（いわゆる、物言う株主）のエンジンNo.1による株主提案が可決（会社側が敗北）されました。同ファンドは、エクソンモービルのクリーンエネルギーへの転換が遅すぎると主張し、クリーンエネルギーに精通した独自の社外取締役候補者案を株主総会に提出し、それに大手機関投資家のCalPERS（カリフォルニア州職員退職年金基金）などが早々に賛成しました。

　すでに広く報道ずみですが、同ファンドが保有していたエクソンモービル株はたったの0.02%でした。株主提案を行い、議決権行使で自らの主張を通すアクティビスト活動を成功させるには、大きな持分を保有していないと不利だというのが定説ですが、ことESGの分野においてはPRI署名をしている多くの投資家を味方につけうるため、持分が少ない株主の提案も株主総会で通る可能性があることをまざまざと見せつけられました。

　企業にしてみると、うかうかとはしていられないことになります。化学メーカー大手企業のデュポンでも同様に、同社に対して環境負荷の情報開示を迫った株主提案が可決（会社側が負けた）されたという事例がありました。その後も、アクティビスト・ファンドのサードポイントがオイルメジャー企業であるシェルに会社を分割するように求めるなどしており、しばらく同様の動きは続くかもしれません。

企業側に必要なのは、行動変容と株主への丁寧な説明

　一方、第2章で見たとおり、ESGでの優等生だったダノンが、肝心の業績や株価が不振だということで社長を交代させられました。いくらESGで良い取り組みをしていても、肝心の業績が芳しくない場合はダメよ、ということです。ダノンの社長解任後に同社の株価が4%以上上昇したことから

も、少なくとも他の企業経営者や市場関係者らに対して、ESGは業績や株価不振の言い訳にはできないという印象を残したことは事実でしょう。

エクソンモービルとダノンの事例は好対照ですが、両社に共通していることは、株主が求める時間軸が早く、短期での行動と結果が求められているということです。エクソンモービルには、迅速な事業転換を求め、ダノンにはESG的な企業戦略、行動が早期に業績に反映することを求めたといえます。

これらからの企業への示唆としては、早期にESG的な企業行動へ変容しつつ、株主に対しては丁寧に自らの取り組みとそれらが業績にどう反映されていく見通しかを、丁寧に説いていく必要があるということになります。

4.9　日本企業のダイベストメントリスクはなにか

以上の事例からは、ダイベストメントは多くの日本企業にとってあまり関係なさそうという印象を持たれるかもしれませんが、ダイベストメントは日本企業にとって他人事ではありません。

ESGスコアのデータを元に、株式をファンドに組み入れる（オーバーウェイトする：投資割合を増やす）、または外す（アンダーウェイトする：投資割合を減らす）といった機関投資家の動きは拡大しているからです。機関投資家がグローバルで投資をする流れが加速すればするほどに、いくつかの項目で日本企業は見劣りすることになります。

たとえば、ダイバーシティへの対応やガバナンスで日本企業は後塵を拝しており、ダイベストメントリスクに敏感にならざるを得ません。企業において、グリーンウォッシング的な見せかけの数値でESGを達成しようと躍起になるのは、このダイベストメントリスクの回避が目的の1つでしょう。

さらに要注意なのは、アクティビストファンドの動きです。ESGに関連する指摘要項を盾にして、日本企業に揺さぶりをかけてくる可能性があります。これこそが真のリスクです。

4.10 ESGフェイクの横行をどう防ぐのか

　企業が自らの行動をESG的に見せかける行為は、グリーンウォッシング
と呼ばれるという話はしましたが、他方で、一部投資家も同じような行動を
している可能性が報告されています。機関投資家がESG投資をしますと宣
言した後も、ファンドのESGスコアは変化していないというデータです。

　1つの学術研究を紹介しましょう。投資信託や投資顧問ファンドのデータ
ベースをもとに分析を行ったKim and Yoon（2021）によれば、PRIに署名
し、ESG投資をすると宣言したファンドへのマネーフローが増える傾向が
ある一方、署名後もそれらファンドのESGスコアに変化が見られないこと
が報告されています。

　ESG投資をすると宣言したものの、ファンドの中身は変わっていない可
能性があるのです。これは、日本の金融庁も同様の報告をしており、『資産
運用業高度化プログレスレポート2021』のなかで、「ESG関連ファンドと、
その他のファンドのESGスコアに大きな違いが見られない」と指摘してい
ます。

　また、同レポートの中では、ESG関連アクティブファンドの手数料（信託
報酬）が1.44％であり、これはアクティブファンドの全体平均（1.23％）や
インデックスファンド平均（0.47％）を上回っており、コストの高い運用に
なっていることも報告されています。

　この手数料を正当化するには、ESG投資のほうが、通常のアクティブ投
資よりも投資パフォーマンスが良いことが求められますが、ESG投資のパ
フォーマンスについては、まだよくわかっていないのはすでに説明したとお
りです。

投資家に必要なのはESG投資のラベルを見抜く力

　意地悪な見方をすれば、ESG投資を謳う投資信託は、ESGという看板で

お金をかき集めて運用を委託するアセットオーナーに高い手数料を課す一方、投資実態は何も変わっていないということになります。一種のESGバブルやESGフェイクといってもいいかもしれません。企業のグリーンウォッシングを見極める必要があるのと同様に、投資家のESG投資のラベルの中身についても精査していく必要があります。

4.11 「社会的インパクト」と「投資リターンの譲歩 (Concessionary Return)」をどう考えるのか

ESGを遂行する企業サイドではグリーンウォッシングの懸念があり、投資家サイドもフェイクESG投資をしている可能性もあるという議論で、なんだか気分が落ち込んだかもしれません。

1つの解決策としては、ESGを社会的インパクト投資に代替させるという考え方もあります。つまり、企業の行動によって社会にどの程度のインパクトをもたらしたのかを数値化しようということです。先に見たトリプルボトムラインです。

利益のみならず、環境への配慮と社会的インパクトをも加味して企業を評価することになります。トリプルボトムラインの別の言い方としてPeople、Planet、Profitと呼ばれることもあります。社会的インパクトが数値化されますので、ウォッシングもフェイクもしにくくなります。

インパクト投資は理想的ではありますが、インパクトの測定がむずかしいという課題があります。そして、投資リターンの犠牲を必要としない社会的インパクトの実現もまた容易ではないことから、現在開発途上ではありますが、広く定着しているとはいえる状況にはありません。社会にとっていいことをしつつ、収益も上げるというのはなかなかむずかしそうだ、ということはみなさんが直感的に思うことでしょう。

投資リターンと社会的インパクトは両立が可能なのか、あるいは、両立す

べきなのか、これらは近年の株式投資の世界で議論が盛り上がっています。1つの考え方は、社会的インパクトを実現する代わりに、株式投資からのリターンは多少譲歩してもいいというもので、Concessionary Investment（譲歩投資）と呼ばれます。

このような思想の投資家が増えてくれれば、社会的インパクトのある事業への金巡りが良くなり、世の中にとっても良さそうです。しかし、投資家が投資リターンを譲歩すれば（Concessionary Return）、それはその分、最終的には我々の年金の減少などの犠牲をともなってしまいます。

社会貢献のためにリターンの犠牲を厭わない投資家は存在しない

生命保険協会は、日本の上場企業と機関投資家に対して毎年アンケート調査を実施しており、**図表4-8**はその一部ですが、機関投資家に聞いたESG投資のスタンスからは、社会貢献のためにはリターンを犠牲にしてよいと考えている投資家は、ほとんど存在しないことがわかります。

もっとも、これはESG投資に対してのスタンスであり、インパクト投資ではもう少し社会貢献への許容度は上がる可能性はありますが、投資家である限り、リターンの犠牲はなかなか受け入れられないということが、このデータから示唆されているといえるでしょう。

なお、ここでもう1つ興味深いのは、ESG投資がリターン向上につながるという回答が投資家の間で3割存在することです。リターンが犠牲になるという回答は1％、リターンとの関係は不明確との回答は8％ですので、それに比べるとプラスの認識が大きいことが確認できます。

先の学術研究のまとめで見たとおり、ESG投資と投資リターンの関係はプラス、中立、マイナスとさまざま報告されていますが、投資家の認識としてはプラスが多いということになります。これがプラスになると肌感覚で認識している結果なのか、単なる期待なのかは不明ですが、今後、時が経てば明らかになってくることでしょう。

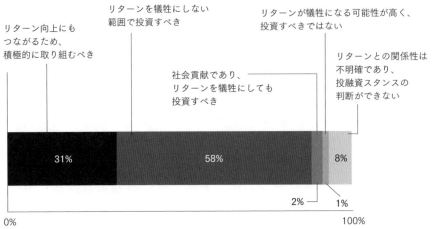

（出所）一般社団法人生命保険協会「生命保険会社の資産運用を通じた『株式市場の活性化』と『持続可能な社会の実現』に向けた取組について　2021年4月」を一部編集し転載

　なお、インパクト投資そのものに関心があればGIIN（Global Impact Investing Network）が発行している報告書を見ると現在の状況や傾向をつかむことができます。和訳も提供されています。

4.12 新たな役割を期待されるプライベート・エクイティファンド

　ここまでは上場株式に投資をする機関投資家の話をしてきましたが、近年は未上場株式に投資をするプライベート・エクイティファンド（Private Equity：PE）でも、ESG投資を推進する動きが見られます。また、もしかするとPEのほうがESGの実現に対しては直接的かつ早期での影響を与えうるかもしれません。

　なぜならPEの場合は、投資ホライゾン（投資期間）が長期であり、投資

先の株式の過半数を有することも多く、企業の経営陣に直接的な影響をおよぼすことが可能です。未上場であるがゆえに、大株主であるPEさえOKであるならば、当該企業は短期利益を追求することなく中長期での利益を追求することが可能です。短期では投資リターンにネガティブな影響がある、しかし、社会にとっては意義があり、かつ中長期的には投資リターンにもプラスをもたらすような戦略や事業を企業は採用することができます。

　上場をしていると、どうしても短期利益を追求する投資家を避けることができません。上場企業は株主を選べないのです。PEと良好な関係を築き、二人三脚でESGを推進できる未上場企業のほうが、むしろESGを志向する事業活動はやりやすいかもしれません。

　PEについて、日本ではあまりいい印象を持たれていないかもしれませんが、アメリカではPEは社会変革に大きな役割を果たしています。たとえば、イェール大学の投資基金（Endowmentと呼ばれ、日本語では財団のこと）は、PEのなかで大きな存在を占めるベンチャーキャピタルファンドへの出資を通じて、未上場のベンチャー企業への積極的な投資を行ってきました。それが活発なベンチャー企業の輩出に貢献したといわれています。

　大学の投資基金の運用と聞けば、手堅く運用する、そのためには上場している大企業を中心とした保守的なパッシブ運用をするというイメージがあるかと思います。

　しかし、イェール大学のそれはまったく異なります。**図表4-9**は、イェール大学の投資基金の投資ポートフォリオの変遷ですが、これを見ると、当初は国内外の株式や債券に主に投資をしていたものが、その割合は直近では合計でも3割程度にとどまる一方、今ではレバレッジ・バイアウト（LBO）やベンチャーキャピタル（VC）などPEに3割以上の投資を割り振っていることがわかります。他にも自然エネルギーや不動産など、証券ではないものへの投資のほうがメインであることがわかります。

　アメリカの大学の投資基金は、このイェールモデルを採用するところが多

図表4-9 イェール大学の投資ポートフォリオの変遷

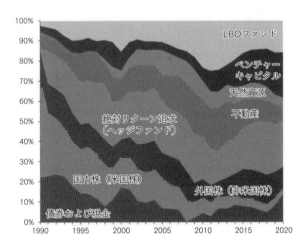

（出所）The Yale Investments Office ウェブサイトより転載

く、ハーバード大学もスタンフォード大学も同じような投資ポートフォリオ
となっています。大学の競争力を維持、向上していくためには、多額の資金
が必要となります。これらの大学は、投資基金から良いパフォーマンスを実
現することで、そのような資金を獲得しているため、必死になって高いファ
イナンシャルリターンを追い求め、PEへの大手資金供給源となっているの
です。

　まだピンと来ていない方もいるかもしれませんが、イェール大学の運用資
産総額は312億ドル（約3.43兆円）です。1つの大学の投資基金でこの金額
です。同程度の規模の投資基金をハーバード大学もスタンフォード大学など
ほかの大学も有しているわけです。その数値から影響度の大きさは理解でき
るかと思います。ちなみに、日本国内の主要大学で1,000億円を超える規模
の投資基金を有しているところは、存在しません[1]。

　それに対し、日本でもファンドを運用し、その運用益で国内の各大学に対

して研究基盤への長期安定投資を行う「大学ファンド」が政府主導で創設されることになっていますが（2021年度）、その総額は当初は4.5兆円で、最終的には10兆円を「目指す」となっています。10兆円が実現できても、イェール大学3つの規模でしかありません。

　規模感の違いに頭がクラクラしてきましたので、話を戻します。**図表4-9**のなかの絶対リターン追求（ヘッジファンド）への投資ですが、これは株式市場の値動きとあえて相関の低いリスクリターンのプロファイルのものに投資をすることで、投資基金全体としてバランスの取れたポートフォリオを形成しようとする戦略です。

　スタンフォード大学もイェール大学同様の投資戦略をとっていますが、たとえば、スタンフォード大学の投資レポートを読むと、この絶対リターン追求のカテゴリーでは、株式市場との5年間のベータが0.3よりも低くなるように投資をしていると記載されています（ベータについては我々の前著作『コーポレートファイナンス　戦略と実践』を参照してください）。

　そして、大学という長い時間の経過によって投資リターンを追求する「長期ホライズン」での投資家ゆえに流動性の低い資産への投資も可能であると明記されています。

　他の箇所も含めて、投資レポートの内容は金融理論に基づいた記載となっており、きっとアメリカの主要な大学での投資基金のプロ度がわかると思います。一方、ひるがえって日本のそれは大丈夫なのか、という不安も頭をよぎることでしょう。先の日本の「大学ファンド」では、運用や使途について政府が基本方針を示すことになっており、「当初3〜5年間は運用益の相当割合を元本強化に充てる」方針だそうです（文部科学省2021）。

　先のイェール大学の投資基金の2021年度の年間リターンは40.2%です。リスク資産に大きく投資していないと、このようなリターンは上がりません。2021年度はCOVID-19の影響で市場が大きく変化した年でしたが、過去10年、20年の投資リターンでも共に年率10%を超えており、投資基金は

過去10年間で2倍以上に成長しています。

　もっとも、アメリカの株式市場がその間右肩上がりに推移してきましたので、その恩恵の影響は大きいでしょうが、比較的安全な社債を中心とした投資であれば、年率数％程度のリターンしか実現できていなかったはずです。年率10％以上のリターンを叩き出すことで、投資基金の規模の拡大と大学の運営資金の拠出の両方を可能としています。投資運用益を元手にアメリカの大学が充実した教育・研究環境を整備し、世界から優秀な学生と学者を惹きつける状況が、大学を含むあらゆる局面で日米の競争力の差になって現れるということです。

　大学はその社会的存在ゆえにESG、社会的インパクト、ダイバーシティ＆インクルージョンにも敏感です。その運用を受託する資産運用会社もそれらに敏感にならざるを得ません。

　ESGの議論は、上場企業と上場株を投資対象とする機関投資家をメインに議論されることが多いですが、PEは企業に対してより直接的なインパクトを与えうる状況からは、PE投資を通じたESGの実現について、今後のさらなるアカデミックの研究、そして実務上の取り組みが求められます。

　上場企業では一生懸命お化粧をしてESG的に見せることで株式投資家に株式を購入してもらい、株価を維持するというインセンティブが働きます。しかし、未上場株の場合は、株価対策としてのお化粧目的のグリーンウォッシングは必要がありません。

　PEファンドはデューデリジェンス（企業の経営状況、財務状況を調査すること）を通じて、この企業が真の意味でESGを実現する企業かどうかを見極めて投資をしますので、お化粧はすぐにバレてしまいます。この意味でもPEによるESGへの影響度は、一般で思われているよりも大きいでしょう。

　なお、エクソンモービルでの株主提案で勝利をしたファンド、エンジンNo.1は、ESG評価を従来の伝統的な株価評価に組み込む手法を開発したと発表しています。同社は2021年9月に発表したレポートで、近年、ESG投

資への多額の資金流入があったものの投資パフォーマンスは良いのか悪いのかはっきりしない。また、ESG投資によって世の中がESGの方向に動いていっているかもわからないと指摘し、従来のESG投資には限界があると主張しています。そのうえで、自らは、ESGをキチンと投資に反映させることができるようになったとのことです。エンジンNo.1はPEではありませんが、こういう意思が明確なファンドが増えてくると、ESG投資の世界に変化が巻き起こっていくことでしょう。

　現状では、投資家は、従来の財務・業績情報に基づいた株価分析と、ESG評価との2つを独自に評価して株式投資を行う必要があるわけですが、財務情報にもとづく株価評価と非財務情報に基づくESG評価を総合的にまとめて評価と分析してくれる機関が登場すれば、大いに重宝されることでしょう。エンジンNo.1の動きは、そのようなニーズを捉えにいくものと想像されます。

4.13 「ESG」「企業の業績」「株価」の関係をアカデミックな視点から読む

　第4章の最後に、1つ興味深い学術論文を紹介しておしまいにします。これまでもいくつか紹介しましたが、ESGと企業の財務戦略を対象とするさまざまな学術論文が存在します。すべてを追いかけることは大変なので、それら関連する領域の学術論文をまとめてレビューしてくれる学術論文（いわゆるレビュー論文）も存在します。

　総まとめサイトみたいなもの、といえば一般の方にはわかりやすいかもしれません（レビュー論文という格式高いものを、総まとめサイトみたいなものと表現すると学術界からは怒られそうですが、イメージしやすさということでご容赦ください）。Gillan他（2021）は、"Firms and Social Responsibility: A Review of ESG and CSR Research in Corporate Finance" というタイトルの論文の中

で、これまでに発刊されたさまざまな論文の分析結果を表でまとめています。

　そこで紹介されている主要な各分析結果の要点を記載しておきますので、参考にしてみてください。もし、実際の論文を読みたいと思った場合は、巻末の参考文献にすべてタイトルなど記載してありますので、ぜひ入手してください。なお、分析結果は論文によってまちまちで、なかには、結果が180度異なるものもあります。それは、分析したデータの時期や地域が異なることが主な要因であったりします。また、分析によってはみなさんの直感に反する結果のものも、少なからず存在するでしょう。

【女性管理職割合とCSRや環境パフォーマンスの関係性】

Borghesi et al.（2014）は、リーダーや役員に女性がいる企業は有意に高いCSRスコアを持つことを報告している。

Cronqvist and Yu（2017）は、娘を持つ経営者を有する企業はCSRスコアが中央値よりも9.1%ほど高いことを報告している。

McGuinness et al.（2017）は、中国企業の役員のジェンダーバランスがCSRパフォーマンスを向上させることを示した。さらに、女性がCEOやVice-CEOに就任しているケースでも同様にCSRパフォーマンスが向上することもわかった。

Dyck et al.（2020）のワーキングペーパーによると、41カ国3293社のサンプルにおいて、女性取締役の登用が企業の環境パフォーマンスを14%向上させることがわかった。

【経営者報酬とCSRやESGの関係性】

Gillan et al.（2010）のワーキングペーパーでは、ESG方針を強化したCEOが同業他社と比較してより低い給料を受け取っていることがわかった。

Ferrell et al.（2016）は、成果報酬が充実している企業ほどCSRに取り組んでいることを示した。

Jian and Lee（2015）によると、CEOの報酬がCSR投資と負の関係にあることがわかった。

Borghesi et al.（2014）によると、CSRの総計スコアにはCEOの報酬との関係は見られなかった。しかし、従業員のCSRスコアとCEOの報酬のあいだには負の関係が見られた。

【機関投資家保有割合とCSRやESGの関係性】

Borghesi et al.（2014）によると、機関投資家の所有比率が強い企業ほどCSRへの投資が少ないことがわかった。

Nofsinger et al.（2019）によると、機関投資家は、EとSがネガティブな銘柄をアンダーウェイトすることが報告されている。この傾向は特に長期投資家に強く

見られる。

Chava（2014）は、環境問題に関心がある企業はそうでない企業と比較して、機関投資家の所有比率が低いことを明らかにした。

Fernando et al.（2017）によると、機関投資家は環境リスクの高い銘柄を敬遠し、企業価値を低く評価していることがわかった。一方、グリーン度（Greenness）を高めた企業は株主価値を生み出さず、機関投資家からも敬遠される。

Gillan et al.（2010）によると、機関投資家は環境的・社会的責任の強い企業の株を購入する傾向が少ない。

Chen et al.（2020）は、機関投資家の保有比率の外生的な増加が、投資先企業のCSRパフォーマンスの向上につながることを発見した。

【機関投資家のエンゲージメントとESGの関係性】

Dyck et al.（2020）は、41カ国において、機関投資家の持分がEとSのパフォーマンスと正の関係にあることを示した。因果関係のテストの結果、機関投資家による株式保有がEとSのパフォーマンスを向上していることがわかった。

Dimson et al.（2015）は、機関投資家が企業のESG活動に対するエンゲージメントに成功した場合、プラスの超過リターンを得ることを示した。

Barko et al.（2018）は、事前のESG評価が低い企業はアクティビストのエンゲージメントに応じた後にESG評価が上昇し、逆に事前の評価が高い企業はエンゲージメント後にESG評価が低下することを明らかにした。

Hoepner et al.（2019）は、ESG課題に対するエンゲージメントが企業のダウンサイドリスクを低減することを示した。環境テーマに対するエンゲージメントがリスク低減にもっとも効果的であることがわかった。

Dimson et al.（2018）は、投資家間のエンゲージメント協調はエンゲージメント目標を達成するのに有効であることを示した。

Naaraayanan et al.（2019）によると、環境活動家による投資対象企業は、有害物質の排出、温室効果ガスの排出、がんを引き起こす汚染を削減していることがわかった。

Cao et al.（2019）は、株主提案（パブリック・エンゲージメント）のデータをもとに分析し、ある企業でESG/CSR提案が可決され、その提案を実施されると、同業他社もその後同様のESG/CSR慣行を採用するとしている。エンゲージメントは

それを受けている企業だけでなく、同業の他社にも影響を与えることになる。

【ファミリー企業とESGの関係性】

Abeysekera and Fernando（2020）は、同族企業は非同族企業と比較して、環境投資において株主への責任感が強いことを明らかにした。

【企業の社会的責任とシステマティックリスクとの関係性】

Oikonomou et al.（2012）によると、企業の社会的責任が高いと、企業におけるシステマティックリスクは低く、企業の社会的責任が低いと財務リスクは高い。

Chen et al（2020）は、経済的困難な時期には、企業は企業リスクを低減させる行動をとる可能性が高いことを示唆している。

Albuquerque et al.（2019）は、CSRがシステマティック・リスクを減少させ、企業価値を増大させることを示した。これらの効果は製品の差別化が進んだ企業でより強くなると予測している。

【クレジットリスクとESGとの関係性】

Jiraporn et al.（2014）は、社会的責任を果たしている企業は、より良好な信用格付けを得ていることを明らかにした。

Seltzer et al.（2020）によると、環境に関する取り組みが芳しくない企業や二酸化炭素排出量の大きい企業は、特に規制が厳しい州に所在する場合に、信用格付けが低くなりイールドスプレッドが高くなることがわかった。

（著者注：企業への示唆としては、近年のESGファイナンスやグリーンファイナンスにおいて優良な取り組みをしている企業のクレジットスプレッド〈支払い金利〉が小さいことと整合的）

【株式資本コストとESGとの関係性】

（著者注：株式資本コストとESGの関係性については、確立された理論枠組みは存在しない。なぜなら、経済的価値最大化への事業投資と、ESG目的の事業投資は相反する可能性

があるため。ゆえに、実際のデータからESGと株式資本コストの関係性を確認しようと学術研究がなされている）

El Ghoul et al. (2011) は、CSRスコアが高い企業ほど株主資本コストが低くなることを示した。

Breuer et al. (2018) は、投資家保護が強い（弱い）国では、企業がCSRに投資することによって株主資本コストが低下（上昇）することを明らかにした。

Sharfman and Fernando (2008) は、企業における環境リスクの改善が加重平均資本コスト（WACC）の低下につながることを示している。

Chava (2014) は、環境スコアが低いことで投資対象から除外された銘柄に対して、投資家が有意に高い期待リターンを求めることを明らかにした。

Ng and Rezaee (2015) は、ESG指標の内、EとGのパフォーマンスのみが株主資本コストと負の関係にあることを示した（筆者注：EとGがよいと株主資本コストは低いという分析結果）。

【負債コストとESGとの関係性】

Chava (2014) は、環境問題が懸念されている企業で、借入金利が有意に高いことを発見した。

Goss and Roberts (2011) はCSRと銀行の負債との関係について検証し、CSRに懸念がある企業は借入コストが高いことを明らかにした。

Zerbib (2019) は、グリーンボンドと普通社債の比較を行い、グリーンボンドの利回りが従来型社債の利回りよりも低いという、負のプレミアムを観測した。

【ROAとESG/CSRとの関係性】

Lins et al. (2017) は、CSRの強さで評価されるソーシャル・キャピタルが高い企業は低い企業よりも株式リターンが4～7％高かったことを示した。また、高CSR企業は危機時により高いROAを得ている。

Liang and Renneboog (2017) は、慈善活動による寄付が財務パフォーマンスと企業価値に正の相関を持つことを示し、この効果は現物寄付よりも現金寄付の方が強いことを明らかにした。

Iliev and Roth (2020) によると、CSRのうち、従業員・人権の項目とROAの間

に正の関係が見られた。

Borghesi et al.（2014）は、CSRがEBIT総資産倍率と正の関係を持つことを明らかにした。

【ESG/CSRと長期株価リターンとの関係性】

Di Giuli and Kostovetsky（2014）は、企業のCSRへの支出を売上高の増加によって回収しているという証拠を見つけることができず、むしろ将来の株式リターンのマイナスや企業のROAの低下との関連性を観測した。

Humphrey et al.（2012）によると、CSRが高い企業で構成される投資ポートフォリオと低い企業のポートフォリオ間にパフォーマンスに差があるという証拠を見つけることはできなかった。

Hong and Kacperczyk（2009）は、sin stock銘柄の株価パフォーマンスは、業績が同等の銘柄をアウトパフォームすることを示した。

Bolton and kacperczyk（2020）によると、CO_2排出量が多い企業の株式は、規模や時価総額、その他の因子をコントロールしたうえで、高いリターンを得ていることがわかった。

（著者注：二酸化炭素排出量が多いとリスクは高くなるので、投資家はより高い投資リターンを求める）

Dimson et al.（2015）は、投資家のエンゲージメントによる長期（12か月）超過リターンを確認した。

Edmans（2011）は、従業員満足度の高い企業で構成されたポートフォリオが、長期の株価パフォーマンスにおいて業界ベンチマークを2.1%上回ったことを示した。

Barko et al.（2018）によると、投資家によるエンゲージメントが成功した企業群の株式リターンは、エンゲージメントが失敗した企業群のそれを2.7%上回り、この傾向は事前のESGスコアが低い企業で特に顕著である。

Statman and Glushkov（2009）によると、コミュニティ・従業員・環境などの社会的責任が考慮されたポートフォリオのリターンを分析したところ、このポートフォリオが従来のポートフォリオをアウトパフォームすることがわかった。ただし、sin stock銘柄を除外した社会的責任ポートフォリオは従来型をアンダーパフォームした。

【ESG/CSRと短期株価リターンの関係性】

Krüger (2015) は、CSRに対して負の影響を及ぼすイベントに対して投資家は強くネガティブに反応することを明らかにした。

Tang and Zhang (2020) は、グリーンボンドの発行を企業のESG活動のプロキシー（代理変数）とみなし、株価がグリーンボンドの発行にポジティブに反応することを発見した。

Flammer (2021) によると、企業のグリーンボンド発行は投資家からポジティブに反応され、その反応は特にはじめて発行する企業や第三者機関からの認証を受けた発行でより強くなることがわかった。また、発行体は発行後に環境パフォーマンスを向上させ、長期投資家やグリーン投資家の保有率も増加する。

【ESGと企業価値（Tobin's Q）の関係性】

Gillan et al. (2010) によると、トービンのQ（企業価値）はE、S、Gすべての指標と正の関係を持つことがわかった。

Buchanan et al. (2018) は、CSRがトービンのQに対し正の影響を与えることを示した。この効果は影響力のある機関投資家の所有水準によって変わり、所有比率が低いとこの効果は有意に弱くなることがわかった。

Albuquerque et al. (2019) は、CSRが企業価値を増大させることを示した。この効果は商品の差別化が進んだ企業でより強く見られると予測している。

Servaes and Tomayo (2013) は、企業のCSRと企業価値は、広告宣伝費で示される顧客の認知度が高い企業では正の関係にあることを示した。なお、認知度の低い企業ではこの関係は負もしくは有意ではない。

Gao and Zhang (2015) は、会計上利益が平滑な企業では、企業のCSRが高いとトービンのQが大きいことを示した。

（出所）Gillan 他（2021）

第4章のまとめ

- 近年では、機関投資家はほぼPRIに署名しており、それはすべからくESGを考慮した投資をせざるを得ないことを意味する。

- ESGを考慮した投資をする際、投資家はESG評価機関による「ESGスコア」を参照する。世界には10ほどの主要なESG評価機関が存在するが、それらの評価は画一的ではなく、企業によってはESG評価機関の間で大きくスコアが異なるケースも見られる。ESGスコアが企業の定性情報（非財務情報）を主に評価していることから評価が割れやすいこと、また評価機関によって重視する項目が異なることがその大きな要因である。

- ESGスコアと企業の株価や業績の間の関係性については、アカデミックの研究でも統一した見解には至っていない。しかし、ESG投資マネーが大きくなるということは、ESGへシフトする企業により投資マネーが集まることを意味する。

- ESG投資の目的は、企業活動や事業内容をESGに仕向けるためであり、投資手法には投資ユニバースから非ESG銘柄を除外するダイベストメント（ネガティブスクリーニング）、投資銘柄の選別にESG要素を加味するESGインテグレーション、そして、投資先への議決権行使を通じてESGを働きかけるエンゲージメントの3つが存在する。このうち、ダイベストメントで悩ましいのは、タバコ銘柄で見られるように、非ESG銘柄のなかには株価パフォーマンスが優れているものもあることである。また、もっとも有効なのはエンゲージメントであるが、機関投資家は多数の銘柄に投資をしており、エンゲージメントに割けるリソースは限られている。

- PRIに署名している機関投資家は、アクティビストファンドがもっともらしいESG観点の提案をした場合、同意せざるを得ない状況にもなっており、ESGはアクティビストファンドにとって都合の良い武器となる可能性がある。ダイバーシティやガバナンスで遅れをとっている日本企業は注意する必要がある。

- 投資期間が長期であるプライベートエクイティファンドのほうが、企業のESG活動を支援するのに適している可能性もある。

ESG/SDGs経営を
実現させるための
3つのヒント

環境変化に配慮した企業変革で
競争優位性を獲得する

第4章までのESG/SDGsの議論を踏まえたうえで、ここからは実際に経営に活かすための実践編です。まず、第5章では、具体的にESG/SDGs経営の取り組み実行に向けて参考にしていただけるよう、海外企業のケーススタディから示唆を抽出し、13のヒントとしてまとめました（**図表5-1**）。

読んでいただけるとわかりますが、ESG/SDGs経営の実行に至る経緯や検討プロセスは、属する業種や各企業のステージによってさまざまで、試行錯誤の跡が見られます。ここでは、大きく「組織」「ビジネスモデル」「リーダーシップ」の3つの括りで、ヒントをまとめてみたいと思います。

まず各論に入る前に、本書の建付け上、ESG/SDGs経営の実行にはなっていますが、本質的には企業変革をどのように実行していくのかを考えるうえでの示唆にもなります。事業環境が刻々と変化するなかで、環境変化の予兆を察知し、新しく事業機会を捉え、その機会と必要な資源を獲得し、組織変革をリードしながら新たな競争優位性を獲得するプロセスともいえるでしょう（これを経営学ではダイナミック・ケイパビリティと呼びます）。

このコンセプトはカリフォルニア大学バークレー校ハース経営大学院のデビッド・ティース教授らが提唱したコンセプトですが、要は外部環境変化に応じて企業の競争力を再構築する能力を意味します。またティースらの言葉によれば、「変化する環境に対応するために、組織内外の能力を統合、構築、再配置する、企業の能力」であるとされています。

そのケイパビリティを発揮するプロセスとして、ティース教授らはSensing（事業環境変化の把握）、Seizing（事業機会／資源の補捉）、Managing Threat/Transforming（事業リスクをコントロールしたうえでの組織変革）の3つの活動を挙げています（Teece, 2007）が、第5章ではESG/SDGs経営の実行の手引きという位置づけだけではなく、企業変革の手引きとしてもヒントを得られるはずです。

ここでは、各ヒントにSensing、Seizing、Managing Threat/Transformingの3つの視点を付記しています。また第5章では、第6章以降触れられるケ

図表5-1　ESG/SDGs経営を進める13の大原則

		大原則	概要	実践企業
組織		トレンド変化を察知しよう	メガトレンドや、ステークホルダーの動向に迅速に対応する	ジェットブルー　オーステッド　シスメックス　シスコシステムズ　シーメンス　ボッシュ
		まずは社内に耳を傾けよう	社内課題や現場ニーズからESG/SDGs経営関連の改善のヒントを得る	ジェットブルー
		小さなステップから大きく展開しよう	小さなプロジェクトで成功と信頼を積み重ね、大きな課題に移行する	ジェットブルー
		制約条件を変えていこう	土台がなければインフラや政策づくりから取り組む	グーグル
		仲間を作って助け合おう	社外の個人・組織を対等に巻き込み、大きな目標を目指す	グーグル　ボッシュ
ビジネスモデル		攻めのESG/SDGs経営を進めよう	サステナビリティ性を事業性・ブランド価値に戦略的に寄与させる	ネスレ　テスラ　BNPパリバ
		守りのESG/SDGs経営で広げよう	ステークホルダーを再定義し、サプライチェーン全体で生活水準向上へのアイデアを実行	ネスレ　シスコシステムズ
		攻めと守りの両輪で	事業が成長するほどステークホルダーの生活水準向上も両立	サファリコム　シスメックス
		まず隗よりはじめよ！	まずは社内事例で有言実行し、社外展開する	シーメンス　ボッシュ
		ポートフォリオを見直そう	事業をESG/SDGs経営に対応して区分変更したり、取捨選択する	シーメンス　オーステッド
リーダーシップ		経営者自らが語りかけよう	改革のリーダーシップを発揮し、社内外に発信する	テスラ
		一貫したストーリーを見せよう	中長期的なプランでESG/SDGs経営を会社のアイデンティティにする	テスラ　BNPパリバ　サファリコム　シスメックス
		顧客参加を促そう	製品やサービスへの参加が、地球環境や地域コミュニティへの直接の貢献となる	テスラ　サファリコム

（出所）著者作成

ーススタディのイントロダクションとしての位置付けとしての意味もあり、詳細は第6章のケーススタディでフォローできるようになっています。

5.1 チームを変革するための組織づくり

まず組織から見ていくことにしましょう。ESG/SDGs経営のコンセプトを社内で浸透させようとしても、社内で理解活動が進まない、また業界他社を見てもESG/SDGs経営を積極的にリードしているケースが見られず、なかなか自社単独で一歩が踏み出せないなどで悩む方も多いのではないかと思います。

そのようななか、時間をかけてESG/SDGs経営の取り組みを発展させてきた海外企業から、以下のヒントを抽出しました。企業経営者のみならず、現場の担当者の方であっても、1歩を踏み出せるような形で構成しています。

ESG/SDGsは地球規模の課題に対する取り組みであり、日本企業以外の事例であるからといって距離を置かず、虚心坦懐にその軌跡を学んでいくことが重要でしょう。

① 外に目を向けて、トレンド変化を察知しよう
② まずは社内に耳を傾け、社内課題／ニーズとリンクさせよう
③ 小さな成功と信頼を積み重ね、大きく展開しよう
④ 制約条件を変えていこう
⑤ 仲間を作って助け合おう

個別に事例を見ながら紐解いていくことにしましょう。

①　外に目を向けて、トレンド変化を察知しよう（Sensing）

　まずは「外に目を向けて、トレンド変化を察知しよう」ですが、これは
ESG/SDGs経営に限った話ではありません。現在、人工知能／機械学習の
進展、5Gをはじめとするインターネットインフラの整備やクラウドコンピ
ューティングの普及、半導体の演算処理能力の急速な拡大にともない、すべ
ての産業においてデータを起点にしたビジネスモデルの進化、産業構造の転
換が起きています。このような著しい事業環境変化のなか、どのように競合
他社に先んじて、競争優位性を築くことができるのでしょうか。また、本書
でメインで取り上げている金融市場から指摘を受ける前に、どのように変化
の予兆をつかみ取り（ダイナミック・ケイパビリティでいうところのSensing）、
変革に向けて一歩を踏み出せばよいのでしょうか。以下の事例がヒントとな
ります。

　1つ目のヒントは、顧客／ステークホルダーとの対話です。詳細は第6章
での各社事例に譲りますが、たとえば、航空会社のジェットブルーは、同社
が本格的にESG/SDGs経営に方向転換するヒントを、顧客からのサステナ
ビリティに関する情報開示ニーズの増加から、将来のサステナビリティ対応
の必要性の予兆としてつかみ取りました。

　顧客との対話から、このような変化の予兆に関するインサイトをつかみ取
ることは、一見容易に見えて簡単なことではありません。また次節でも記載
していますが、ジェットブルーは、客室乗務員にかかわらず従業員を会社全
体で価値観を共有する「クルー」と呼んでいます。ESG/SDGs経営に関わ
るあるべきスタンスを社内の「クルー」への定期的なフォーカスグループイ
ンタビューを通じて抽出しています。「クルー」を顧客と同列に扱い、まず
社内で議論を尽くしたうえで、顧客との対話に臨んでいることが、1つの成
功要因といえそうです。

　顧客（ジェットブルーの場合は社内の従業員も含む）との対話から得られた
将来的な環境変化への示唆を、経営陣が適切に理解したうえで、経営戦略

（ここではESG/SDGs経営戦略）に昇華させ、具体的なプランに落とし込んでいかなければなりません。

　近しい例としては、予定していた石炭火力発電所建設への地元の強い反対運動から、将来の脱炭素へのトレンドをつかみ取ったオーステッド、カリフォルニア州におけるサプライチェーン全体を俯瞰した政策変更をきっかけに、サプライチェーン・サステナビリティに関する取り組みを開始したシスコシステムズ（以下シスコ）など、どこに変化の予兆を読み取るアンテナを置くかは各社それぞれです。しかし、そのアンテナから事業戦略上の示唆（例：新規事業のアイデア、ビジネスモデル転換、産業構造の将来変化など）を得るかは、事業／部署横断で示唆を得るための突っ込んだ議論が必要でしょう（この点を半導体産業の視点から産業構造転換の予兆をつかみ取るフレームワークを描いた名著として、元インテルCEOのアンディ・グローブ氏が書いた『パラノイアだけが生き残る』（日経BP、2017）があります。また、筆者の見ている自動車産業では、シリコンバレーでの消費者／技術トレンドを分析しながら、スタートアップ企業と協力しつつ将来に向けた新規事業開発や、合併・買収を行っているケースもよく見られます）。

　2つ目のヒントは、中長期のトレンドから将来の事業ニーズを見出すメガトレンド分析です。たとえば、シーメンスが2007年の時点で、将来のメガトレンドを都市化、人口動態の変化、地球温暖化、グローバル化の4点から将来のサステナビリティ関連ビジネスの可能性を導出し、環境関連のビジネスポートフォリオの整理を始めていたことは先に紹介しました（このあと、第6章でも解説します）。

　また第6章では取り上げていませんが、アメリカの化学メーカーであるデュポンなども、定期的に世界各地からありとあらゆる分野の専門家を招聘し、自社事業に関連する将来トレンドの議論を行っているとされています。2007年といえばリーマンショック間近、その翌年にはアメリカではオバマ大統領が就任し、政府主導でクリーンテック投資が伸長を始めた時期にあた

りますが、現在の欧米企業のESG/SDGs経営の取り組みは今にはじまったことではなく、10年単位のメガトレンドを意識した動きであったことは明らかです。

　その他、ダボス会議の開催で知られ、第4次産業革命等の言葉を生み出した世界経済フォーラムでもメガトレンドの議論は行われていますが（2.6参照）、今一度、世界に先んじて日本企業が競争優位を獲得するためには、10年単位で自社独自の世界のメガトレンドに関する見通しとリスクシナリオを定期的に更新したうえで、新規事業のポートフォリオを見直す必要があるでしょう。

　たとえば、筆者の場合、今起きている技術のメガトレンドを把握するには、一例ですが、コロナ禍で参加がむずかしくなったものの（2022年にリアルイベントが再開）、毎年1月にアメリカのラスベガスで行われているCES（Consumer Electronics Show）への参加や、一般にも市販されているハーバード・ビジネス・スクールをはじめとする世界中の経営大学院が出版している最新の企業ケーススタディに定期的に目を通すようにしています。また、未来の技術トレンドを把握する場合には、シリコンバレーのベンチャーキャピタルが発信しているポッドキャストやレポート（例：A16ZのFuture https://future.a16z.com/）などは普段から参考にしています。

　また、市販されているDeepLをはじめとした機械翻訳ソフトを活用し、ワードやPDFファイルだけでなく英語論文も短時間で大量の日本語訳が可能になっていますので、個人で世界のメガトレンドを日本語で把握し学習する機会は飛躍的に増大しているといえるでしょう。

②　まずは社内に耳を傾け、社内課題／ニーズとリンクさせよう（Seizing）

　ESG/SDGs経営の新規・既存事業への反映を考えるうえでよく問われることとして、「事業」としてのサステナビリティがあります。日本ではどうしてもESG/SDGs経営に関わる活動がCSRの延長線上として、また収益で

はなくコスト項目として捉えられがちです。しかし、今回取り上げたケーススタディでは、ESG/SDGs経営に向けた活動を社内のオペレーションニーズの解決に結びつけ、継続性という観点からもサステナビリティを達成しているケースが見られます。

たとえば、ジェットブルーではESG/SDGs経営の活動推進にあたり、まず中間管理職との対話を通した、サステナビリティに関するオペレーションニーズの把握からスタートしています。具体的にはジェット燃料の価格変動のヘッジという社内ニーズに対し、再生可能ジェット燃料調達の長期契約スキームを構築することで、ESG/SDGs経営の達成と、社内のオペレーションニーズ（社内のお困りごと）の解決を両立させています。

ときに「やらされ感」が出てしまいがちなESG/SDGs経営のヒントを、社内の中間管理職との議論を通じて、現場のニーズ解決につなげるという考え方は、ESG/SDGs経営のアイデア出しの1つの突破口となり得るでしょう。

③ 小さな成功と信頼を積み重ね、大きく展開しよう（Managing Threat/ Transforming）

もう1つ、ESG/SDGs経営を考える重要な課題として、いかに全社でESG/SDGsへの活動を「自分ごと」として展開するか、という視点があります。経営陣の号令でESG/SDGsの担当役員や担当部署が設置されたは良いものの、活動が担当部署に留まり、なかなか全社への浸透が進まないことに悩んでいる経営者や担当者も多いことでしょう。

今回取り上げたケーススタディのなかでも、会社のミッション自体をESG/SDGs経営の考え方に合わせているテスラ（「世界の持続可能なエネルギーへの移行」がミッション）や、サステナビリティの関連部署さえも設立せず、曰く「メインストリーミング」戦略として、ESG/SDGs経営の活動を事業の中心軸に置いているBNPパリバのような事例もあります。しかし、

重要な視点は、社内の信頼の積み重ねです。

　企業変革でもいえることですが、新規の活動を社内に浸透させるには、まず小さくても社内で成功事例をつくり、かつ事業現場で「お役立ち」することで、現場の負担を増やすのではなく、むしろ減らし、全社でESG/SDGs経営に向けたインセンティブを合わせていく必要があります。

　たとえば、先ほどのジェットブルーのケースでは、再生可能ジェット燃料の長期契約に進む前に、社内のヒアリングを通じて機内飲料水の使用量削減や、エンジン洗浄プロセスの効率化、ペーパーレスキャビンへの移行など、社内ニーズの解決（かつESG/SDGs経営の実践）を通じた信頼獲得活動を地道に行っています。

　ローマへの道も1歩からではありませんが、社内の困りごとをサステナビリティの視点から解決できないか、社内インタビューをはじめるところからスタートしてみてはいかがでしょうか。

④　制約条件を変えていこう　（Managing Threat/Transforming）

　ESG/SDGs経営の取り組みを進めていくうえで重要な考え方として、「制約条件を自ら変える」というものがあります。新しい取り組みを進めていくうえで、どうしても現れる障害（例：インフラの未整備や、規制／政策の存在等）に対して、それを所与のものとして考えるのではなく、自ら関与し制約条件の変更を試みることも重要です。

　たとえば、データセンターのカーボンニュートラル化を進めるうえで、グローバルで再生可能エネルギーの調達に迫られたグーグルは、それまで再生可能エネルギーを調達するためのインフラがなかった台湾において、自ら政府に法整備を働きかけ、それを受けて台湾の立法府が電力法を改正し、電力事業者からの再生可能エネルギーの直接購入を実現しました。

　また、第6章で取り上げるサファリコムの事例でも、ケニアの脆弱な金融インフラに起因するケニア国民の金融アクセスの制約を、携帯電話を活用し

たデジタル決済インフラを整備することで、自ら突破しています。

ESG/SDGs経営を進めるうえで、自社を取り巻く制約を所与のものとして考えるのではなく、自ら制約条件を変えるよう外部環境に働きかける視点も重要でしょう。

自社のESG/SDGs経営の取り組み推進にとって、制約条件とは何か、その制約条件は自らの働きかけによって突破することはできないのか、社内で議論を深めてみましょう。

⑤ 仲間を作って、助け合おう （Managing Threat/Transforming）

先ほどの④制約条件を変えていこう、にもつながりますが、ESG/SDGs経営の推進に向けては、志を同じくする仲間を作る視点も重要です。また、自社を取り巻く制約条件を変えるために、同様の課題を抱えている企業と連携するという考え方もよく見られます。

たとえば、先ほどのグーグルの事例では、再生可能エネルギーの購入を自社単独ではなく、購入者同士でのアライアンス（Renewable Energy Buyers Alliance ※2021年11月にClean Energy Buyers Allianceに改組）を構築し、共同で電力事業者や自治体に働きかける仕組みを構築しています。

また、自社のESG/SDGs経営を客観的に評価するため、経営陣の主導による有識者を招いたアドバイザリー・ボードの設置や議論も重要でしょう。たとえば本書で取り上げているシーメンスでは、アカデミア・産業界から幅広く有識者を招き、シーメンス・アドバイザリー・ボードとして、経営陣自らサステナビリティに関する議論を年に数回集中して行っています。

加えて、社内に有識者を招くだけではなく、自ら積極的に経営幹部が外部の研究会等に自社の視点を提供し、自社のESG/SDGs経営に向けて仲間を増やしていくことも重要です。さらには、自社だけではなくサプライチェーン全体の脱炭素や人権対応などサステナビリティ・マネジメントの体制構築が求められるなか、関連するステークホルダーを特定し、議論を積み重ね、

ステークホルダー全体を巻き込んだESG/SDGs経営を進めていくことも重要でしょう。

　たとえば、ボッシュでは、サプライチェーン全体でのサステナビリティ・マネジメントの構築に向け、顧客・サプライヤー・大学をはじめとした研究機関、政策担当者などと議論を重ね、業界全体のベンチマーク調査を実施し、「New Dimensions-Sustainability 2025」と呼ばれる全社イニシアティブのKPIを設定しています。

5.2　目標と戦略をつなげるビジネスモデルをつくる

　次に考える大きな視点がビジネスモデルです。ESG/SDGs経営を真にサステナブルなものにするには、究極的には収益成長とサステナビリティを両立するビジネスモデルを考えていかなければなりません。無論、「言うは易し、行うは難し」ではありますが、企業自体のミッションがサステナビリティの実現（世界の持続可能エネルギーへの移行）を標榜している前述のテスラのような企業でなくとも、既存のビジネスモデルやそのポートフォリオを着実にESG/SDGs実現の方向に変革を進めている企業はたくさん存在します。本章でもさまざまなケーススタディを取り上げながら、ESG/SDGs経営の実現に向けたビジネスモデル変革のあり方（冒頭のダイナミック・ケイパビリティの理論ではSeizing［事業機会／資源の補捉］に当たります）を考えていきます。ここで取り上げるヒントは以下のとおりです。

⑥　攻めのESG/SDGs経営——サステナビリティと事業戦略を融合させよう

⑦　サステナビリティ視点でポートフォリオを見直そう

⑧　守りのESG/SDGs経営——ステークホルダーを再定義し、お役立ちできることからはじめよう

⑨　まず隗よりはじめよ—内から外へ

⑩　最後は「攻め」と「守り」の両輪で

⑥　攻めのESG/SDGs経営

——サステナビリティと事業戦略を融合させよう（Seizing）

　それでは、1つひとつ見ていくことにしましょう。最初のヒントは、「サステナビリティと事業戦略の融合」です。その意味するところは、サステナビリティの実現自体を事業戦略上の目的としてしまうことです。たとえば、通称Plant-Based（プラントベースド）と呼ばれる大豆たんぱくをベースにした植物肉の製造・販売で急成長を遂げているインポッシブルフーズは、牛肉消費を植物性たんぱく商品の消費に置き換えることで、牛の肥育に伴う温室効果ガスの削減や水の消費量を大幅に減らし、地球全体で環境負荷を下げていくことを会社のミッションとしています。

　また、アウトドア製品の製造・販売で有名なパタゴニアも、近年食品事業に進出し、土壌の再生に役立つバッファローを使ったジャーキーや、ケルンザと呼ばれる多年生植物を利用したビールを販売することで、事業成長と使用する原料を通じた環境再生を目指しています。

　テスラも、再生可能エネルギーの生産／蓄電をセットにした電気自動車の販売を拡大することで、事業成長そのものが、地球規模での化石燃料使用削減につながる形となっています。このモデルは、比較的設立が新しく、設立当初の会社のミッション自体がサステナビリティの実現となっているケースでよく見られます。

　このようなケーススタディを聞くと、会社のミッション自体がサステナビリティの実現となっておらず、すでに既存事業を抱えてしまっている場合はどうするのか、と疑問を持たれるかもしれません。

　その場合も、企業のミッションそのものから見直しを行っているケースが見られます。本書で取り上げている事例でいえば、ネスレがあります。同社

はNHW（Nutrition、Health、Wellness）企業と呼ばれる栄養・健康・ウェルネスを消費者に提供する企業としてビジネスモデルを転換し、他社製品より美味しいだけでなく、塩分、脂肪分、糖分を減らした栄養基準を設定することで、消費者の健康改善と味覚向上を同時に目指したことは紹介の通りです。味覚と健康維持を同時に訴求する製品群を持つことで、事業成長とサステナビリティの同時実現を図った形です。ここでは攻めのESG/SDGsという記述にしていますが、いずれも製品力の強さそのものは前提にしたうえで、さらにサステナビリティの実現を消費者に対する価値として付加することで、競争優位性の構築を目指した形です。

⑦　サステナビリティ視点でポートフォリオを見直そう（Seizing）

　次に、サステナビリティ関連でのポートフォリオの見直しという観点があります。特に欧米のエネルギー関連企業によく見られる動きとして、

　　a．既存事業を環境やサステナビリティの観点から再評価し、経営資源の
　　　　配分を見直す（既存のビジネスモデルにサステナビリティ観点で新たな
　　　　価値を与える）
　　b．既存のビジネスモデルポートフォリオ自体を大幅に転換する

の２つがあります。まずaについて、①のメガトレンド分析で取り上げたシーメンスは、前述のとおり環境ビジネスを次の成長領域として見出し、既存の環境保護ソリューション（例：水質浄化／大気汚染防止関連ビジネスなど）やエネルギー使用効率化、そして再生エネルギー関連ソリューションを通じた脱炭素への取り組みに注力することを決めました。

　またbについても、①で取り上げた、石炭火力発電所建設への地元の強い反対運動から将来の脱炭素へのトレンドをつかみ取ったオーステッドは、エネルギーの主要な供給源を化石燃料ベースの発電から、クリーンエネルギー

による発電（バイオマス、洋上風力）にシフトさせました。

オーステッドの場合は主要なビジネスモデル自体の変更に踏み込んでいるので、かなり思い切っているといえますが、シーメンスの場合はまずメガトレンド分析から得られた示唆（将来の環境ビジネスの機会特定）から、将来事業環境の観点で既存事業を再評価し、将来あるべき姿から事業ポートフォリオの見直しを行っています。

これらのケーススタディからは、必ずしもESG/SDGs経営の観点でやみくもに新規事業構築を検討することだけがアプローチではないことがわかります。まずは、社内に存在する既存事業が、サステナビリティの関連でどのような価値を生み出す可能性があるか、議論するところからはじめてみることも有効です。

「攻め」だけでなく「守り」も意識することが企業価値を生む

⑧　守りのESG/SDGs経営——ステークホルダーを再定義し、お役立ちできることからはじめよう（Seizing）

⑥で取り上げた「攻めのESG/SDGs経営」はどちらかというと顧客や消費者に対してサステナビリティを価値として新たな競争優位の源泉とする、ということがエッセンスでした。

一方で「守りのESG/SDGs経営」では、自社を取り巻くサプライチェーン全体を俯瞰したうえで、自社のビジネスに関連するステークホルダーを特定し、ビジネスを通じてステークホルダー全体の生活や事業オペレーションの水準向上を図ることを取り上げています。

まさに、2.5でも取り上げたハーバード大学のマイケル・ポーター教授が提唱したCSV（Creating Shared Value）経営がそれにあたるでしょう。

CSVのモデル事例としてハーバード大学のケーススタディでも取り上げられ、本書でも取り扱っているネスレは、栄養、水資源、農業・地域開発を

重点領域と置き、自らのビジネスで消費者とサプライヤー双方に価値を創造することにコミットしています。

　また、ユニリーバは、ネスレと同じくパーム油や水産物のサステナブルな原料調達に加え、自社の浄水器による安全な飲料水の提供や、石鹸製品の提供による途上国での手洗い教育など、再定義したステークホルダーに対し、素直に「お役立ち」できることからはじめています。またシスコも、20年以上にわたり、シスコ・ネットワーキング・アカデミーと呼ばれる教育プログラムを全世界で展開し、自社製品を活用できるエンジニアを大規模に育成すると同時に雇用機会の創出を図っています。

　サプライチェーン全体でCSVを実現するには、それぞれのステークホルダーの取り組みが最終的な製品価値に転換される必要があるため、強い製品力を持つことが絶対条件になり、チャレンジングであることもまた事実です。そのような意味では、当初からCSVの理想形を目指すのではなく、まずは地道に自社のビジネスに関わるステークホルダーを特定し、お役立ちできることを考えながら、徐々に製品価値に転換する形を考えることが現実的ではないでしょうか。

　一方で、注意しなければいけないのは、最終的にはこのようなお役立ちが当初は「コスト」であっても、消費者にとってそれを上回る「価値」を生み出さなければいけないということです。第4章で取り上げているダノンのように、あくまでもCSVの取り組みが消費者への価値に転換されなければ、単なるコスト項目となり、株式市場から厳しい評価を受けるでしょう。

　基本的に、CSVであるかどうかに関わらず消費者価値を体現する強い製品力を有すること、そのうえでCSVを実現することで、さらに高い消費者価値を実現する道筋ができていることが、前提となる考え方といえます。

⑨　まず隗より始めよ
——まずは社内事例で有言実行→社外展開（Seizing）

　次にビジネスモデルの開発プロセスに関するヒントとして「まず隗より始めよ」があります。これが意味するところは、ESG/SDGs経営の取り組みは、まず社内で成功事例を作ってから社外に展開する、というステップを取ろうということです。

　これは前述した「②まずは社内に耳を傾け、社内課題／ニーズとリンクさせよう」や、「③小さな成功と信頼を積み重ね、大きく展開しよう」にもつながるところがありますが、いきなりESG/SDGs経営の取り組みを社外で大々的に展開することを目指すのではなく、まずは社内のステークホルダーを顧客に見立て、社内のESG/SDGs経営に関するニーズを解決し、事例を作ってから社外に展開しよう、ということです。英語では「ウォーク・ザ・トーク（有言実行）」という呼ばれ方をすることもあります。要は、サプライチェーン全体でサステナビリティ対応を一度に行うのではなく、まずは、シーメンスのように自ら自社製造施設のエネルギー効率化を実現し、そこで得られた知見を新たなビジネスチャンスとして外部展開する形や、ボッシュのように、もともと自社向けに開発していたエネルギーマネジメントシステム等を環境ソリューションとし、新規事業子会社であるボッシュ・クライメート・ソリューションズが自社のステークホルダーに対して展開することで、ESG/SDGs経営実現に向けた仲間を増やしていく（⑤仲間を作って、助け合おうの視点にもつながります）形も見られます。

　すでに、事業基盤が確立している既存企業にとっては、一見、ESG/SDGs経営視点でビジネスモデル転換や新規事業構築が求められ、チャレンジングに見えます。しかし、本書のケーススタディを見ていくと、社内の既存事業の再評価やニーズの把握、社内事例の開発など、実はESG/SDGs経営の取り組みの第1歩は「社内」が起点となっているケースが多く見受けられます。

　組織の規模が大きくなればなるほど、全社でのESG/SDGs経営の取り組みはむずかしく見えます。しかし、見方を変えて、社内にESG/SDGs経営の実現に向けたヒントやテスト環境が揃っていると考えれば、意外と大企業であることのメリットであることが見えてきます。

　これは、何もESG/SDGs経営に限った話ではなく、新規事業創出全体にいえる話でしょう。新しい商品コンセプトを考え（ここではESG/SDGs）、プロトタイプができたら、社内のステークホルダーに対しそのコンセプトで「お役立ち」できるかどうか検証する。そのプロセスを経たうえで社内に信頼感を醸成し、新規事業へのサポートを得ながら、徐々にビジネスポートフォリオの転換を図っていく。自社のESG/SDGs経営の将来を考えることは、実は企業変革のプロセスを考えることと同じなのです。

⑩　最後は攻めと守りの両輪で（Seizing）

　最後は総合力です。ESG/SDGs経営の取り組みの推進は、それぞれの企業が置かれた状況もあり、必ずしも当初から完璧を目指す必要はありません。ただし、真に自社のESG/SDGs経営の取り組みを持続可能なものにするためには、以下にも書かれているとおり「攻め」と「守り」の両輪を意識する必要があります。

　最終的にステークホルダー全体への取り組みを通じて、顧客価値を実現し、事業成長を図っていく。そのためには、ESG/SDGsをベースにしたミッションの再定義と事業ストーリーの構築が必須となります。

　重要なコンセプトなので、ここで「攻め」と「守り」を再掲します。

　　⑥　攻めのESG/SDGs経営──サステナビリティと事業戦略を融合させよう
　　⑧　守りのESG/SDGs経営──ステークホルダーを再定義し、お役立ちできることから始めよう

ここで参考となるのがサファリコムです。詳細は後述のケーススタディに譲りますが、ケニアの通信会社であるサファリコムは、自社の保有するモバイル通信プラットフォーム上でM-Pesaと呼ばれる送金サービスを展開し、ケニア国内の脆弱な金融インフラを補完しています。

　結果、それまで銀行口座を持てずにインフォーマルな金融取引に依存していたケニアの人々に安心・安全な金融アクセスを提供しました。

　サファリコムの顧客そのものであるケニアの人々の生活水準向上に役立つだけでなく、実際にプラットフォーム上で手数料を徴収することで収益成長を維持し、サステナビリティの実現と事業成長が見事に融合しています。

　もちろん、同様の金融サービスに対するもともとのニーズの高さや通信インフラの整備、ケニア政府の支援があったこと等さまざまな要因が成功の背景にあるとされますが、とはいえ開発途上国の伝統的な政府系通信会社が、このような「攻め」と「守り」の両方でESG/SDGs経営を実践し、結果として収益成長と株価上昇を続けていることは、注目に値するでしょう。

　これまで見てきたように、ビジネスモデル1つをとっても、ESG/SDGs経営を成功させるためには、より包括的な視点／アプローチが必要です。

5.3　ESG/SDGs時代にリーダーシップを発揮するための要件

　最後は、リーダーシップです。ESG/SDGs経営成功のためには、これまで見てきたとおり事業やビジネスモデル、組織変革の視点が絡むため、一部のサステナビリティ関連部署やIR部門の対応だけでは限界があります。

　ケーススタディからは、日本企業にありがちなボトムアップのアプローチではなく、経営陣自ら率先してESG/SDGs経営のビジョンを示し、キーパーソンを社外からも招へいしながら、企業変革に経営陣自らコミットしていることがわかります。

　ESG/SDGs経営推進に向け必要なリーダーシップのヒントについて、以下の３つにまとめました。ケーススタディも参照しつつ、それぞれ見ていくことにしましょう。

⑪　経営者自らが語りかけよう
⑫　一貫したストーリーを見せよう
⑬　顧客参加を促そう

⑪　経営者自らが語りかけよう

　真っ先に求められるのは、経営陣によるビジョン提示とその姿勢です。前節でみたとおり、ESG/SDGs経営の長期的な取り組み成功のためには、サステナビリティと事業戦略の融合と自社を取り巻くステークホルダーへのお役立ちの視点、そしてそれらをどのように顧客価値に変換できるのかを経営陣自ら明確に語る必要があります。これは、機関投資家を始めとした社外のステークホルダーのみならず、現場でESG/SDGs経営を進める社内の関係者にも明確に方針を示す必要があるでしょう。

　本書で取り上げているケーススタディでいえば、各社でESG/SDGs経営を推進する経営陣の顔が明確に浮かびあがってきます。ときに発言の過激さやブレを指摘されつつも、ツイッターを活用し、自動運転技術の進捗や自身の株式売却まで、率直にメッセージを語るテスラのイーロン・マスク氏（ちなみに同社は、企業規模と比較し、広告費にほとんど費用を費やしていないことで知られています）、また、CEO就任時に持続可能なビジョンをもつ投資家のみを募集し、短期志向の投資家との訣別を述べたユニリーバの元CEOポール・ポルマン氏など、ESG/SDGs経営の推進に向け明確なビジョンを示しているCEOが多く見られます。

　ダイナミック・ケイパビリティの視点では、まさにこれまで述べてきた、ESG/SDGs関連での事業環境変化の把握（Sensing）、社内ニーズや事例を起

点にした事業機会／資源の補捉（Seizing）、そしてESG/SDGs経営の実現に向けた事業戦略やビジネスモデルの変革（Managing Threat/Transforming）を実行できるのは、経営陣を除いてはほかに存在しません。

　BNPパリバがあえてサステナビリティ関連部署を置かないのも、サステナビリティの実現に全社でコミットしている経営陣の覚悟の表れともいえるでしょう。これはESG/SDGs経営に限った話ではなく、今後匹敵する事業環境変化が起きた場合にどのように企業変革を進めていくのか、たとえば、ESG/SDGsというキーワードをAIや機械学習、量子コンピューティングなどに置き換えた時に、経営陣としてどう対応すべきなのか。

　今後、次々と起こる事業環境変化への対応のあり方として、ESG/SDGs経営を巡る一連の議論は、日本企業の変革力に大きな問いを投げかけています。

　参考として本書で取り上げているケーススタディでは、取り上げたテスラのイーロン・マスク氏、ユニリーバの元CEOポール・ポルマン氏の他、シスコ元CEOのジョン・チェンバース氏、ネスレ元CEOのピーター・ブラベック＝レトマテ氏、また、ジェットブルーの元サステナビリティ部門の責任者のソフィア・メンデルソーン氏やシーメンスの元チーフ・サステナビリティ・オフィサーであるバーバラ・クックス氏等の女性の経営幹部によるESG/SDGs経営のイニシアティブも目立っています。

　詳細は第6章のケーススタディに譲りますが、関連する業界ごとに、個別に彼ら彼女らのリーダーシップから学べる示唆も多いことでしょう。

経営者自らがストーリーを持って顧客参加を促そう

⑫　一貫したストーリーを見せよう

　経営陣によるビジョンの提示とセットで必要なのが、ESG/SDGs経営の取り組みが最終的に顧客価値の実現につながる一貫したストーリーの展開で

しょう。

　端的にいえば、ビジョンを提示するだけでなく、それをどのように実現するのかを具体的に説明し、消費者や投資家など幅広いステークホルダーに納得してもらう必要があります。たとえば、テスラでは、イーロン・マスク氏によるツイッターを活用した直接的なコミュニケーションだけではありません。同社が目指す「地球規模の気候変動問題の解決」を実現するため、再生可能エネルギーをベースにした持続的なエネルギーエコシステムを作るためのマスタープランを2回（2006年/2016年）発表し、今でも一般公開されています。

　またユニリーバも、3.5で取り上げたように、ポール・ポルマン氏のCEO就任時に、ユニリーバ・サステナブル・リビング・プランと呼ばれる計画を発表し、サステナブルな原料調達や温室効果ガスの排出削減、世界の最貧層の生活向上などに向けた具体的な実行プランを発表しています。

　このようなプランは通常KPIとセットであり、毎期達成状況の報告を求められるため、その達成へのコミットなしにはやすやすと発表できるものではありません。また、このような取り組みがどのように企業価値の創造、事業成長につながるかまでを含めてストーリーを提示する必要があります。

　先に「⑥攻めのESG/SDGs経営―サステナビリティと事業戦略を融合させよう」で取り上げたネスレのNHW戦略や、「⑩最後は攻めと守りの両輪で」で取り上げたサファリコムによるM-Pesa事業も、ESG/SDGs経営が最終的に顧客価値の実現につながる一貫したストーリーが展開されています。

　ストーリーに必要な要素としては、

　　a．自社が解決を目指す社会課題（サステナビリティ観点）は何なのか
　　b．その社会課題を自社のリソースを使って（もしくは仲間を募って）どのように解決するのか

c．その社会課題の解決が顧客価値の創造、最終的に収益向上を通じ
　　　てどのように企業価値の向上につながっていくのか

　その3つが重要です。これは必然的に自社内の経営資源の組み換えが発生
するため、ボトムアップのアプローチでは限界があり、まして一部のサステ
ナビリティ担当部署の取り組みだけでは、早晩限界が訪れることでしょう。
経営陣自らが結果責任を持って、すべてのステークホルダーに説明する必要
があります。これは、いわずもがな、ESG/SDGs経営に限らず、企業経営
すべてに当てはまる経営者の基本的な役割といえるでしょう。

⑬　顧客参加を促そう

　最後に必要なのは顧客参加の視点です。ESG/SDGs経営の取り組みは、
最終的に顧客にその価値を認識してもらい、商品購入を通じて利益に転換す
る必要があります。なかなかハードルの高い作業に見えますが、前述したテ
スラやインポッシブルフーズ、パタゴニアは、対象企業の製品自体が圧倒的
な競争力を持つだけではなく、製品購入を通じてどのように地球環境に対す
る負荷を下げるのか、消費者にとってその道筋が明確となっています。
　サファリコムの事例なども、M-Pesaへの参加がダイレクトにユーザーに
とってメリットがあるだけでなく、サービスへの参加を通じてその決済プラ
ットフォーム全体の価値が上がる（経営学用語では「ネットワーク外部性」と
呼びます）ことによる、社会全体の価値創造へのプロセスが明確です。
　そのような意味では、経営者によるESG/SDGs経営実現に向けたビジョ
ン／ストーリーの最終的なゴールは、顧客にそのビジョンに共感してもら
い、購買行動につなげ、利益を創出することにおくべきでしょう。単なる
CSRの延長として考えると、追加的なコスト項目として競争力を失う形で
捉えがちですが、「⑥攻めのESG/SDGs経営—サステナビリティと事業戦略
を融合させよう」で述べたように、サステナビリティの取り組みは顧客ニー

ズの解決を通じた、最終的な顧客参加と利益創出がボトムラインであることを忘れてはならないのです。

　現在の自社のESG/SDGs経営への取り組みが経営者自ら（⑪）、一貫したストーリーを持って（⑫）、顧客参加を促す（⑬）形でリーダーシップを発揮できるようになっているか、あらためて確認していきましょう。

Coffee Break：世界のESG商品
ラ ブーシュ ルージュの口紅

・高級品（ラグジュアリーブランド）のなかで、他に先駆けて環境問題を提起した
・口紅などは環境を考慮して、1つのケースに中身だけを詰め替えることができる仕様になっている
・ケースそのものもリサイクル可能な素材でできている

第5章のまとめ

- 世界的な気候変動をはじめとして、企業を巡る事業環境の変化はますます激しくなっており、ESG/SDGs経営の取り組みの実現は、機関投資家を含めさまざまなステークホルダーからのプレッシャーが日々増している状況にある。

- そのようななかで、機関投資家からの指摘で重い腰を上げるのではなく、プロアクティブにESG/SDGs経営の取り組みをはじめとしたサステナビリティ実現（＋α）へのトレンドを察知し、他社に先んじて競争優位につなげていくためには、冒頭に触れたダイナミック・ケイパビリティの視点（Sensing（事業環境変化の把握）、Seizing（事業機会／資源の補捉）、Managing Threat/Transforming（事業リスクをコントロールしたうえでの組織変革））を経営陣自ら持って、企業変革をリードしていくことが不可欠である。

- また、13のヒント（**図表5-1**）は特にESG/SDGs経営に限った話ではなく、破壊的イノベーションや技術革新（古くは蒸気機関や電信技術の発明、最近でいえばインターネットやブロックチェーンの普及など）がもたらす構造変化に立ち向かうための自社変革をリードするうえでも、有益な示唆をもたらす。

- そのケイパビリティを発揮するには3つのプロセスと13のヒントがある。それは以下のようになる。

＜ダイナミック・ケイパビリティを構成する3つの要素＞

- Sensing（事業環境変化の把握）

- Seizing（事業機会／資源の補捉）

- Managing Threat/Transforming（事業リスクをコントロールしたうえでの組織変革）

＜ESG/SDGs経営の取り組み実現に向けた13のヒント＞

【組織】

① 外に目を向けて、トレンド変化を察知しよう

② まずは社内に耳を傾け、社内課題／ニーズとリンクさせよう

③ 小さな成功と信頼を積み重ね、大きく展開しよう

④ 制約条件を変えていこう

⑤ 仲間を作って、助け合おう

【ビジネスモデル】

⑥ 攻めのESG/SDGs経営——サステナビリティと事業戦略を融合させよう

⑦ サステナビリティ視点でポートフォリオを見直そう

⑧ 守りのESG/SDGs経営——ステークホルダーを再定義し、お役立ちできることから始めよう

⑨ まず隗より始めよ——まずは社内事例で有言実行→社会展開

⑩ 最後は「攻め」と「守り」の両輪で

【リーダーシップ】

⑪ 経営者自らが語りかけよう

⑫ 一貫したストーリーを見せよう

⑬ 顧客参加を促そう

第6章

ケーススタディ①

企業を変革へと導いた
リーダーたちの軌跡

11社の先進企業から学ぶ理論と実践

第6章では、第5章で全体像を解説した13の原則に基づき、各個別企業のESG/SDGs経営の代表的な取り組みを取り上げています。構成としては、各社ごとの取り組みを13の原則と共にまとめたスライド、代表的な取り組みの説明、最後に日本企業への示唆で締めくくっています。

　第5章からの逆引きとして、興味を持たれた企業についてまずは飛ばし読みいただくのでも、スライドだけまずは全体に目を通していただくのでも、読者のみなさんのニーズに基づいて、自由に読み進めてください。また多くのケーススタディで、ESG/SDGs経営の方向に企業変革をリードしたリーダーたちの軌跡にも多く触れています。単に取り組みだけではなく、各社のリーダーたちのリーダーシップの発揮の仕方にも学べる点は多いことでしょう。それぞれの読者の立ち位置にリーダー達の軌跡を重ね合わせながら、ケーススタディを読み解くと、さらに学びも深まることでしょう。なお、本書では、ESGおよびSDGsのコンセプトが提唱された時期にかかわらず、各企業による関連する取り組みをESG/SDGs経営として統一して記載しています。

　なお、第6章では第5章で説明した組織、ビジネスモデル、リーダーシップの枠組みに基づき、ケーススタディの掲載順を各枠組みの代表事例として組織（ジェットブルー、グーグル、シーメンス）、ビジネスモデル（オーステッド、ネスレ、ボッシュ、シスコシステムズ※以下シスコ）、リーダーシップ（テスラ、サファリコム、BNPパリバ、シスメックス）としています。

6.1　ジェットブルー 社内対話をきっかけにちいさな成功体験を積み上げてESG/SDGsの取り組みを拡大

　ジェットブルーは、1998年に顧客と従業員の関係に「人間性を取り戻す」ことをミッションとして設立されたローコストキャリア（以下LCC）です。

1970年代以降、アメリカで進められた航空業界の規制緩和にともない、大手航空会社にある寡占化が進むなか、ジェットブルーをはじめとしたLCCは、当時大手航空会社が採用していたハブ・アンド・スポーク方式に対し、主要都市間を直接つなぐポイント・ツー・ポイント方式を採用していました。

　方式変更による稼働率向上や旅行代理店を経由しないオンライン販売による生産性向上に加え、エコノミークラスでもっとも広いフットスペースの提供やテレビやWi-Fi、菓子類の無料提供などにより顧客の体験価値を大きく向上させた結果、就航初年度で100万人以上が利用、設立後20年でアメリカ国内の市場シェア約5％以上を占めるアメリカトップクラスのLCCへと成長しました。日本ではサービスレベルの高いLCCとして知られている同社ですが、実は早くからサステナビリティを重視していました。環境負荷の削減への取り組みと業界内で先行して情報開示を進め、収益性との両立を実現させていることは意外と知られていません。詳細を見ていきましょう。

環境負荷削減への取り組みを開始する

　ジェットブルーでは、早くからヘッドセットイニシアティブと呼ばれる顧客にヘッドセットの持ち込みを呼びかける運動や、使用済みジェット燃料をはじめとした有害廃棄物のリサイクルに取り組んでいましたが、転機を迎えたのは2013年にサステナビリティ部門の責任者として採用されたソフィア・メンデルソーン氏の入社からです。

　アメリカのボストン近郊にあるブランダイス大学で東アジア研究を専攻し、香港・上海をはじめとした中国でアメリカ企業のサステナビリティ活動を行っていたメンデルソーン氏を、ジェットブルーの経営陣が機内リサイクルプログラムの責任者としてスカウトしたところから、同社のサステナビリティへの取り組みは加速します。

　社内でサステナビリティの考え方を浸透させるため、メンデルソーン氏は

中間管理職との対話からサステナビリティに関連する社内オペレーションニーズを引き出しながら、機内飲料水の使用量削減、エンジン洗浄の効率化、ペーパーレスキャビンへの移行など、比較的規模の小さいプロジェクトでの成功の積み重ねに力を注ぎました。

　また、航空会社の温室効果ガス削減に対する圧力に対応し、航空機の燃料使用効率化のため、シャークレットと呼ばれる航空機の主翼端に取り付けられる小さな翼端板を生産後のA320型機に装着させることで、燃料の消費量を３％削減、航続距離を100海里ないし積載量を1,000ポンド増やすことを可能にしました。このシャークレットを装着した航空機１機あたり年間で35万ドル、同社のA320フリート全体で年間4,500万ドルの削減効果につなげました。

　実績を積み上げたメンデルソーン氏が次に取り組んだ大型プロジェクトが、2015年に開始した再生可能なジェット燃料の採用です。ジェットブルー社内で対話を積み重ねたメンデルソーンが発見したニーズが、同社の最大のコスト要因でもあるジェット燃料価格の変動への対応でした。

　再生可能ジェット燃料の量産化の壁が、高コストの鉄道輸送と長期固定契約の欠如にあると見たメンデルソーン氏は、再生可能ジェット燃料精製業者と協力し、パイプライン輸送の採用と年間3,300万ガロンの当時としては最大の10年間長期固定契約を結ぶことに成功します。これによりジェット燃料の長期安定供給と、単位あたり温室効果ガスの50％削減を目指したのです。

業界に先駆けた情報開示で環境対応を推進する

　もう１つの重要な取り組みとして、業界に先駆けたサステナビリティに関する情報開示があります。社内との対話を重ねていたメンデルソーン氏が察知したもう１つのトレンドが、顧客からのサステナビリティに関する情報開示ニーズの増加でした。

　ジェットブルーは当時すでに、オランダ・アムステルダムに本部を置き、サステナブル報告書の業界別ガイドラインを公表しているグローバル・レポーティング・イニシアティブ（通称GRI）のガイドラインに則って情報開示していました。しかし、2016年に実施したジェットブルーのビジョン変更にともない、SASB（サステナビリティ会計基準審査会）のガイドラインに沿ったサステナビリティ報告書を作成することを社内で提案します。その結果、ジェットブルーは2016年に航空会社として初めて、SASBの情報開示をESGレポートに取り入れた企業となりました。

　あわせて2017年には、気候関連財務開示タスクフォース（通称TCFD）が推奨する自主的な気候関連情報開示を支持した最初の企業の1つとなりました。

　報告内容はより燃費の良い航空機や技術への投資による温室効果ガス排出削減、将来の人材育成、規制変更への対応など多岐に渡っていますが、投資家、顧客、従業員に対し透明性の高いコミュニケーションを重視しながら、気候変動のリスクと機会を自主的に開示し、中長期的にサステナビリティへの対応を確たるものとしています。

　全世界で約2.5％に上るとする航空会社による温室効果ガス排出に対する監視が強まり、一部では「フライトシェイミング（flight shaming）」と呼ばれる搭乗者自身の温室効果ガス排出を忌避するため空路移動を控える動きもみられるなか、このような動きを先取りし業界に先んじて透明性の高いESG/SDGs経営への取り組みを実行・開示してきたことは特筆に値します。

　このような取り組みの結果、ジェットブルーは2040年に二酸化炭素排出量を正味ゼロにすることを掲げ、森林保護プロジェクトへの参画や太陽光や風力など再生可能エネルギーの調達を進めました。再生可能ジェット燃料の使用等を通じて積極的なカーボンオフセットを推進し、2020年7月からはアメリカ国内線全便でのカーボンオフセット達成を発表しました。また、サンフランシスコ発の便では代替燃料を使用する計画を発表したのです。さら

図表6-1 ジェットブルーの取り組み

組織①

社内対話を通してニーズを把握、小さな成功の積み重ねを通じて社内合意を取り付け、ESG/SDGs経営の大規模な取り組みにつなげた。

変革の背景	内容と成果
・収益性改善の必要性 ── 利益率1桁台であった収益改善に向けた投資家の圧力 ・顧客トレンド変化を察知 ── 環境負荷が大きいエアライン業界への消費者の関心が向上し、環境対応に向けた問い合わせが増加 ── 他社との差別化のための顧客満足度の維持・向上の必要性	・サステナビリティ部門設立(2011)と中間管理職との対話 ・社内の課題/ニーズとサステナビリティを結びつけ ── 空港でのゴミリサイクル ── 使い捨てヘッドセット削減イニシアチブ ── 有害廃棄物リサイクル ── 資源効率化プログラム ・小規模なプロジェクト成功の後に、プロジェクト規模を拡大 ── 最大のコスト要因である再生可能なジェット燃料開発と長期調達に成功。安定的な価格で供給 ── 地上で電気自動車の導入により25年までに40%電動化 ・国際的枠組みに積極的に参加 ── SASBに沿ったサステナビリティレポートを発行 ── 国際航空用カーボンオフセット・削減スキームに尽力

に、コーポレート・ベンチャー・キャピタルファンド（CVC）であるジェットブルー・テクノロジー・ベンチャーズを通じて水素物流や航空機向け水素燃料電池を開発するユニバーサル・ハイドロジェンへの投資、またBNPパリバとの間で自社のESG目標とリンクさせたサステナビリティ・リンク・ローンを締結するなど、中長期的な視点でESG/SDGs経営への取り組みを事業機会として活用する動きをさらに加速させています。

	意味合い		
大原則	外に目を向けてトレンド変化を察知しよう	まずは社内に耳を傾け、社内課題/ニーズとリンクさせよう	小さな成功と信頼を積み重ね、大きく展開しよう
実行のポイント	・IR活動などを通し、顧客からのサステナビリティに関する情報開示ニーズに敏感に対応	・中間管理職との対話から、サステナビリティに関するオペレーションニーズを引き出す	・社内の小規模プロジェクトをまずは積み重ねて社内でのリーダーシップを獲得 ・大型プロジェクト実施や、国際的な枠組みに参加を検討

（出所）著者作成

日本企業へのヒント
──「環境対応」と「経営課題」の解決策のリンクがカギ

　ジェットブルーの取り組みから日本企業が得られる示唆としては、第一に再生可能ジェット燃料の活用をはじめとしたサステナビリティへの取り組みを、現場の課題解決とリンクさせたことでしょう。ジェット燃料の価格変動リスクを、知恵を絞りつつ再生可能ジェット燃料のコスト削減、安定供給を実現させることで低減し、環境対応と経営課題解決を見事にリンクさせています。そのうえでも、社内のサステナビリティへの取り組みを実現するうえ

で、社内のミドルマネジメントからボトムアップで課題ニーズを引き出すことをまず重視したメンデルソーン氏の取り組みは賢明であったといえるでしょう。

　また小さな成功を積み重ね、現場の課題解決とサステナビリティへの対応をリンクさせ社内の信頼を勝ち取った上で、取り組み規模を拡大させていったそのプロセスにも、組織全体にサステナビリティへの活動への理解を浸透させる上での１つの手法として、参考になる部分は多くあります。航空業界にとどまらず、常に革新的な手法でESG/SDGs経営に突き進むジェットブルーは今後も要注目です。

6.2　グーグル 自社の環境インパクトの大きさを考慮し再生可能エネルギーを調達

　グーグルの起源は、1995年に当時スタンフォードの博士課程に在籍していたラリー・ペイジ氏とセルゲイ・ブリン氏がグーグルのプロトタイプとなった"BackRub"と呼ばれる検索エンジンソフトを制作したことに遡ります。

　この検索エンジンは、氾濫するウェブページごとの重要性を順位づける目的で当初使われていました。1998年、グーグルはGoogle.Incとしてカリフォルニア州に法人登録を行うと、２年後の2000年には10億ページのインデックスを持つ世界最大の検索エンジンに早くも成長しました。

　外部からノベルのCEOであったエリック・シュミット氏を会長に招へいし、2004年にはIPOを果たしたあとは、調達した資金を元手に、数々の新興インターネット企業の買収を進めました。

　2005年には、モバイル（携帯電話）向けのOSベンダーであるAndroid、2006年にはビデオコンテンツ拡充のためにYouTube、そして2007年にはディスプレイ広告参入のため広告会社ダブルクリックを買収しています。

　こうしたM&Aを進めていくことによって、グーグルは事業規模・事業領

域をともに急速に拡大させ、通称GAFAMと呼ばれるアメリカを代表するIT企業群の一角を占めるようになりました。2015年にAlphabet.Incとして持ち株会社化された後も、グーグルは主力である広告事業とクラウドサービスを中心に成長を続けています。

「Founder's Letter」で世界的な環境問題に対する懸念を発表

　2007年までに急激な事業拡大を遂げたグーグルが初めに認識した環境課題が、インターネット事業に利用するサーバーの電力使用量の急激な増加、およびそれに伴う温室効果ガス排出量の増加でした。2007年の「Founder's Letter」では、セルゲイ・ブリン氏とラリー・ペイジ氏が共同で、次のような言葉で世界的な環境問題に対する懸念を示しはじめています。

　「私たちは環境災害によって地球を終わらせたくありません。私たちは皆同じ宇宙船地球にいて、有害な排出物削減に精力的に取り組む必要があります」

　2007年当時、グーグルはウェブ検索サービスの全米シェアが半分以上を占め、さらなる海外展開も進めていましたが、同社のサーバーが全世界で消費する電力量は年間推定500GWhであり、これは日本の17万世帯が1年に用いる電力量とほぼ同量となっていました。

　さらに、2011年に公表した温室効果ガスの排出量は約150万トンに上りました。膨大な電力使用と温室効果ガス排出に対応するため、よりサステナブルなエネルギー調達体制を構築することが、創業10年の会社に早くも重い課題として突き付けられたのです。

　その解決方法としてグーグルはまず、世界各地でデータセンターを擁する地域での再生可能エネルギー購入をスタートします。使用した電力量と同量

の再生可能エネルギー購入を目指し、当時はまだ未整備だった再生可能エネルギーの長期購入契約を締結、率先して再生可能エネルギーの取引市場の整備にも注力します。

　また、2007年には事業のカーボンニュートラル化をコミットしました。具体的には、

①　機械学習などを活用したデータセンターの効率最大化によるエネルギー消費量削減
②　ソーラーパネルをはじめとした再生可能エネルギー源への投資と活用
③　カーボン・オフセットの購入（動物の排泄物からのメタンガスの回収・農業用メタンの回収等によるオフセット）

の３つの取り組みをベースに取り組み、早くも2007年中にカーボンニュートラルを達成しました。

ステークホルダーの協力で事業活動に用いる「100％再生可能エネルギー化」を実現

　2007年にカーボンニュートラルを達成した後も、グーグルはさらなる事業・サービスの拡大により、その電力使用量は右肩上がりに増加していきました。

　全世界のユーザーによるグーグルを用いた検索回数は年間数兆回におよび、またYouTubeに毎分400時間のビデオがアップロードされた結果、2012年には同社の総電力使用量は3,547GWh/年となり、2007年の約７倍もの膨大な量になっていました。さらなる電力消費およびそれにともなう二酸化炭素排出量の増大に対応するために、グーグルは事業に用いるエネルギーをすべて再生可能エネルギーで賄う計画を立てました。

　具体的な取り組みとしては、再生可能エネルギー購入事業者とPPA（電力

購入契約）を結ぶことでした。その際、取引市場が未整備であった地域では、行政に対する働きかけを行って購入契約を推進します。たとえば、当時民間企業が直接再生可能エネルギーを購入できる法的枠組みがなかった台湾では、グーグルが台湾のデータセンターで再生可能エネルギー発電事業者から電力を購入できるように働きかけを行った結果、2017年に立法府が関連法規を改正し、すべての消費者が再生可能エネルギーを直接購入できるよう市場整備が行われました。

このような取り組みの結果として、2019年末時点で4万GWhものPPAを発電事業者と結び、2017年から2020年まで、事業活動における年間電力消費量の100％を再生可能エネルギーで賄うことに成功しました。これは2013年から2018年の5年間だけでも年間電力消費量が3倍に伸びた同社にとっては、偉業ともいえるでしょう。

2019年、再生可能エネルギー購入のプラットフォームづくりに着手

2017年に事業活動にともなうエネルギー消費の100％を再生可能エネルギーで賄う挑戦的な目標に成功したグーグルが次に目指したことは、外部の事業者・行政を巻き込んだ再生可能エネルギー購入のためのプラットフォーム・アライアンスづくりでした。再生可能エネルギー導入推進を行うにあたり、自社だけでは限界があったためです。

2019年、グーグルが中心メンバーとなり再生可能エネルギーの購入者アライアンスである "REBA"（Renewable Energy Buyers Alliance ※現 Clean Energy Buyers Association〈通称CEBA〉）が発足しました。これは当時非効率的だった再生可能エネルギー調達の枠組みを共同で整備することで、再生可能エネルギーの世界的な導入を促進することを目的としていました。CEBAのCEOであるミランダ・ヴァレンティノ氏は、2019年のプレスリリースにて以下のように述べています。

図表6-2　グーグルの取り組み

組織②
グローバル視点でステークホルダー全体が便益を得る仕掛け作りを行い、高い
ESG/SDGs経営目標を掲げ取り組みを推進させた

変革の背景

- 急速な事業規模・事業領域拡大による電力消費への対応
  - インターネット領域で世界最大のプラットフォーマーとして急激に成長
  - サーバーが消費する電力量は2007年当時、推定500GWh/年(日本の17万世帯が年間に用いる電力量に相当)

内容と成果

- 時代に先んじた目標設定
  - カーボンニュートラル計画開始(2007)
  - 事業電力をすべて再生可能エネルギーとする計画を発表(2012)

- 高い実行力で信頼構築
  - 上記計画をともに達成

- 再生可能エネルギー市場自体の拡大を狙うため、積極的に政府を巻き込み
  - UN Environmentと連携、環境データプラットフォームを構築
  - 台湾のデータセンターに対して、特定のエネルギー購入が可能となるよう許可を得る

- 賛同する仲間を自ら集める
  - 再生可能エネルギーの購入者アライアンスREBA※を発足
  - さまざまな民間・公的主体との連携によって、再生可能エネルギーの取引環境を構築

- 2030年に24時間365日のカーボンフリー化というさらに挑戦的な目標を設定

※Renewable Energy Buyers Allianceには300社以上が加盟する

「これまで、再生可能エネルギーの未来に関して、単一の市場と、それに焦点を当てたミッション主導のビジョンを持つ、あらゆる業界の多様な組織グループとのつながりが形成されたことはありませんでした[1]」

　REBAの具体的な取り組みとしては、再生可能エネルギー需要者からの要望を取りまとめ、電力事業者側に伝える"バイヤーズ・プリンシプルズ"、

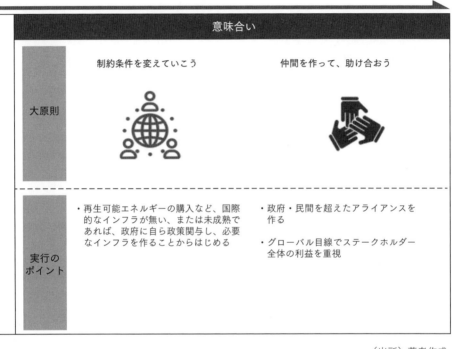

	意味合い	
大原則	制約条件を変えていこう	仲間を作って、助け合おう
実行の ポイント	・再生可能エネルギーの購入など、国際的なインフラが無い、または未成熟であれば、政府に自ら政策関与し、必要なインフラを作ることからはじめる	・政府・民間を超えたアライアンスを作る ・グローバル目線でステークホルダー全体の利益を重視

（出所）著者作成

電力の小売が規制されている自治体において、その自治体に働きかけを行い、再生可能エネルギー発電事業者とPPAを結ぶ"グリーン・タリフ"、また電力使用量が特に多いテナントビルの所有者に対し、再生可能エネルギーの調達をサポートする取り組みである"FoREP"などがあります。

24時間365日「カーボンフリーの事業運営」を目指すと宣言

　外部を巻き込んだプラットフォーム・アライアンスづくりに着手したグーグルは、2030年までに同社のオフィスやデータセンターにおいて、24時間365日の100%カーボンフリー化という新たな目標を掲げました。カーボンフリーとはカーボンニュートラルとは異なり、二酸化炭素の排出量を文字どおりゼロにする取り組みです。この取り組みに関して、CEOのサンダー・ピチャイ氏は2020年9月の同社ブログにて次のように発言しています。

「科学的に明らかなことは、気候変動の最悪の結果を回避するために、世界は今すぐ行動しなければならないということです[2]」

　具体的な取り組みとしては、

①　地域ごとの再生可能エネルギーの調達網の形成
②　温室効果ガス排出を削減する技術アプローチ（AI・機械学習を活用した電力需要予測によるエネルギー使用量の効率化・削減等）の追求
③　再生可能エネルギー以外のエネルギーオプションの模索
④　政府と協力した再生可能エネルギー政策の促進

を4つの基本的なアクションとして策定しています。この取り組みにより、現時点までで同社の全データセンターのうち67%が24時間365日のカーボンフリー化を達成しています。

日本企業へのヒント
──グローバル企業におけるリーダーシップのあり方

　ダイバーシティや人種間の採用・報酬格差など、ESG/SDGs経営における環境以外の項目では課題も指摘されるグーグルですが、早くから自社事業

の環境インパクトの大きさを認識していました。政府をはじめとしたステークホルダーを巻き込みながら、再生可能エネルギー調達の仕組みを整備してきた同社の取り組みには、グローバルな民間企業のESG/SDGs経営活動におけるリーダーシップのあり方（再生可能エネルギー調達における制約条件の改変等）として参考になる点が多くあります。

　また、同社の持ち株会社であるAlphabetの傘下にあるX（旧グーグルX）では別途新規事業への取り組みとして、機械学習をはじめとした同社の幅広い技術蓄積を活用しながら、地熱発電、革新的なエネルギー貯蔵、ドローンを使った農業監視、センサーを活用した最適な養殖システムの開発など、さまざまな社会課題の解決に取り組んでいます。再生可能エネルギー調達やカーボンニュートラル、カーボンフリー化へのグーグルの道筋を見ても、単に自社が取り組み可能な範囲にとどまるのではなく、自ら高い目標を設定し、その実現のために制約条件を取り払いながら、自社が保有する技術を棚卸することで、今一度独自のソリューションを見つける重要さをこの事例は教えてくれます。

6.3　シーメンス　事業ポートフォリオの再構築による企業変革に成功

　シーメンスは、長距離電信線を開発する企業として、1847年に設立されたドイツを代表する総合エンジニアリング企業です。1866年にはダイナモ、1879年には電気鉄道を開発するなど、電気工学、通信、電力技術の分野でイノベーションをリードし、その後、半導体、通信、発電、家電、医療機器事業など幅広い事業を展開するコングロマリット企業に発展しました。

　現在では顧客の製造プロセスや送配電網などのデジタル化、産業用データアナリティクスなど、B2Bでのデジタルサービスにも注力しています。同社も中長期のメガトレンド分析から環境ビジネスの可能性を見出し、サステ

ナビリティをテーマに収益機会を積極的に追求してきた先駆的な企業です。

その取り組みをリードしたのは、2008年に同社史上初めて女性で経営委員会メンバーに就任し、チーフ・サステナビリティ・オフィサーに就任したバーバラ・クックス氏です。クックス氏の下で同社がESG/SDGs経営に舵を切った背景には、2006年から2008年にかけて同社に激震が走った汚職スキャンダルの存在がありました。

ESG/SDGs経営に大きく舵を切るきっかけとなった
大規模な汚職スキャンダル

汚職スキャンダルとは、1990年代半ば以降、同社がアジア、アフリカ、ヨーロッパ、中東、ラテンアメリカの政府高官に14億ドルの賄賂を支払ったとして告発された事件です。その結果同社は、ドイツとアメリカで16億ドルの罰金を支払い、そのほかの調査費用を含めると26億ドル以上の対応コストが発生した大規模なスキャンダルとなりました。

これをきっかけに同社会長のハインリッヒ・フォン・ピエラー氏とCEOのクラウス・クラインフェルド氏が退任します。2007年に同社史上初めて外部からCEOとして採用された製薬大手企業のメルク出身のピーター・レッシャー氏は同社役員の多くを交代させ、大規模な経営改革に着手しました。

そのタイミングでフィリップスからスカウトされたのがクックス氏です。レッシャー氏は前任者であるクラインフェルド氏が2005年にリードしたメガトレンド分析（都市化、人口動態の変化、地球温暖化）に基づき、エネルギー・産業・ヘルスケアおよびインフラ・都市部門（2011年設立）の4部門に再編します。そのなかで特に「グリーン・イノベーション」に関連するビジネスポートフォリオを抽出した環境関連のビジネスを統括するポジションに招かれたのが彼女でした。

クックス氏はINSEADでMBA取得後マッキンゼーを皮切りに、ABB、

ネスレ、フォードの経営幹部を経て、シーメンス入社前のフィリップスでは
SCMとサステナビリティ関連事業を統括していた人物です。レッシャー氏
は、クックス氏によるフィリップスでのグリーン製品拡大実績（省エネライ
トの売上増など）に白羽の矢を立てたのです。

シーメンス・サステナビリティ・プログラムの３つの柱とは

　就任早々サプライチェーンの再構築によるコスト削減で実績をあげたクック
ス氏は、少人数で構成されるサステナビリティ・オフィスを設置し、３つ
の柱からなるシーメンス・サステナビリティ・プログラムを立ち上げます。
１つ目の柱が、「ビジネス・オポチュニティ」と呼ばれる、先に述べたレッ
シャー氏が特定した環境関連のビジネスポートフォリオを拡大する役目で
す。レッシャー氏は2007年度にシーメンスの環境ポートフォリオ（再生エ
ネルギー活用、エネルギー使用効率化、水質浄化をはじめとした環境保護ソリュ
ーションなど）が、すでに全体のほぼ４分の１の170億ユーロの収益を上げ
ており、シーメンスの顧客に１億1,400万トンの二酸化炭素削減をもたらし
ていると分析していました。

　この機能を好機と見たレッシャー氏は、サステナビリティを組織全体の戦
略的ミッションの一部として位置づけ、バリューチェーン全体で気候変動対
策に取り組むことを決意します。

　具体的には、エネルギー効率化プログラム（コンバインドサイクル発電所や
高電圧直流送電、ビルのオートメーション等）・再生エネルギープログラム（洋
上風力発電や太陽光発電、バイオマス電力の生産）・環境技術プログラム（水処
理の技術や大気汚染防止システム、電気自動車用充電スタンド等の開発）で構成
され、もともと社内にあったケイパビリティを、サステナビリティを軸に再
編成しました。この重要な取り組みをレッシャー氏は、クックス氏に託した
のです。

　CEO（当時）のピーター・レッシャー氏は、この取り組みについて、

図表6-3　シーメンスの取り組み

組織③
メガトレンド予測から社内ビジネスを再評価し、社内で事例を成功させた後、外部ステークホルダーの力も借りながら環境ソリューションを事業の柱に昇華させた

変革の背景

- 大規模な汚職スキャンダルの発覚

- 新体制の始動
  - 歴史上初の外部人材をCEOに任命
  - 新たなポジションとしてCSO、コンプライアンス担当を含む役員体制と人事・SCM（サプライチェーンマネジメント）等の責任者を設置

内容と成果

- メガトレンドに応じた事業部門の再構成
  - ヘルスケア・産業・エネルギーの3分野に分割。のちに都市&インフラを追加

- 社内サステナビリティ委員会の設置、事業再評価
  - 環境ポートフォリオの追加
  - 製造施設のエネルギー効率化プログラムを社内実証

- 社外・サプライヤーの巻き込み
  - SCMイニシアチブをサプライチェーン全体で実施
  - 世界の学術・産業界の専門家によるアドバイザリー・ボード設置、経営陣自らが社外の研究会にメンバーとして参加

- 環境ポートフォリオが収益の柱に成長　（2014年に330億ユーロに到達）

- カーボンニュートラルプログラムによる脱炭素インパクトの数値化（2015年発表・2030年目標）

2008年の同社アニュアルレポートにて次のように述べています。

「今日、シーメンスの環境ポートフォリオは、グローバルプレイヤーとして、持続可能な開発へのコミットメントをいかに尊重しているかを示すものです。シーメンスの再生可能エネルギー技術、極めてエネルギー効率の高い製品とソリューション、そして環境技術は、3つの面で利益を生み出しています。

意味合い		
大原則	外に目を向けてトレンド変化を察知しよう 	ポートフォリオを見直そう 	まず隗よりはじめよ―社内事例を社外展開へ
実行のポイント	・メガトレンド分析（都市化、人口動態の変化、地球温暖化）から、将来のサステナビリティのトレンドを導出	・サステナビリティに関連する環境ビジネスポートフォリオを抽出 ・事業性を可視化	・自らのアセット・事業領域で実践し、そこで得られた知見を外部展開 ・アドバイザリーボードの設置（アカデミア・産業界から）により社外の知見も積極的に活用

（出所）著者作成

　1つ目は、エネルギーコスト削減と生産性向上によって成功を収めているお客様のためです。

　2つ目は、環境にやさしい電力や環境保護を支援し、将来世代の生活の質を高めることで、私たちが所属する社会のためです。

　3つ目は、魅力的な市場で収益性の高い成長を目指している当社のためです。これらは、現代のもっとも困難な問題に対する答えを提供しながら、株主と顧客のために永続的な価値を創造するほんの一部の方法にすぎません」

2つ目の柱が「ウォーク・ザ・トーク（「有言実行」）」と呼ばれる取り組みで、自社および関係するバリューチェーン全体で、サプライヤーとも協力しながら製造施設のエネルギー効率化を実践し、二酸化炭素削減にチャレンジすることをコミットしました。「まず隗よりはじめよ」ということで、先に述べた環境関連のビジネスポートフォリオで自ら事例を作りにいったのです。

　3つ目の柱は、ステークホルダー・エンゲージメントです。代表事例としてはシーメンスがサステナビリティに関するアカデミア、産業界など世界中から招聘した8名の専門家からなる「シーメンス・サステナビリティ・アドバイザリー・ボード」があります。

　年に2回CEOをはじめとするトップ経営陣を巻き込みながら、外部の客観的な視点を含めシーメンスのサステナビリティ活動のガイドラインを定めるために設立されました。またクックス氏自身も、開発経済学で知られるコロンビア大学ジェフリー・サックス教授が主催する持続可能な開発ソリューション・ネットワーク（SDSN）のビジネス・メンバーとして参加し、経営陣自ら自社のサステナビリティの取り組みを外部の活動と融合させる役割を負ったのです。

　サステナビリティ関連のビジネス機会の定義、自社内外での事例の開発、外部のステークホルダーの巻き込みを通じて、自社の事業領域にとどまらない形で収益をあげつつも、サステナビリティ関連への活動にコミットしたのです。

2030年までにカーボンニュートラル実現を目指す

　シーメンスはその後もサステナビリティの取り組みを強化し、2015年には自社事業のカーボンニュートラル化に着手します。エネルギー効率化や分散型エネルギーシステム（風力タービン、小型ガスタービン、ソーラーパネル、エネルギー管理システム、エネルギー貯蔵ソリューションを組み合わせた分散型

エネルギーシステム）の活用、再生可能エネルギー（風力発電所などの再生可能エネルギーによる購入電力）の活用などにより、2020年までにシーメンス自身の事業からのグローバルなカーボンフットプリントを半減させ、2030年までにカーボンニュートラルになることを目標にしました。

　その結果、2020年9月には2014年に比べてシーメンス全体の54％の二酸化炭素排出量削減に成功します。年間10.5百万トンを削減、自社の事業所の電力消費量の70％を自然エネルギーで賄うまでになりました。先に述べた「ウォーク・ザ・トーク」の実践です。

　また、2020年には石炭火力発電の建設事業を保有するシーメンス・エナジーを分離上場させ、新規の石炭火力発電建設プロジェクトへの参画を停止させつつ、風力発電をはじめとした系列再生可能エネルギー企業であるシーメンス・ガメサ・リニューアブル・エネジーの株式を持たせることで、環境団体からも批判の強いエネルギー事業の脱炭素化も着実に進めています。2008年の汚職スキャンダルから10年以上にわたり、着実にESG/SDGsの取り組みを進め、実績を積み重ねてきた同社の今後には要注目です。

日本企業へのヒント
——ポートフォリオの見直しが課題解決の糸口に

　日本企業にとってシーメンスのケーススタディから得られる最大の示唆は、2000年代後半の時点で、中長期のメガトレンド分析からサステナビリティがビジネスチャンスになることを見出したことです。また、自社の事業ポートフォリオを見直すことで、既存事業のなかからサステナビリティを実現する道筋を自ら発見したことでしょう。また、サステナビリティを実現するうえで、自社の事例作りからスタートし、外部に展開するにあたり課題抽出や収益化への道筋を付けたうえで、自社のサステナビリティも同時達成していることは、事業効率の良さという意味でも特筆に値するでしょう。

　社内外のステークホルダーを巻き込みながら、収益化を達成しつつも、独

りよがりにならずに、大きくサステナビリティを実現しようとするシーメンスの姿勢から学ぶべき点は多くあります。

6.4　オーステッド 化石燃料から再生可能エネルギーへ。ビジネスモデルの根本的な転換を実現

　オーステッドは、1972年にデンマーク政府が、国営企業 Dansk Naturgas A/S（のちにDONGに変更）として設立した総合エネルギー企業に端を発します。当初の設立目的は、発足直後に石油危機が起きたこともあり、石油への依存度を下げ、代わりにガスエネルギーの取引供給を円滑にし、デンマークのエネルギー自給を実現させることでした。

　ガスの取引と輸入からスタートしたDONGはその後、デンマーク国内の配電事業にも参入し、化石燃料（石油・石炭・ガス）などを主たるエネルギー源として事業を拡大しました。

　2005～06年には、石炭火力発電のさらなる拡大を図るため、電力会社6社（DONG、Elsam、Energy E 2、Nesa、Kobenhavns Energy、Frederiksberg Forsyning）の合弁によってDong Energy（以下Dong）が誕生。石油・ガスの探鉱事業から電力・ガスの流通に至るまで、バリューチェーンの上下流をおさえる総合エネルギー企業へと成長しました。

　総合エネルギー企業として順調に成長を遂げていた同社でしたが、あるきっかけを境に、現在の同社のビジョンである洋上・沖合風力発電をベースにした再生可能エネルギーの「グリーン・スーパーメジャー」へ一気にシフト転換を迫られる事件が起こります。

事業転換のきっかけとなった石炭火力発電所建設計画の失敗

　その事件とは、同社がドイツ北東部で2006年に政府機関に申請した石炭火力発電所の建設計画が、3年間におよぶ地元住民や自治体からの反対運

動、そしてEU域内の二酸化炭素排出権取引制度の導入により断念を余儀なくされたことにあります。そもそも、ノルウェーやスウェーデンからの安価な水力発電との競争激化や、2008年の金融危機によるエネルギー需要の低下により事業環境が悪化していたところに、年間690万トンの二酸化炭素排出試算が出たことに対して、地元民の反対運動が激化します。加えて、地元政府の許可手続きが難航し、結果として計画中止に追い込まれる事態となったのです。

　この事件が、Dongに化石燃料をベースにしたエネルギー供給の潮目が変わってきていることを察知させる契機となりました。Dongの副CEOであるマーティン・ヌーベール氏は、2020年に行われたマッキンゼーによるインタビューで、以下のようなコメントを残しています。

　「私たちは、メクレンブルク・フォアポンメルン州の海岸線に石炭火力発電所を建設するアイデアに対し、地元の強い反対運動を経験しました。これは、世界が別の方向に動きはじめたことを示す最初の明確な兆候であり、私たちはこのプロジェクトを実現するための持続可能な方法はないと結論づけました[3]」

EUの二酸化炭素排出権取引制度による大量の排出権購入義務が発生

　さらに、2005年からはじまったEUの二酸化炭素排出権取引制度（EUの気候変動対策で、温室効果ガスの排出量をコスト効率よく削減するため、発電所や石油精製施設など二酸化炭素排出量が多い施設に対し、排出量の上限を持たせ、超過分については課徴金を支払わせる制度）により、提供電力の85％を化石燃料で生産していたDongは、大量の排出権を購入するよう迫られます。

　また、2009年に第1回が開催された国連気候変動サミットでは、Dongがデンマーク国内の二酸化炭素排出量の3分の1を排出していることが明らかになりました。これらの事態を受け、化石燃料をベースとした主力事業の将

図表6-4　オーステッドの取り組み

ビジネスモデル①
将来の事業環境変化を機敏に察知し、電源構成の変化を通じ再生可能エネルギーをベースにしたビジネスモデルに再構築した

変革の背景

- 主力事業であった石炭・ガス事業環境の悪化
  —— 北欧での競争激化
  —— 収益性低下

- 国内の二酸化炭素排出量の３分の１を自社が排出するなど「ダーティー・エネルギー」からの脱却の必要性

- 新規石炭火力発電所建設（ドイツ）への地元からの反対運動

内容と成果

- 事業環境の変化を早期に察知し対応
  —— 再生可能エネルギーにも注力を開始
  —— 洋上風力発電所を開発（2006）

- 洋上風力発電を主軸とし、クリーンエネルギーへの転換を計画（2009年）
  —— 洋上風力発電事業の開発を中心とした新戦略85/15を発表（再生可能エネルギーの使用量を85%に）

- 積極的な海外進出
  —— アメリカ・イギリス・ドイツ・アジアに進出
  —— 欧米では買収を継続、アジアでは合弁がメイン

- ガスの需要が想定より早く減少、多額の負債を抱えたが、事業統合し、コスト削減を実現

- オーステッドに社名変更し、石油・ガス事業から撤退、クリーンエネルギー企業へ転換

来の限界を感じ取ったDongは、主力エネルギー源を化石燃料から洋上風力を中心としたクリーンエネルギーへ大きく転換することを決意したのです。

新戦略にもとづく事業構造変革でクリーンエネルギー事業へ見事に転換

　Dongの最初の取り組みとして、2009年にエネルギー供給における化石燃料の依存度を下げつつ、徐々にクリーンエネルギーにシフトする新戦略（85/15戦略）を発表しました。

意味合い		
大原則	外に目を向けて、トレンド変化を察知しよう 	ポートフォリオを見直そう
実行のポイント	・地元の石炭火力発電所建設反対運動をはじめとした、脱炭素への情勢変化を敏感に察知	・サステナビリティにつながる事業に随時事業構造を転換 ・積極的な海外展開もいとわず、国内外の急激な事業環境変化に結果的に対応

（出所）著者作成

　掲げた目標として、2020年までに1KWhあたりの二酸化炭素排出量を2006年対比で50％削減、2040年までに化石燃料の使用量を85％から15％に削減、自然エネルギーの使用量を15％から85％へ拡大することを決定しました。

　この新戦略を推進するために、石炭火力発電所の新規開発を中止し、既存の発電所ではバイオマス燃料への転換も推進、さらに洋上風力発電事業のグローバル展開を中心に置いたのです。早くからデンマークとイギリスで洋上風力発電事業を展開し、先行して同事業の設計、建設、運用ノウハウを蓄積

していたとはいえ、現在ほど再生可能エネルギーが注目されていなかった2009年に事業ポートフォリオの変更に大きく舵を切ったことは慧眼だったといえるでしょう。

バイオマスや洋上風力発電では政府の補助金や長期固定価格の恩恵により事業拡大する一方、アメリカにおけるシェールガス生産拡大による業績悪化にともない、Dongは非中核資産の売却・再編を加速させました。石油・ガス探鉱事業を再構築しつつ、洋上風力発電や石炭・ガス火力発電のバイオマス化に経営資源を傾注したのです。

また2016年の株式上場（IPO）にともない、Dongはイギリスの化学グループであるINEOSに石油・ガス生産事業を売却し、同時点でEBITDAのほとんどが洋上風力発電からもたらされる、純粋なクリーンエネルギー企業への転換が完了しました。

2017年にはこのクリーンエネルギー事業を中心とした事業変革を記念し、1820年に電磁気を発見したデンマークの物理学者ハンス・クリスティアン・オーステッド氏にちなみ、社名をオーステッドに変更しました。

時価総額５兆円を超える世界最大級の再生可能エネルギー企業へ

オーステッドは現在、従業員6,000名以上、時価総額は５兆円を超える（2021年９月現在）世界最大級の再生可能エネルギー企業となっています。

前CEOであるヘンリック・ポールセン氏はBPやロイヤルダッチシェルなどに対抗する初の「グリーン・スーパーメジャー」になることを目指し、事業領域を洋上風力発電だけでなく、太陽光発電、エネルギー貯蔵、陸上風力発電にも拡大しました。

また同社は2030年までに再生可能エネルギープロジェクトの規模を従来の30GWから50GWにする目標を持っています。50.1％の株式を保有しているデンマーク政府との関係も生かし、欧州全域の他に日本、台湾、韓国などアジア太平洋地域での洋上風力発電事業における協業を強化しています。

　ESG投資の拡大に伴い、2021年1月には株価も史上最高値を更新しました。電力会社からの再生可能エネルギー需要増に伴い、オーステッドは欧州のサステナビリティ・ファンドが保有するトップ企業の1つにまで躍り出ることとなりました。

日本企業へのヒント──10年をかけてサステナビリティを軸にした事業構造転換に成功

　オーステッドは、脱炭素や化石燃料依存からの脱却をはじめとしたサステナビリティへの経営資源投入が求められるタイミングを早期に感じ取りました。結果、政策支援や金融危機をはじめとしたマクロ経済環境の変化、石油・ガス市場の構造変化など追い風もあったとはいえ、10年をかけてサステナビリティを軸に事業構造転換を成功させ、あわせて収益化も成功させた稀有な事例といえます。

　地形的特性から再生可能エネルギー事業をメインとすることは日本国内では容易ではないものの、このように自社の事業展開上の困難（ドイツでの石炭火力発電プロジェクトの断念）や国連での議論（第1回気候変動サミット）からクリーンエネルギーを軸とした事業変革の必要性、機会を早々にかぎ取り、構造変革を成し遂げたオーステッドの経営陣から日本企業は多くを学ぶことができます。ESG/SDGs経営のテーマにとどまらず、今後日本企業が世界に先んじて事業機会を発見するうえで、日々発生する事業環境変化から長期的な経営戦略上の示唆を抽出する訓練の必要性を痛感させます。

6.5　ネスレ CSV「共通価値の創造」を目指して事業構築と公共善を両立

　ネスレは、1867年にドイツ人薬剤師のアンリ・ネスレ氏によって育児用粉ミルク製造の会社として設立された企業です。創業当初から、母乳育児が

できない乳児への栄養補給を目的としており、社会課題解決を目的としていました。

　その後1905年に競合していたアングロ・スイス・コンデンス・ミルク・カンパニーと合併し、買収や商品多角化、グローバル化を通じて、毎日10億人以上が商品を購入、従業員30万人以上を有する世界最大の食品・飲料事業会社へと成長しました。順調にグローバル食品企業として成長したネスレでしたが、1990年代後半、とある内部昇進幹部のCEO就任を機に転機が訪れます。

食品・飲料会社からNHW企業への見事な転換を果たす

　そのCEOとは、1997年から2008年までCEOを務めたピーター・ブラベック＝レトマテ氏です。ブラベック氏は、より健康的な食品を求める消費者のニーズに対応し、ネスレを食品・飲料提供会社からNHW（Nutrition, Health and Wellness）企業、すなわち栄養と健康とウェルネスを提供するリーダー企業へと方向転換することを決意し、2000年にNHWのコンセプトを取締役会で提案しました。ブラベック氏は、提案の背景を以下のように語っています。

　「200年の間、カロリーの量と寿命の伸びは比例しており、食品加工が工業化されたことで、人々はより多くのカロリーを摂取できるようになり、衛生状態の改善も相まって、ヨーロッパの平均寿命は19世紀から20世紀にかけ倍にのびました。ところが1990年代に根本的なパラダイムシフトが起きました。

　それはカロリー摂取量を増やし続けると寿命が短くなるというものでした。カロリー量よりも質が重要であることが理解されていなかったのです。その一方で、世界の人口の半分はいまだに栄養失調です。ゆえに古いパラダイムを完全に捨てさることもできず、両方を同時に踏襲しなければならない

のです[4]」（著者訳）

　取締役会から3年後の2003年、ネスレはNHWビジョンを発表します。そのビジョンとは、売上高の70％をカバーする中核的な食品・飲料ポートフォリオ（ペットケア、乳児用食品、ヘルスサイエンス、スキンケアを除く）を対象に、各商品カテゴリーでもっとも健康的で、おいしい製品を提供することでした。

　具体的には、独自の製品開発プログラムによって開発された商品を、目隠しをしたブラインドの味覚テストにおいて60％以上の消費者から他社製品よりも「美味しい」と評価を受けた製品（通称「60/40」プログラムと呼ばれる）にさらに栄養基準を加え、塩分、脂肪分、糖分を減らし、栄養価を高めた製品群を用意したのです。

　結果、2015年までに33,000以上の製品を分析、改良し、そのうち8,041の製品で塩分、脂肪分、糖分、カロリー、人工着色料を減らすに至りました。一方で、栄養不足が課題となっている開発途上国では、当該市場にあわせ栄養強化を実行しました。2015年には同社のNHWの基準を満たした製品は、基準を満たしていない製品に比べて売上の伸びが早く、収益性を大幅に向上させることができたのです（ネスレ調べ）。

　イノベーション・テクノロジー・研究開発のエグゼクティブバイスプレジデントのステファン・カツィカス氏は、このプログラムについて次のように述べています。

「製品の塩分を減らすと、歴史的にマーケットシェアの低下に直結していました。つまり、単に成分を取り除くだけではなく、処方を変える必要があったのです。塩分を製品の表面、つまり、舌に触れる部分だけに留めることができれば、塩分を大幅に減らしても、消費者にアピールできる製品を作ることができます。しかし、そのためには、塩分を吸収しないように他の成分を

図表6-5　ネスレの取り組み

ビジネスモデル②

事業構築を通じた公共善（栄養・水資源・農業）の実践と、事業成長の両立を実現させた。

内容と成果
・ 2007年より、毎年CSV報告書を発行 　── CSVはネスレの企業文化の一部として、全社的な意思決定に反映 　── その後、2008年に「共通価値の創造」ピラミッドを導入 ・ 既存の食品企業ではなく、栄養・健康・ウェルネス産業のリーダーと再定義、事業ポートフォリオを再構築 ・ 一方で、1) 栄養 2) 水資源 3) 農業・地域開発を重点分野として位置づけ

変革の背景
・ ダボス会議でCSRが話題(2005年〜2006年) 　── ダボス会議でCSRが最重要テーマとして議論に上ったことが契機 　── ネスレの中南米における社会貢献に関する活動を調査開始 ・ 調査結果から報告書のタイトルとしてCreating Shared Value(CSV)を使用

・ 廉価な製品をベースにしたPPP (Popularly Positioned Products)戦略を推進、事業的に成功 ・ 2030年に向けた長期目標設定への取り組みを継続 　── コミュニティ、地球に焦点 ・ 外部アナリストや外部メディアによる堅固な評価

分離し、コーティングするための膨大な材料科学の研究が必要なのです[5]」（著者訳）

　積極的な研究開発を通じ、一見相反するマーケットニーズ（消費者の健康改善と味覚向上）に対応することで、公共善の実現と売上および収益率の向上を同時に達成した、ESG/SDGs経営の先駆けの模範事例といえるでしょう。

意味合い		
大原則	攻めのESG/SDGs経営─ サステナビリティと事業戦略を融合 させよう 	守りのESG/SDGs経営─ ステークホルダーを再定義し、お役立ち できることからはじめよう
実行の ポイント	・顧客ニーズの解決/価値創造による 　収益成長をベースとして、サステナ 　ビリティの取り組みをブランド価値 　に転換 ・CSVを概念化したうえで戦略展開	・共通価値の創造に向けて、地球環境 　との共生から逆算し、取り組み可能 　なテーマを考える ・廉価版セグメント参入など、商業的 　な機会にも影響

（出所）著者作成

すべてのステークホルダーのための価値を創造する

　2007年からネスレはCSV報告書の発行をはじめ、翌年の2008年には、「CSV（共通価値の創造）」ピラミッドを導入しました。ネスレの考えるCSVとは、コンプライアンス（法律・経営に関する諸原則、行動規範）のうえにサステナビリティが存在する、そのうえに共通価値の創造が来るというもので、共通価値の創造は、主に①栄養、②水資源、③農業・地域開発の3つを重点領域と置いています。

① 栄養では、滋養に富み、美味しく、購入可能な食品・飲料をすべての所得層の消費者に提供すること

② 水資源では、自社製品の製造に必要な水の確保と、生活インフラが整備されていない地域の住民に清潔な水を確保すること

③ 農業・地域開発では、新興国でサプライヤーと消費者に密着した活動に投資し、市場におけるプレゼンスを確立し、農村地帯のコミュニティの生活水準を引き上げること

をコミットしました。そのうえでネスレは、ビジネス上の利益と社会に対する影響は相互に補強し合うものでなければならない、すべてのステークホルダーのために価値を創造して、はじめてネスレは長期的な成功を収めることができるとし、CSV経営を掲げたのです。

ブラベック氏は、次のように述べています。

「CSVは、私たちが140年前からDNAとして受け継いできたものを概念化したもので、このコンセプトをより厳密に定義することで、私たちは、より意識的になり、より効果的になりました。それまではCSVを会社のビジョンと連動させ、全世界で展開するビジネス戦略として捉えていませんでした[6]」（著者訳）

CSV経営を全面に掲げたネスレは、2015年にかけて主に原料調達のサステナビリティ実現に向け、コーヒーとココア農家、酪農家の支援やパーム油調達のトレーサビリティを透明化することで、CSVの実現を図りました。

2017年には、2020年に向けてスコープをSDGsの実現に拡大し、3つの包括的な長期目標（①5,000万人の子どもに対する栄養支援　②3,000万人のコミュニティ生活向上支援　③ネスレの事業活動における環境負荷削減を目指した活動）とその長期目標に基づく36の具体的なコミットメントを設定したの

です。

　そして2020年には、2050年までに事業活動やサプライチェーンからの二酸化炭素排出量をネットでゼロにする目標を設定したことにともない、5年間で気候変動対策に30億ユーロを投じることを発表しました。再生可能エネルギーの活用や再生農業（土壌を改善し、多様な生態系を回復させ、土壌の炭素吸収を助ける農業）での原料調達に投資することで、2030年までに9,200万トン（2018年実績）の温室効果ガスを半減させることを発表しています。

　結果、ネスレは気候変動への積極的な対応が認められ、イギリスの環境NGOであるCDPから食品・飲料メーカーにおける気候変動対応でダノンに次ぐ第2位にランクされました。

日本企業へのヒント
——ステークホルダーも上手に巻き込む仕組みをつくる

　日本企業にとってネスレの取り組みからの示唆は、社会貢献への取り組みを、本業から独立したCSR活動として行うのではなく、自らのサプライチェーンに関連するステークホルダーを積極的に巻き込んでいくことです。つまり、事業活動そのものが、地球環境の再生や消費者を含む幅広いステークホルダーへの価値創造につながる仕組みを作り上げた点です。

　また、一方で、NHW（Nutrition, Health and Wellness）のコンセプトに見られたように、消費者ニーズとの両立を果たすことで、公共善の実現と売上および利益成長を同時に達成したことも、高く評価されるべきでしょう。

　既存事業を軸にしたESG/SDGs経営の取り組みも重要ですが、あわせてビジネスモデル自体の変革を通じてESG/SDGs経営を推進したケースとして、ネスレの取り組みは大きく参考になります。

6.6　ボッシュ　長期安定株主と共にサステナビリティの取り組みを拡大

　ボッシュは、1886年に精密機器製造の企業として設立され、その後1897年から販売を開始した自動車点火装置にはじまる自動車部品サプライヤーとして成長した会社です。

　創設者のロバート・ボッシュ氏は、創業当初から社会的理念を掲げており、当時の社会問題であった工業化の進展による長時間労働や環境汚染を改善するために、重要な役割を果たすことを自覚していました。

　1964年、ロバート・ボッシュ氏の没後、遺言に基づきロバート・ボッシュ財団が設立されます。財団はボッシュ氏の遺言に応じ、社会的な問題を早期に解決し、模範的な解決策を開発することを目的として、独自のプロジェクトを実施することや、同様に健康・教育・グローバルな問題解決に向かう第三者の支援をすることも目的としていました。

　また、同財団はボッシュの大株主として、配当金を慈善事業に使用していました。創業者の持っていた社会的使命を財団が受け継ぎ、大株主（現在でも90％以上を保有）として残ることで、社会的課題の解決を1つのミッションとする企業が生まれたのです。

いち早く環境問題への取り組みを開始

　ボッシュがはじめて環境問題への対応を開始したのは1970年代に遡ります。1950年代から60年代にかけて、ヨーロッパでは工業化や経済成長により、環境汚染が深刻化しており、1970年代初頭には早くも環境保護や天然資源の保全を主眼とした運動が起こりはじめました。

　西ドイツでも環境問題の深刻化を受け、ヴィリー・ブラント首相のもと政府主導で環境対応プログラムを開始、ドイツの環境政策の中心的な指針として原則およびガイドラインが制定されました。原則には、

①　予防措置の原則
②　汚染者負担の原則
③　協働の原則

の３つが存在します。人間の健康と生存のために必要な環境を保護する旨
や、環境被害によるコストは被害を与えたものが負担するといった内容のガ
イドラインが示されました。

　これを受け、ボッシュでも1973年に早くも環境保護ガイドラインが発行
され、環境汚染を可能な限り低減することが目的とされました。ガイドライ
ンには、廃棄物処理や生産現場の騒音対策、廃水処理、燃料噴射技術の高度
化による有害廃棄ガスの低減、放射線防護などが掲げられました。

　また、同年にオイルショックが起きたことを受け、ボッシュでは、事業部
門である自動車機器テクノロジーの主要な開発目標として3S【Sicher
（Safe）・Sauber（Clean）・Sparsam（Economical）】プログラムを導入しま
す（現在も継続中）。

　これは、自動車の安全性、汚染物質の排出削減、燃焼消費量の削減に取り
組むもので、オイルショックによる景気減退と環境保護の重要性が高まり、
法規制も厳しくなってきたため、排出ガスの削減や経済性の向上、自動車の
乗員や他の道路利用者の安全性向上を目指したのです。

　主要な自動車部品サプライヤーとして、事業環境変化に迅速に対応し、い
ち早く企業の社会的責任を果たすための取り組みを開始したのです。1990
年代に入り、環境に影響を与える自社の企業活動を体系的に管理する環境マ
ネジメントシステム（EMS）を全社的に導入し（1995年）、また自社の環境
保護の取り組みを紹介するレポート（Environmental Report）を発表します。
製品レベル（リサイクル性の向上、有害物質の代替等）および産業レベル（エ
ネルギー効率の向上や廃棄物量の削減等）の取り組み両方に関する透明性を高
めました。

基本理念に合致した国連グローバル・コンパクトへの
参加と取り組み

　環境問題への対応を重視していたボッシュは2000年代に入り、ESG/SDGs経営の観点でさらに活動を拡大させます。2004年、ボッシュは自社の基本理念に合致した国連グローバル・コンパクト（以下UNGC）に参加を表明します。

　国連グローバル・コンパクトとは、第2章でも取り上げていますが、2000年にニューヨークの国連本部で発足しており、各企業が責任ある創造的なリーダーシップを発揮することにより、持続可能な成長を実現するための世界的な枠組み作りを行う自発的な取り組みです。

　ボッシュの基本理念である「責任」「公正」「文化的多様性」「信頼性」「信用性」「合法性」は、国連グローバル・コンパクトが参加企業に実践を求める4つの原則「人権」「労働」「環境」「腐敗防止」と密接に関連していました。基本理念で2015年に制定された「We are Bosch」のもと、UNGCが提唱している4原則に基づき、以下の目標を掲げました。

① 人権：2020年までに1,000件のサプライヤーの監査（社会・環境・労働が主なテーマ）を実施
② 労働：2020年までに女性役員の割合を20％にする
③ 環境：廃棄物および水使用量を漸進的に削減、二酸化炭素の排出量削減（2007年比で2020年までに二酸化炭素排出量を35％削減）
④ 汚職防止：全社員への情報提供と研修の義務化

　それまで自社で活動していたESG/SDGs経営の取り組みをグローバルな活動に適合させた形です。ボッシュはさらに、深刻化する気候変動問題に対応するために、4つの取り組みに加え、自社製品やサービスで自ら積極的に環境問題の解決に動きはじめます。

社会的責任として「New Dimensions-Sustainability 2025」に着手

　2015年にパリで行われた第21回国連気候変動枠組条約締約国会議（通称COP21）で、2020年以降の気候変動問題に関する国際的な枠組み（パリ協定）が決定し、2016年に発効されました。目標としては、世界の平均気温上昇を産業革命以前に比べ、1.5℃以内に抑える努力をすることが掲げられました。

　しかし、当時世界の平均気温の上昇は最大4.8℃に達すると予想されており、気候変動に関する政府間パネル（IPCC）の最新報告書では、2050年までに温室効果ガスの排出量を実質ゼロにする必要があるとされました。ボッシュは、産業活動が世界のエネルギー消費に占める割合が24%であることを重要視し、企業の社会的責任としてパリ協定の目標達成を支援する必要があると考えたのです。

　そこでボッシュは、2018年に「New Dimensions-Sustainability 2025」という取り組みを開始します。その内容は、気候変動、世界的なエネルギー消費の増加、資源不足への新しい解決策を見つけ、持続可能な製品の提供を通じてパリ協定の目標達成に貢献し、また、サステナビリティマネジメントの体制を構築することで、ステークホルダーの信頼を得ることでした。

　そのためにボッシュは、目標設定のために業界全体のベンチマーク調査を実施し、あわせて顧客、サプライヤー、大学、研究機関、政策担当者などのステークホルダーとの対話を行いました。その対話を通じ、双方が関心を持つ分野を選定し、マテリアリティ分析を行ったうえ、定量的な目標を設定し、6つの分野に整理しました。具体的には以下のとおりです。

① Climate：2020年以降、発電量および購入エネルギー量（スコープ1/2）において、気候変動に影響されない企業となり、2030年までにスコープ3の二酸化炭素排出量を15%削減

図表6-6　ボッシュの取り組み

ビジネスモデル③
自社の理念に忠実にしたがい、長期株主との対話の中で、自社の環境への取り組みを他社向けに展開した

変革の背景

- 創業者ロバート・ボッシュ氏の時代から続く企業理念
  ── 尊重・公平・オープン・信頼・責任・将来と収益への志向といった理念の確立
  ── ロバート・ボッシュ財団による長年の社会貢献活動の下地

- 参画する環境関連国際会議を通した課題認識

内容と成果

- 早期から環境問題への危機感を共有
  ── 国連グローバル・コンパクト（UNGC）や国連気候変動枠組条約締約国会議（COP）参加

- ステークホルダーのエンゲージメントを高める
  ── 2015年のパリ協定をきっかけにマテリアリティ分析を実施
  ── 6つの分野（Climate, Energy, Water, Globalization, Health, Urbanization）でKPI設定

- すべての製造拠点に環境管理システムを導入

- New Dimensions-Sustainability 2025 を開始
  ── 2020年ボッシュの全世界の拠点でカーボンニュートラル実現

- 子会社ボッシュ・クライメート・ソリューションズを設立、他社向けにサービス展開

- さらなる取り組みとして、Shell、Volkswagenと共同で、低炭素ガソリン"Blue Gasoline"を開発

---

② Energy：エネルギー消費効率化（2030年までに1.7TWhのエネルギーを節約）および再生可能エネルギーの購入拡大（2030年までに再生可能エネルギーによる発電量を400GWhに増加させ、新規発電所からのグリーン電力の購入を拡大）

③ Water：水不足への対応（2025年までに、水不足の地域にある61カ所の拠点で、水の使用量を25%削減する）および排水の水質向上

④ Globalization：責任（持続可能性の透明性と測定可能性）および人権（バリューチェーンにおける透明性の向上と人権の尊重）

	意味合い		
大原則	外に目を向けて、トレンド変化を察知しよう 	仲間を作って助け合おう 	まず隗より始めよ―社内事例を社外展開へ
実行のポイント	・ 国連グローバル・コンパクトへの参加、パリ協定への対応ほか ・ 自社の企業理念をうまくサステナビリティに結びつける ・ 主要メガトレンドにもとづく自社KPIを設定	・ ステークホルダー対話（顧客、サプライヤー、大学、研究機関、政策担当者など）を通じた、サステナビリティ・マネジメントの体制構築 ・ 業界内での上流・下流構造を超えたアライアンス	・ 最初に自らのアセット事業領域で実践し、そこで得られた知見を外部展開

（出所）著者作成

⑤　Health：労働安全衛生（2025年までに事故率を1.45件／百万労働時間以下にする）および環境負荷物質の削減

⑥　Urbanization：資源効率向上（循環型経済の強化による資源効率の向上）およびデジタル化（責任あるデジタル化の追求）

　このような先駆的な取り組みの結果、ボッシュは2011年対比で自社の生産活動にともなう二酸化炭素排出量を52％削減、また、2020年には自社で生産するエネルギーと外部調達するエネルギーに関し、カーボンニュートラ

ルをいち早く達成しました。また、世界中の400を超える拠点、およびそれらのエンジニアリング・製造施設等では、カーボンフットプリントがゼロになる見込みとなりました。

日本企業へのヒント
──理念を保ちつつビジネスモデル転換の仕組みを構築

　現在のボッシュは、先に示した自社の環境問題への取り組みを2020年から「ボッシュ・クライメート・ソリューションズ」と呼ばれる事業子会社で他社向けに拡大し、AIアルゴリズムを活用した生産設備のエネルギー消費効率化や、個人用住宅向けにヒートポンプや太陽光発電システムを組み合わせることで、最適なエネルギーマネジメントのソリューションを提供する等のビジネスモデルを展開しています。このように、ボッシュは創業当初からの社会的課題の解決に対する理念を保ちつつも、自社を取り巻く事業環境や社会課題の潮流変化を敏感に察知し、そこで示される原則をいち早く自社に適用し、まずは社内で事例をつくったあと、他社向けのビジネスモデルに転換する仕組みを構築しています。

　自社内における社会的課題の解決への挑戦は、当初コストはかかるものの、その取り組みから得られた学びを横展開しビジネスモデルに転換するという意味で、先行投資としての意味合いも帯びているといえるでしょう。ボッシュのケースはESG/SDGs経営の観点で新規事業構築を行う、1つの好事例を示しているといえます。

6.7　シスコシステムズ　ステークホルダーの再定義に沿ったESG/SDGs経営へシフト

設立からの経緯

　シスコシステムズ（以下シスコ）は、当時スタンフォード大学の研究者で

あったレナード・ボザック氏とサンドラ・ラーナー夫妻によって、1984年に設立されました。

　複数のオフィスで異なるネットワークを使用している企業向けのルーター（マルチプロトコル・ルーター）販売で成長を遂げ、他社よりも多くの通信プロトコル（通信の際の手順や規格）をサポートすることで差別化を図っていました。

　1988年のセコイア・キャピタルからの出資を機に、同社創業者のドン・バレンタイン氏を会長、ジョン・モーグリッジ氏をCEOに据え、1990年にはNASDAQ上場を達成しました。その後1995年から2015年までCEOを務めたジョン・チェンバース氏の強力なリーダーシップの下、70社以上の企業買収を通じて急成長を遂げました。

　2000年には時価総額が5,000億ドルを超え、インターネットの急速な普及という追い風もあり、当時を代表するインターネット通信機器関連企業となりました。

　現在はハードウェアを中心とした製品ポートフォリオから、ソフトウェア、サービス、セキュリティ、クラウドベースのシステムにまで事業領域を拡大させていますが、シスコは急成長を遂げていた1990年代後半から企業の社会的責任を強く意識するチェンバース氏の下、企業成長のステージに合わせ世界各地でさまざまなESG/SDGs経営の施策を実行しており、現在に至ってもその取り組みは高く評価されています。以下、軌跡をたどってみましょう。

グローバル展開を見据えた人材開発プログラムを導入

　シスコはESG/SDGs経営の取り組みをはじめた当初からグローバルな視点を備えています。1994年には、インターネット向けルーター販売で早くも中国に進出していますが、グローバルでの製品展開を加速するなか、1997年には現在までプログラムが続いているシスコ・ネットワーキング・

アカデミーを設立しています。

　これは、世界中の教育機関、政府機関などと提携し、e-learningを通じてときどきに必要なITスキル（内容はハードウェアの設計、開発、保守スキルからスマートグリッド、サイバーセキュリティ、機械学習、AIに至る）を世界各国で習得できるというものです。

　シスコによれば、開始20年間で180カ国／1,090万人にプログラムを展開、アメリカのみでも上級コースを修了した160万人以上がSTEM分野で雇用されるためのスキルを習得したとしています。

　2000年には、開発途上国イニシアティブ（LDCi/Least-Developed Country Initiative）を発表し、開発途上国におけるデジタルデバイド（デジタル面での格差）を解消するためのITトレーニングの機会を提供する能力開発プログラムを提供しました。

　これは、2000年のG8沖縄サミットで「グローバルな情報社会に関する沖縄憲章」が発表され、デジタル活用とデジタルデバイド解消に向けた取り組みが呼びかけられたことを機に、シスコがアメリカ国際開発庁（USAID）や国連開発計画（UNDP）、国連ボランティア（UNV）等と協力して立ち上げたものです。

　また、同時期に国際電気通信連合（ITU）と連携し、IT業界における男女格差の解決のため、Gender Initiativeと呼ばれるプログラムを開始します。このプログラムでは、先述のLDCiの下、オンライン／オフラインでIT関連のトレーニングプログラムを開発途上国で提供し、女性への奨学金制度を充実させることで女性のプログラム参加を促しました。

　その結果、2001年には、20の開発途上国に58のLDCiアカデミーが設立され、1,000人以上がこのプログラムに参加しました。

　当時の主要事業がインターネット通信機器であったこともあり、必然的にグローバルで自社のネットワーク機器を設置、運用するための人材育成が急務であったこともあります。しかしながら、自ら人材教育に乗り出し、自社

の製品採用を拡大しつつ、発展途上国の雇用拡大と生活水準向上につながる仕組みを作り出したことは、CSVの先駆的取り組みともいえるでしょう。

インターネットバブルの崩壊で戦略変更を余儀なくされたシスコ

　インターネット通信機器の販売で、順調に成長を遂げていたシスコでしたが、2001年に転機が訪れます。インターネットバブルの崩壊です。シスコもその波を逃れられず、従業員の18％を解雇し、22億ドルの在庫評価損を計上しました。BtoB（法人向け）事業において大きな損失を出した結果、事業をBtoC（消費者向け）へ戦略転換します。2003年にはLinksys Group（小型ネットワーク機器メーカー）、2007年にはWeb会議ツール開発企業のWebEx、2009年にはPure Digital Technologies（携帯型ビデオカメラ「Flip」のメーカー）などを買収しました。このBtoCへの戦略転換にともない、シスコのESG/SDGs経営への取り組みも変化します。

　代表的な取り組みの1つが、2005年に開始された、災害発生時に連邦政府機関とNGOが人道援助を行う上で、必要なリアルタイムデータを提供できる緊急通信設備を無料で提供するTacOps（Cisco Tactical Operations）の開始です。

　これは、当時猛威を振るったハリケーン・カトリーナの被害対応で機材運用の困難さに直面し、安全で展開可能なネットワーキングおよび通信ソリューションを提供する必要があるとシスコが強く認識したことが背景にありました。結果、シスコは自然災害に対し緊急対応車両、携帯通信機、小型通信キットなどを用意し、緊急時のネットワークや電話サービスを提供するオペレーションを開始します。

　これらは先述の通り無料で提供されましたが、自然災害時に地域社会をサポートすることで、消費者のブランド認知度およびロイヤリティ向上と、シスコ自身の社会的使命に敏感な優秀な人材の確保につながることが期待されました。

図表6-7 シスコシステムズ

ビジネスモデル②
事業戦略の変更に合わせ、サプライチェーン全体にサステナビリティを求めるようにESG/SDGs経営の範囲を再定義。CSRの分散的な施策をCSV戦略へと進化させた

内容と成果

- 環境マテリアリティに基づき、優先順位付けを開始、サプライチェーンサステナビリティに取り組む
  - California Transparency in Supply Chains Act (2012) によりサプライチェーンの透明性開示が義務化
  - SDGsパフォーマンスを評価する取締役と同等のビジネスプラクティスチームを設立

- 学生や途上国、女性のITスキル向上のための教育プログラムを長年実践

- 社会的責任のあるサプライチェーン実現のためのKPIを設定

- グリーンレベニューの定量化に着手
  - ステークホルダーの要求により、年間収益のうち、「クリーン」「グリーン」とみなされる割合を定量化

変革の背景

- 業績不振による改革の必要性
  - マクロ経済の悪化、国際競争の激化
  - レイオフ及び事業売却を実行、更なるコスト削減が課題

- 自社サプライチェーン全体の多大な温室効果ガス排出が顕在化
  - 自社の5倍に達した
  - 全体的なカーボンフットプリントを削減する必要が発生

また2006年には、アメリカのビル・クリントン大統領によって設立されたクリントン・グローバル・イニシアティブ（CGI）に参加し、温室効果ガスの排出を抑制するための取り組みを開始します。当時のCEOであったジョン・チェンバース氏が、地球規模の環境問題に協力して取り組み、持続可能な解決策を見出すというクリントン大統領のビジョンに強く共感したためといわれています。翌年の2007年にジョン・チェンバース氏は、同社プレスリリースで次のように述べています。

「シスコがCGIに参加したのは、世界経済フォーラムと同様に、社会のあ

意味合い		
大原則	外に目を向けて、トレンド変化を察知しよう	守りのESG/SDGs経営 ステークホルダーを再定義し、お役立ちできることからはじめよう CSV
実行の ポイント	・カリフォルニア州の政策変更に迅速に対応したように、自治体レベルの政策方針の今後を見据え、サプライチェーン全体への影響を見渡す	・ジェンダー間の格差や地域間のデジタルデバイド解決を目的にし、自社の強みを用いた教育プログラムを提供

（出所）著者作成

　らゆる分野のリーダーが集まり、重要な地球規模の課題に取り組むためです。クリントン大統領の、10年以内に世界の重要課題に共同で取り組み、持続可能な解決策を見出すというビジョンに感銘を受けました。

　また、気候変動、教育、医療、貧困といった4つの重点分野のいずれかに取り組むために、参加者に測定可能なコミットメントを求めるという、一歩踏み込んだ姿勢にも好感が持てました[7]」

　具体的には、CUD（Connected Urban Development）イニシアティブ（2006〜2010年）と呼ばれる、都市の運営方法や天然資源の消費形態を根本

的に変えることで、経済発展を促しつつ世界の炭素排出量を削減すること
と、カーボン・コラボレーション・コミットメント（2006〜2010年）と呼ば
れる、シスコの製品であるWebEx（2007年に買収）等の遠隔会議システム
を活用しビジネス出張の削減をすることで、航空機利用による二酸化炭素排
出量の削減を目指す2つのプログラムからなっていました。

　目標値として全世界のシスコの従業員が利用するビジネス航空便による温
室効果ガス排出量を絶対量で10%削減、2012年までに全世界のスコープ1、
2、および業務渡航によるスコープ3の排出量を絶対量で25%削減すると
いう当時としては野心的な目標を設定しました。あくまでも自社製品の活用
につながる形を意識しながらも、地球規模の環境問題解決に敏感になりつつ
あったBtoCの顧客に対し、自ら社会問題解決のソリューション提示に踏み
出した形です。

BtoB事業の拡大がESG/SDGs経営を本格化するきっかけに

　2000年代にBtoC向けに戦略をシフトしたシスコでしたが、リーマン・シ
ョック後の売上減速、マクロ経済の悪化、国際競争の激化等による業績不振
などを理由に、2011年に従業員の9%にあたる6,500人をレイオフしまし
た。また製造施設の売却やBtoC向けフリップビデオ事業等の消費者向け製
品を一部廃止し、再度BtoBに事業戦略上のフォーカスを戻すことを決定し
ます。具体的には、ルーティング、スイッチング、サービス、コラボレーシ
ョン、データセンター仮想化、アーキテクチャ、ビデオというコア分野に再
集中し、クラウドコンピューティング、モノのインターネット化（IoT）、ソ
フトウェア、セキュリティ領域の事業を拡張することを決定しました。

　このような事業戦略のシフトにともない、シスコのESG/SDGs経営に関
する取り組みも、BtoBビジネス上のステークホルダーをベースとするサプ
ライチェーン全体に拡大することになります。

　具体的には、シスコが2011年に開始したサプライチェーンサステナビリ

ティという取り組みです。

　シスコのサプライチェーン全体からの温室効果ガス排出量が、自社事業によるフットプリントの5倍であることを重く見たシスコは、サプライヤーと協力し、製品のライフサイクルアセスメント（LCA）やそのほかの分析結果に基づき、環境への影響を複数の階層に分けてその対応に優先順位をつけました。

　このサプライチェーン全体のサステナビリティが注目されるようになった1つの背景としては、カリフォルニア州で「2010 California Transparency in Supply Chains Act（カリフォルニア州で事業を展開する大規模な小売業者や製造業者に対し、サプライチェーンから奴隷や人身売買を根絶するための取り組みに関する情報提供を義務づける）」という法律の施行もあります。

　当時、直接の取引先だけでなく、顧客、非政府組織（NGO）、アナリスト等幅広いステークホルダーからサプライチェーンのサステナビリティへの影響について透明性向上を求められはじめていました。そのような背景の中、自社のオペレーションのみならず、サプライチェーン全体で幅広いサステナビリティの取り組みに注力したのです。

　現在でも、シスコは製品ライフサイクルにおける環境への影響を追跡しており、自社が起用する80%のサプライヤーに対し、具体的な温室効果ガスの排出削減の目標値設定を求めています。

　また、自社内でもデータセンターのクラウド化による電力消費削減や再生可能エネルギーの活用による温室効果ガス削減（2022年までに2007年対比で60%削減を計画）に加えて、材料調達を含む製品のリサイクル性を高める活動等を積極的に行っていることが評価され、シスコは継続的に高いESGスコアを獲得しています。

日本企業へのヒント——ESG/SDGs経営方針の変更はステークホルダーの再定義ありきで考える

　シスコのESG/SDGs経営への取り組みは、20年間にわたってCEOを務めたジョン・チェンバース氏のイニシアティブによるところも大きいですが、10年ごとに訪れた事業環境の変化と戦略方針の変更にともない、時々の自社事業に密接に関係するステークホルダーを再定義し、製品市場の拡大につながる形でESG/SDGs経営戦略を柔軟に変更してきた点がユニークだと思われます。シスコはときどきの事業環境、社会的課題の変遷、関連するステークホルダーの変化に対し、自社の売上拡大やマーケティング効果を意識しながらも、着実に社会的課題の解決に資するESG/SDGs経営戦略を発展させてきたのです。

6.8　テスラ　経営者のコミットメントとリーダーシップで革新的なビジネスモデルを構築

　テスラ・モーターズ（2017年にテスラに名称変更。以下「テスラ」）は、2003年、シリコンバレーのエンジニアであるマーティン・エバーハード氏とマーク・ターペニング氏によって電動スポーツカーの製造会社として設立されました。元々は南アフリカからの移民であり、現在のCEOとして知られているイーロン・マスク氏は、2002年にペイパルをeBayに売却した後、2004年に会長としてテスラに入社しています。その後の6.35百万ドルの自己投資を含む同社のシリーズAの資金調達を主導したあとに、2008年にCEOに就任しました。

　2010年には1956年にフォードが株式公開して以来、初めて自動車メーカーとしての株式上場（IPO）を成功させました。イーロン・マスク氏はテスラの経営のかじ取りを取った当初から、地球規模の気候変動が進むなかで、電気自動車を中心とするサステナブルな輸送手段の提供を適切な価格帯で実

現することが、二酸化炭素排出削減を中心とする気候変動対応の鍵だと考えていました。会長として就任した2年後の2006年、テスラは通称マスタープランとして知られている同社の長期ビジョンを発表します。

そのビジョンの骨子として、「採掘しては燃やす炭化水素（化石燃料）型の社会から、持続可能なソリューションの1つである太陽光発電型の社会へのシフト・加速」を謳いました。単にプレミアムなEVを提供する存在ではなく、当初からモビリティも含めた持続的なエネルギーエコシステムの構築を目指したのです。

しかし、2000年代初頭はEVの価格の大部分を占めるバッテリーのコストが高く、すぐにはマス向けのEVを製造できるわけではありませんでした。そこでテスラは、当初のマスタープランのなかで、まずはハイエンド向けの車両（ロードスター・2008年発売）の製造・販売からスタートし、その後徐々に新モデルの提供毎に大量生産・低価格化できる市場に進出することを明示したのです。また、EVの提供だけではなく、太陽光パネルを中心とした他企業の持続可能エネルギーの製品販売（ソーラーパネルの販売等）もマスタープランに含まれました。

ロードスターの販売開始後、自らカリフォルニア州フリーモントにトヨタとGMの合弁会社の旧製造工場を買収（2010年）し、またパナソニックとも合弁で世界最大級のリチウムイオン電池の生産工場（通称ギガファクトリー）をネバダ州に建設（2014年）しました。途中、製造工程の立ち上げに苦労しながらも、基幹部品の内製化と大量生産による製造コスト削減を進め、次々と新車種（モデルS〈2012年発売〉、モデルX〈2015年発売〉、モデル3〈2016年発売〉、モデルY〈2020年発売〉）の投入に成功します。

また、EVの販売だけではなく、2015年には蓄電用バッテリー（家庭用バッテリーパック「パワーウォール」と産業用バッテリーパック「パワーパック」）に製品領域を拡大し、将来的に太陽光をエネルギー源とする再生可能エネルギーソリューションの提供を見越した製品投入も開始されました。

図表6-8　テスラの取り組み

リーダーシップ①

「サステナブルな輸送手段への移行を加速させる」というビジョンから、強いプロダクトを軸に消費者が製品購入することで、環境問題解決に直接つながるビジネスモデルを設計した

内容と成果
・イーロン・マスク氏の強力なリーダーシップによるグローバル自動車産業の転換
・新しいマスタープランを発表 —— 再生可能エネルギー生成と貯蔵の統合化 —— 地球上の主要な輸送形態をカバーするための拡大 —— 自動運転・シェアリングの取り組み

変革の背景
・設立当初より、ESG/SDGs経営のコンセプトを掲げ「世界の持続可能な輸送手段への移行を加速する」ことを目的
・イーロン・マスク氏の出資からはじまり、まずは電気自動車開発に注力。その後、垂直統合化された再生可能エネルギー全体をコントロールする企業体へと方向付ける

・BtoC企業としてブランディング・業界でのポジションを確立 —— 製品を購入することが環境配慮に —— 州の補助金を最大限売上に反映
・イーロン・マスク氏自身のインセンティブの大きさ、SNSでの発信が常に話題となり業界のアイコンに
・時価総額では世界の第6位に

EV生産の加速で「持続可能なエネルギーへの移行を加速する」にミッションを変更

　当初のマスタープラン発表から10年後の2016年、当初のマスタープランどおりにEVの生産を加速させたテスラは、会社のミッションを「持続可能なエネルギーへの移行を加速する」と変更します。そのうえで同年、マスタープラン・パート2として新しい基本方針を4つ掲げて発表。その方針は以

	意味合い			
大原則	攻めのESG/SDGs経営 サステナビリティと事業戦略を融合させよう	経営者自らが語りかけよう	一貫したストーリーを見せよう	顧客参加を促そう
実行のポイント	・ビジネスモデルそのものが、サステナビリティの実現に直結	・ツイッター活用や、自動運転技術など新興分野に関する、論争を呼びつつも積極的な発信 ・既存の概念にとらわれないマーケティング手法をとる	・再生可能エネルギーをベースにしたエコシステムを作るためのマスタープラン発表	・製品を購入、使用することで、企業のサステナビリティの活動に参画できる

（出所）著者作成

下のとおりです。

① エネルギー生産と貯蔵を統合する（蓄電バッテリー付きソーラールーフ製品の製造）

② 地球上の主要な輸送形態をカバーするための製品ラインアップ拡大［先ほど述べたモデル3（小型プレミアムセダン）、モデルX（SUV）に加え、ピックアップトラックや大型トラック（テスラ・セミ）、小

型バスなどにカバレッジを拡大]

③ すべてのテスラ車両に、フェイルオペレーション機能（緊急時に車両が制御不能になることなく安全に停止させる「フェイルセーフ」に対し、安全な場所まで走行を継続する機能）を備えた完全自動運転に必要なハードウェアを装備

④ 自動運転機能により、テスラの電話アプリのボタンをタップするだけで車両を呼び出すことを可能に（車両不使用時である仕事中や休暇中に収入を得ることが可能）

　CEOのイーロン・マスク氏は、このマスタープラン・パート2を書いた2016年に次のように述べています。

「私がこの基本方針を書いた理由の1つは、テスラが「金持ちのための車を作ることしか考えていない」等、奇妙な理由で非難されることを避けるためでした。持続可能なエネルギーをもとにした経済を実現しなければ、燃やす化石燃料がなくなり、文明が崩壊してしまいます。
　いずれにしても化石燃料から脱却しなければならないこと、大気中や海洋中の炭素濃度を劇的に増加させることは狂気の沙汰であるとほぼすべての科学者が認めていることを考えれば、持続可能性の実現は早ければ早いほどよいのです[8]」

　2016年、テスラはマスタープラン・パート2の基本方針のもと、太陽光発電パネル製造企業であるソーラーシティを26億ドルで買収。ソーラーシティはイーロン・マスク氏のいとこにあたるピーター・リーブ氏とリンドン・リーブ氏によって、2006年に設立された太陽光発電パネルの会社でした。30億ドルを超える債務が残り、買収後の事業リスクも指摘されましたが、マスタープランを達成するために必要な取り組みと理解され、最終的に

株主の85％以上が合意しました（本買収に関してはその後、利益相反の疑いで
イーロン・マスク氏に対する株主代表訴訟が起こされています）。

　テスラはソーラーシティを統合することで、蓄電用バッテリー（パワーウ
ォール）と太陽光エネルギー発電（ソーラールーフ）の垂直統合を実現し、
テスラ・エナジーとして持続可能エネルギー提供のエコシステムを実現して
います。品質問題による訴訟や半導体不足によるパワーウォールの生産不足
に悩まされながらも、2021年第2四半期には、テスラ・エナジーは黒字化
を達成しました。

　EVの生産拡大に加え、再生可能エネルギーの生産と蓄電を垂直統合化さ
せることで、真に再生可能エネルギーをベースにしたモビリティ・エコシス
テムの実現にさらに一歩近づいたのです。

日本企業へのヒント
──気候変動という地球規模の課題解決を事業ストーリーにする

　一時はモデル3の生産遅延や品質問題に端を発し、事業継続も危ぶまれた
テスラでしたが、その後、製品ラインナップと生産台数を順調に拡大した結
果、2020年にはコロナ禍で株式時価総額が大幅に上昇し、2021年には1兆
ドル以上をつけるまでに至っています。

　2020年には初の黒字化を達成し、中国やドイツでのギガファクトリー建
設も進め、2021年には年間販売台数100万台をうかがうところまで事業規
模を拡大しています。

　テスラの軌跡から学べる示唆としては、気候変動という地球規模の課題解
決に対するソリューションをビジネスモデルのストーリーとして束ね、消費
者にビジョンとして具体的に提示し、そのビジョンに沿って実際に事業を拡
大、実現させてきたことにあります。

　消費者にとっては、気候変動という課題解決に向けたソリューションが
CEOであるイーロン・マスク氏から直接提示される中で、自らも商品購入

を通して課題解決に参画することができます。

　途中、自動運転支援機能（オートパイロット）使用時の事故や、EVやソーラーパネルの炎上など幾度とない品質問題や訴訟に悩まされながらも、強固な顧客ベースと事業規模の拡大継続は驚嘆に値します。しかし、それも地球規模の気候変動問題を解決しようとするイーロン・マスク氏の壮大なビジョンに共感を覚え、商品購入を通してイーロン・マスク氏のビジョンの実現の一助となろうとする消費者の多さの表れでしょう。この規模でイーロン・マスク氏の足跡をたどることは一筋縄ではいきません。しかし、社会課題の解決からビジネスモデルを構築し、具体的なビジョンとステップを提示、消費者からの共感を集め、途中困難に直面しながらも、臆することなくソリューションを生み出し、次々と事業を生み出してきたその姿勢には、大いに学ぶところがあります。

6.9 　サファリコム　通信インフラの整備を機に開発途上国で金融包摂と事業成長を実現

　サファリコムは、ケニアの政府系企業KPTC（Kenya Post and Telecommunications Corporation）によって1993年、独占的な携帯電話ネットワークのプロバイダーとして設立されました。1996年にGSM（Global System for Mobile Communications）にネットワークが格上げされ、より高度なモバイル通信ネットワークを扱うようになった後、1997年にKPTCから独立し、国営会社であるテレコムケニアの完全子会社としてサファリコムが設立されます。

　1999年からは携帯電話事業に参入し、2000年にはイギリス企業であるボーダフォンがケニア政府が持っている同社の40%の株式を取得したことで、サファリコムはボーダフォンとテレコムケニアとの合弁企業となりました。

　同社の経営努力もあり、1999年に1.5万人だったケニア国内における携帯電話加入者数が、2007年には800万人にまで成長しました。2008年には

当時サハラ以南のアフリカで最大の株式上場（IPO）を達成しました。

M-Pesaのサービス開始で安全な金融インフラ提供と
サービス受容者の金融包摂に成功

　サファリコムは2007年、モバイルマネー取引サービスであるM-Pesa（スワヒリ語でPesaは「お金」を意味する）を立ち上げます。この背景には、ケニア国内の脆弱な金融システムの存在がありました。当時、ケニア国民のうち銀行口座を持っているのは成人人口の15％のみであり、約40％が正規の金融サービスから何らかの形で排除され、許可を受けていない、インフォーマルでの違法金融取引が行われていたとされています。

　M-Pesaは、サファリコムの最大株主であるボーダフォンが2005年に発案・開発したサービスを改良したもので、携帯電話の仮想口座を通じて、

　①　資金の出入金
　②　商品やサービス・家賃・公共料金の支払い
　③　友人や親戚への銀行口座間の送金

を可能にするというサービスでした。サファリコムの携帯電話に加入すると、加入者の携帯電話のSIMカードにM-Pesaのアプリケーションがインストールされます。それを通じて、M-Pesaの加入者や他の携帯電話ネットワーク間の送金のみならず、サファリコムが全国においたエージェントを通じて、現金を安全に入出金することもできます。

　M-Pesaは当時銀行口座をはじめとした金融サービスへのアクセスが制限されていたケニアの人々の間で驚異的な普及を見せ、サービス開始後の2週間で1万人が登録しました。2016年までにケニアの成人10人のうち7人がM-Pesaを利用し、毎日900万件以上、年間を通じて60億件の取引を行うまでに大きく成長しました。

図表6-9　サファリコムの取り組み

リーダーシップ②
DXを通じ、発展途上国での金融包摂と事業成長を両立させるストーリーを実現させながら、多地域および、多様な事業領域での展開に成功してきた

変革の背景

- サービスの全国的な拡大によるコスト増加
  - 燃料高騰により、持続可能な電力源の模索

- 社会・経済への影響力の増大
  - ケニアは2006年で15%の成人しか口座を持っていなかったところから、71%がモバイル金融サービスであるM-Pesaを使用するところまで発展

- 国外への進出の不振

内容と成果

- シェアード・バリュー・コンセプト：アフリカの社会課題解決に注力するストーリーを示す
  - 収益と両立させながら課題解決

- インクルージョン拡大のサービスを続々発表
  - Digifarm：零細農家に農業に関する情報や金融サービスアクセスを提供する無料デジタルプラットフォーム

- M-TIBAではアフリカ全土で470万人のユーザーを獲得、Digifarmは140万人の農家が参加

- アフリカ他地域への拡大を推進中
  - エチオピアへの展開を計画
  - 金融サービスを軸とした、総合テクノロジー企業へ発展

　サファリコムはさらに2012年、M-Pesaの利用者に対し、携帯電話で利息つきの貯蓄口座を開設できる「M-Shwari」を開始します。あわせて、この貯蓄口座の取引履歴を追跡することで信用プロファイルを作成し、顧客に対して短期融資のサービスにも取り組みます。

　結果、M-Pesaは従来ケニア国内で金融サービスへのアクセスを持たなかった低所得者層や中小企業に対し、安全な金融インフラを提供し、国内経済に包摂することに成功、同国の貧困削減の原動力になったとされています。この成功の背景は以下の3点とされています。

意味合い			
大原則	一貫したストーリーを見せよう	顧客参加を促そう	攻めと守りの両輪で
実行のポイント	・デジタルアクセス向上を通じて顧客の生活水準向上に直結するストーリー	・サービスへの参加が、直接ネットワーク外部性とインクルージョンの拡大につながる	・ビジネスモデル自体が収益成長と一体化しているだけではなく、ステークホルダーの生活水準向上にも直結 ・社会課題の大きい市場でプレー

（出所）著者作成

① M-Pesaのサービス自体が、既存の消費者行動（家族間の送金等）と合致していた
② 当時、サファリコムが事実上、携帯電話事業を独占していた
③ サファリコムが政府系企業であったこともあり、ケニア政府が、1年以上にわたり敢えてモバイルマネー事業に対して規制を行わなかった

M-Pesaは決済プラットフォーム上の手数料で収益を上げていますが、2021年にはM-Pesa関連の収益だけで約7.7億米ドルを計上するに至り、デ

ジタルを活用した開発途上国における金融包摂の成功モデルとされています。インフラの未整備による金融サービスへのアクセス不足という社会課題を、収益化を両立させながらデジタルの力で解決した理想的な社会課題解決型ビジネスモデルといえるでしょう。

社会課題の解決モデルづくりを機会にアフリカの
CSV普及のリーダーへ

サファリコムはM-Pesaをはじめとしたビジネスモデルだけでなく、サステナビリティやSDGsの取り組みについても、先端をいくプレーヤーとなっています。2012年には、M-Pesaをはじめとする通信サービスの急激な拡大にともなう電力消費と、発電にともなうディーゼル燃料使用の急拡大に対応し、使用電力の平準化によりエネルギー消費の削減に着手します。

また、2016年にはSDGsへの取り組みを明記し、サファリコムのモバイル技術を活用し、モバイル上での医療プラットフォームサービス（M-TIBA）の立ち上げによる質の高い安価な医療アクセス提供や、サードパーティの協力を通じたオンラインによる教育アクセスの拡大、そして、太陽光発電などによるクリーンエネルギーソリューションの提供を拡大します。

2018年にはヘルスケアや教育など、アフリカの社会課題の解決に注力することで、収益と両立させながら社会課題解決を行うことを目指すシェアード・バリュー・コンセプトを発表します。その後は、先に述べたM-TIBAのサービス拡大（2021年時点で470万人以上のユーザー）や、アフリカの140万人以上の零細農家に、農業に関する情報や、金融サービスへのアクセスを提供するデジタルプラットフォームであるDigifarmの開発に注力しました。

2019年には、アフリカ全域のビジネスリーダーを呼び、アフリカ・シェアード・バリュー・サミットを開催しました。こうしてアフリカ地域におけるCSV普及のリーダー的存在となっています。

サファリコムCEOのロバート・コリモア氏は、2019年の同社サステナビ

リティレポートにおけるインタビューにて、以下のコメントを出しています。

「サステナビリティの観点から、『Shared Value』（シェアード・バリュー）は確立された重要な概念です。この概念は、持続可能なビジネスソリューションが、搾取的なビジネス慣行よりも強力かつ持続的である理由を示しています。その名が示すように、この概念はビジネス、ステークホルダー、バリューチェーンが一体となって、関係者全員に新たな付加価値を生み出すような方法で製品やサービスを提供する方法を強調しています[9]」

日本企業へのヒント
──開発途上国でシェアード・バリューを実践する考え方

　サファリコムによるM-Pesaの成功は、従来解決がむずかしいとされていた開発途上国の主要な社会課題である、金融インフラの未整備による経済発展の制約を、デジタル活用によって収益を生み出しつつ解決しました。そうした意味で、理想的なESG/SDGs経営のケーススタディといえるでしょう。

　同国における送金ニーズの高さや、サービス開始当初の独占的ポジション、政府による寛大な規制対応など、運に恵まれた部分も否定はできません（同じ途上国であっても、デジタル化によるモバイル送金サービス普及に失敗するケースも多く見られます）が、M-Pesaの成功から示唆を得てシェアード・バリュー創出に注力しただけでなく、継続して事業拡大し同時に株主価値を増大させた（サファリコムの株価は上場時から2021年までで400％以上上昇）事例として特筆に値します。

　開発途上国特有の社会課題の発見と、デジタル活用によるM-Pesaのビジネスモデルは、今後、途上国でビジネスを行う日本企業のESG/SDGs経営の取り組みにさまざまな示唆を与えてくれます。

6.10 ［BNPパリバ］ 革新的な金融商品の設計とエンゲージメントにおいてグローバルでリード

　BNPパリバグループ（以下BNPパリバ）は72か国で事業展開し、20万人以上の従業員を抱え、銀行部門と傘下の資産運用会社も含め、ESG/SDGsの取り組みでロールモデルを示し続けている欧州の国際金融機関です。2020年にはアジア全域でパンデミックのなか、グリーンでサステナブルなファイナンス活動を拡大したことが評価され、International Finance Reviewから「Asia's ESG House of the Year」を受賞しています。また、運用総額4,000億ユーロ以上を誇る傘下の資産運用会社は、責任投資団体であるShareActionから、やはりESGの観点でベストアセットマネージャーに評価されています。

　もともとは2000年にユーロ統合の流れで欧州で金融機関の再編が進み、パリ国立銀行（BNP）と投資銀行であるパリバが合併しBNPパリバが設立されました。リテールおよびコーポレートバンキング、投資銀行業務、資産運用部門（BNPパリバアセットマネジメント※以下BNPAM）などを主要業務としています。

　昨今、特にコーポレートバンキング部門では、サステナビリティにリンクしたローン商品やクレジット・ファシリティの開発、及び気候変動の要因となるビジネス（石炭採掘等）を行っている企業への段階的な融資停止の方針を発表しています。

　また、BNPAMでは二酸化炭素排出量を開示していない企業に対して厳しい判断を行う議決権行使方針や、投資先によるロビー活動の詳細開示を要求しました。また、低炭素や海洋生態系保全をテーマにした金融商品の開発など、気候変動や生物多様性の保護への対応を強く意識した事業活動を行っています。以下、BNPパリバによるESG/SDGs経営への取り組みを振り返ってみましょう。

2002年の設立当時からESG/SDGs経営につながる
「4つの責任」を宣言

　BNPパリバにとどまらず、欧米の金融機関がESG/SDGs経営に対する取り組みを強化している背景には、たとえば、気候変動であれば、融資先や投資先の持続可能な成長リスクに深刻な影響を与えると認識しているほか、投資家や環境ロビー団体、NGOからの圧力が強まっていることが背景にあります。

　ただし、BNPパリバは設立直後の2002年の段階で、現在のESG/SDGs経営につながる以下4つのCSRの柱を持っています。

　①　経済的責任（倫理的な方法で経済に資金を供給）
　②　社会的責任（献身的で公正な人事方針の追求）
　③　市民としての責任（排除に対抗し、教育と文化を促進）
　④　環境への責任（気候変動への対応）

　これらを発表し、早くも2003年にはDJSI（ダウ・ジョーンズ・サステナビリティ・インデックス）に選定され、好評価を受けています。同グループの東南アジア責任者であり、シンガポールのチーフ・エグゼクティブであるヨリス・ディエルクス氏は2021年4月3日、シンガポールのThe Business Times紙上で以下のように発言しています。

　「BNPパリバグループは、他の多くの銀行とは異なり、サステナブル・ファイナンス・チームを持っておらず、いわゆる『メインストリーミング』戦略、すなわちサステナブルをビジネスの主流にし、すべてのビジネス活動やプロセスにサステナブルなアプローチを組み込むことを目指しています」

図表6-10　BNPパリバ

リーダーシップ③
サステナビリティの実現をメインとして、金融商品の新設計、エンゲージメント
等を通じ、グローバル金融機関におけるESG/SDGsのリーダーとして邁進

変革の背景

- 違法取引の負のイメージからの脱却の必要性
  —— アメリカの制裁国に関連する資金を提供していたことが発覚（2004～2012）
- 環境保護団体からの批判
  —— ダーティーな化石燃料プロジェクトへの資金提供をしていると批判された（2015）

内容と成果

- クライメート・イニシアティブの開始（2010）
  —— 2002年からCSR活動を開始
  —— 気候変動、生物多様性、それらの相互作用が社会におよぼす影響に関する科学的知識向上が目的
- グリーンウォッシュの批判を受けた融資方針転換（2015）
  —— 石炭採掘を専門とする企業への融資の完全停止を発表
  —— 2020年までに再生可能エネルギー案件への融資倍増を約束
- メインストリーミング戦略(サステナビリティを特定の部門とせず本業の一部とする)

- 2016年には、SDGsの推進に貢献する企業と投資家を結びつける新しい株式インデックス（Solactive SDGs World Index）を取得し、SDGsの活動を加速
- インクルーシブ・ファイナンスのためにグラミン銀行やアクセラレータ等と戦略的な提携（2019）

とコメントしていますが、設立当初からサステナビリティを企業理念に組み込んで活動を行っていることがわかります。

エクエーター原則への参加を機に、リスク管理を強化

　企業理念から一歩踏み込み、具体的なイニシアチブとして昇華したのは2009年です。BNPパリバは、世界銀行グループである国際金融公社（IFC）がリードして、2002年に策定したエクエーター原則（1,000万ドル以上のプロジェクト・ファイナンスにおける社会・環境リスクを評価・管理するための基

意味合い		
大原則	攻めのESG/SDGs経営 サステナビリティと事業戦略を融合させよう	仲間を作って、助け合おう
実行の ポイント	・サステナブルをすべてのビジネス活動やプロセスに反映する「メインストリーミング」戦略	・インクルーシブ・ファイナンスのために、中小企業と投資家のギャップを埋める活動に尽力

（出所）著者作成

準）を採用します。石油・ガスの資源開発やダム建設、建設などの大規模開発や建設プロジェクトにおいて、自然環境や地域社会に対するネガティブな影響への懸念が生まれるなか、融資活動に関連した環境や社会に対するリスク管理の枠組みをいち早く採用しました。

　また翌年の2010年には、エクエーター原則に則り、気候変動に関わる研究に資金提供する「クライメート・イニシアティブ」と呼ばれるプログラムを開始します。資金提供する研究対象としては、気候変動の適切な予測のための気候記録のデジタル化や、今後30年間の気候予測、南極での氷床コア

（氷河や氷床から取り出された氷の試料のことで、古気候や古環境の研究に用いられる）の掘削プロセスによる気候の歴史を再現するものなどがありました。

BNPパリバは気候変動や、気候変動が環境や社会に及ぼす影響についての知識や認識をグローバルで高めることで、すべての企業や人々が気候変動に配慮した行動を取ることができると考えていたのです。

総予算1,200万ユーロのこのプログラムでは、3年ごとにプロジェクトを募集し、各研究分野の第一人者（フランス国立科学研究センター進化生態学術研究員のセリーヌ・テプリツキー氏やフランス国立農業・食料・環境研究所の生態学研究者バスティン・カスタネロ氏等）による厳格な選考を実施しました。CSRの原則策定から、具体的な行動に一歩駒を進めたのです。

グリーンウォッシュ批判を受けて生物多様性に取り組む

一方で早くからESG/SDGs経営への取り組みを強化していたBNPパリバであっても、すべてが順風満帆に進んだわけではありません。転機となったのは2015年です。

BNPパリバは、カナダのオイルサンド開発への融資やインドのムンドラ石炭火力発電所への融資に対して、気候変動対応（クライメート・イニシアティブ）などの活動を実施しているにも関わらず、一方で気候変動に悪影響をもたらす化石燃料関連事業へのファイナンスを維持していることがグリーンウォッシュだとして環境保護団体（Corporate Accountability International）から強い批判を浴びたのです。

この批判を受け、BNPパリバは、石炭火力発電所への融資における環境基準を強化し、石炭採掘を専門とする企業への融資を完全に停止すると発表、また、2020年までに再生可能エネルギープロジェクトへの融資を倍増させることを約束しました。

2015年のパリ協定後には気候変動対策のため、シェールオイルやシェールガス（泥岩の一種であるシェールの微差なすきまに閉じ込められた原油や天然

ガスを取り出したもの）開発に関連する活動への融資を停止しました。外部からの批判を真摯に受け止め、理念の提唱や資金提供のみならず、自らの事業を通じて気候変動対応に対し具体的にアクションを取ったのです。

さらに2019年には、IPBES（Intergovernmental Science-Policy Platform on Biodiversity and Ecosystem Services：生物多様性および生態系サービスに関する政府間科学・政策プラットフォーム）が、約100万種の動植物が絶滅の危機に瀕していると推定したことを受けて、BNPパリバは、従来焦点を当てていた気候変動に加えて、生物多様性（Climate and Biodiversity Initiative）へと活動の幅を拡大します。

この取り組みでは、従来の気候変動や生物多様性に関する研究に資金を提供するほか、NGOであるCDP（イギリスの慈善団体が管理する非政府組織（NGO）であり、投資家、企業、国家、地域、都市が自らの環境影響を管理するためのグローバルな情報開示システムを運営）と組み、グローバル企業の生物多様性報告の枠組構築をBNPAMが行っています。

自ら枠組みを作り、対象となるコーポレート・ファイナンスや金融商品の設計、投資先へのエンゲージメントを通じ、グループ全体で自社の活動を超え、グローバルにESG/SDGs経営の取り組み、実現を図っているのです。

日本企業へのヒント
——常に真摯に批判と向き合い、革新的な金融サービスを提供

企業活動を通じたインパクトが大きいだけに、BNPパリバは常に自身が提唱しているESG/SDGs経営と企業活動との整合性を厳しく評価されています。

積極的な対応にもかかわらず、2020年にもBNPパリバを含む世界の大手銀行60行が化石燃料関連産業に総額3.8兆ドルをファイナンスしていることが、環境団体のRainforest Action Networkが発行した「Banking on Climate Chaos」と呼ばれる報告書によって明らかになり、再びNGOや市

民団体より「ダーティー」な化石燃料関連産業のプロジェクトへの融資を行っていると強く批判されました。報告書によると、BNPパリバは2016年から2020年（パリ協定後）に化石燃料関連企業に資金を提供する銀行として世界第10位にランクしていたとされています。このような流れを受けて、BNPパリバは脱炭素に取り組む企業に積極的に投資する金融商品の開発やダイベストメントの動きをさらに強化していますが、常に批判の対象にされています。

それでも、真摯に批判と向き合い、革新的な金融サービスの創造と提供を通じて、自らのESG/SDGs経営の取り組みと巻き込むステークホルダーをグループ全体で不断に拡げていくプロセスは、上辺のESG/SDGs経営の取り組みに留まらない強いコミットメントを感じさせます。

自らの企業活動のESG/SDGs経営上のインパクトを把握、および企業活動を通じたESG/SDGs経営の不断の実践という意味で、BNPパリバの活動はさまざまな示唆を与えてくれます。

6.11 シスメックス 血液検査分野で世界をリードする企業として医療アクセス向上を実現

シスメックスは、当時拡声装置のトップメーカーであった東亞特殊電機（現TOA）が、1961年に当時副社長だった中谷太郎氏が経営の多角化のため、第2の柱を求めて渡米し、当時アメリカで急成長を遂げていた医用電子機器の分野にヒントを得たことに端を発します。健康な人でも検査を受ける時代がくると見込み、日本で血液検体検査機器事業を行うことを決定、1968年に販売会社として東亞医用電子株式会社を創立しました（中谷太郎氏は初代社長に就任）。

同年、中谷太郎氏は経営の基本方針として「三つの安心」（お客様、取引先、従業員に安心を届ける）を提唱しました。当初の医用電子機器販売会社

から、製販一体となった臨床検査機器の専門メーカーへと発展し、アメリカやヨーロッパをはじめとした海外にも積極的に進出しました。1978年にはのちの社名となる「Sysmex」ブランドが誕生し、製品ブランドを「トーア」から「シスメックス」へ変更、後の1998年に創立30周年を機に「シスメックス」に社名変更し、現在に至っています。

企業理念にもとづき、世界190カ国以上の医療機関へ製品とサービスを提供

　シスメックスのESG/SDGs経営に向けた取り組みは、企業理念の策定と情報開示からスタートします。2007年にシスメックスは、ミッション（ヘルスケアの進化をデザインする）とバリュー（私たちは、独創性あふれる新しい価値の創造と、人々への安心を追求し続けます）、マインド（私たちは、情熱としなやかさをもって、自らの強みと最高のチームワークを発揮します）の3点からなるグループ企業理念「Sysmex Way」を制定しました。

　このなかで、ミッションである「ヘルスケアの進化をデザインする」に基づき、創業以来取り組んできた検体検査分野を核としながら、世界の医療課題解決に貢献することを目指して活動することを決定します。当初から世界190カ国以上の医療機関への製品・サービスの提供を通じ、「健康寿命の延伸」や「持続可能な医療インフラ構築」を実現することを目指していたのです。

　また、事業に関わるすべてのステークホルダー（顧客、従業員、取引先、株主、社会など）と真摯に向き合うことを定めており、各ステークホルダーに対する提供価値を明確にするため行動基準を制定しました。

　顧客に対しては顧客視点での行動、従業員に対しては人格・個性の尊重、取引先については公平・公正、株主に対しては、経営の健全性と透明性、社会に対しては、法令順守はもとより高い倫理観に基づく事業活動の推進を謳っています。

図表6-11 シスメックス

リーダーシップ④
堅実な経営陣のリーダーシップにより国内事業メインの企業体から血液検査分野で圧倒的なグローバル企業に成長。収益拡大とともにグローバルな医療アクセスの向上を実現

変革の背景

- 1990年代からの同社の体制転換、グローバル化による大きな事業成長
- ステークホルダーの海外比率が高い
  - ヘマトロジー分野にて世界シェアの6割弱を維持
  - 8割以上が海外の売上が占め、株式の約4割以上を外国人が保有している（2020年9月）

内容と成果

- 一貫した経営姿勢と成長を継続
  - 家次恒社長が1990年代に中小ファミリー企業だった同社を上場させ、社長就任以降売上は約10倍、純利益は30倍と牽引
  - 「シスメックスあんしんレポート」を2007年から出すなどCSR情報開示に積極的
- グリーン調達を2014年から課すなどいち早くサプライチェーン改革を実行

- 個別化医療における医療経済性の追求と、医療アクセスの向上に向けた取り組みが従来からの社会的な取り組みと融合
  - 2000年代より自社機器での開発途上国での母子の健康改善やマラリア撲滅への取り組みを報告
  - 得意とする診断・検査市場は医療経済性の向上へ貢献
  - 2017年以降の新興国への事業拡大や世界的な公衆衛生のインフラ整備（COVID-19含む）需要から、事業収益成長へ好循環

　あわせて、このような「Sysmex Way」や行動基準の制定を機に、はじめて対外的に同社のCSRの取り組みをまとめた「シスメックスあんしんレポート」を2007年に発表しています。

国連グローバル・コンパクトへの参加で、ESG/SDGs経営を強化する

　「Sysmex Way」の制定後、シスメックスはよりグローバル企業としての責

	意味合い		
大原則	外に目を向けて、トレンド変化を察知しよう 	一貫したストーリーを見せよう 	攻めと守りの両輪で
実行のポイント	・分野トップ企業ならではの海外比率の高さをてこに、ステークホルダーとの対話を推進	・医療経済性や医療アクセス向上を通じて、健康水準向上に直結するストーリー ・先進国以外での存在感を高めることに貢献	・ビジネスモデル自体が収益成長と一体化しているだけではなく、ステークホルダーの生活水準向上にも直結

（出所）著者作成

　務を果たすために、2010年に国連グローバル・コンパクト（UNGC）に参加しています。またUNGCの参加と前後し、同年にシスメックスは「シスメックスグループ環境行動計画（シスメックス・エコビジョン2020)」を制定、発表しています。

　これは、2020年度をターゲットとし、環境負荷軽減に重点を置いた目標を定めたものです。製品・サービスのライフサイクルおよび、事業活動のバリューチェーンにおける2025年度までの環境目標を設定、地球環境保全に

取り組むもので、2008年度を基準として、事業所からの温室効果ガス排出量の50%削減（高効率な空調や照明設備の導入等で対応）を目指しています。また、医療機器の小型化などにより、物流で排出される二酸化炭素削減や、医療機器の環境配慮設計も進め、消費電力を25%削減する目標を定めました。

2012年には、「シスメックスグループ環境行動計画（シスメックス・エコビジョン2020）」について、「製品・サービス等の環境配慮」と「事業所活動の環境配慮」に集約して再整理しました。「製品・サービス等の環境配慮」は、環境に配慮した製品・サービスの提供や国内の地域間物流の二酸化炭素排出量の50%削減を目指し、「事業所活動の環境配慮」では、事業所における温室効果ガス排出量の50%削減や事業所のリサイクル率93%以上の達成、試薬工場の水使用量10%削減などを目標に掲げています。

2013年には、国連グローバル・コンパクト（UNGC）の10原則と、社会的責任の国際規格であるISO 26000を踏まえた「CSR中期計画」をスタートさせています。

こうした取り組みが評価され、2011年には、ベルギーSRI（社会的責任投資）評価団体フォーラム・エティベルから「Ethibel Pioneer & Ethibel Excellence」に選出されました。これは、人権尊重や環境配慮といった課題において、一定以上のパフォーマンスを示している企業を選出した株式銘柄群です。

さらに、同年カナダの出版社コーポレート・ナイツやアメリカの通信・放送社ブルームバーグが共同で選出する「世界でもっとも持続可能な100社」にも選出されました。また、経済・環境・社会の3つの側面から企業を分析し、持続可能性（サステナビリティ）に優れた企業を選定する「ダウ・ジョーンズ・サステナビリティ・ワールド・インデックス」にも選定されています。同インデックスに含まれる日本企業は、2021年11月時点で35社のみです。

「持続可能な社会の実現」と「自社の持続的な成長」に向けて情報を開示

　2017年には、持続可能な社会の実現および自社の持続的な成長に向けて、優先的に取り組むべき課題（マテリアリティ）を特定し、具体的なアクションプランに展開し、取り組んでいます。マテリアリティは、創業時の企業理念である「3つの安心」（お客様、取引先、従業員）に加え、環境を含む4点が存在しています。製品・サービスを通じた医療課題解決、責任ある製品・サービスの提供、魅力ある職場の実現、環境への配慮を示しました。この4つの内容はサステナビリティレポートで、毎年、取り組み内容をアップデートしつつ、対外的な発信を継続しています。

日本企業へのヒント
——事業のグローバル展開と透明性の高いレポートを発表

　同社から日本企業が得られる最大の示唆は、事業のグローバル展開と一体となった、タイムリーかつ透明性の高い開示の重要性でしょう。シスメックスは2007年に同社初のCSRレポートである「シスメックスあんしんレポート」を発表していますが、これは同社が本格的に欧州での直販を拡大した時期と機を一にしています。

　また、世界シェアの6割を占める同社の主力商品であるヘマトロジー（血球計数検査）分野をはじめ、同社の売上の8割以上は海外が占めています。また株式の4割以上を外国人が保有しているなか（2020年9月現在）、機関投資家の対応をはじめとした情報開示とESG/SDGs経営に関する取り組みにおいて、早くからグローバル対応を意識してきました。

　近年では、新興国市場への拡大やCOVID-19対応におけるPCR検査キットの開発などに注力しており、グローバルなヘルスケアの課題に対するソリューションを迅速に提供することで、ビジネスモデルを自社のESG/SDGs経営の取り組みに一体化させ、さらに事業規模を拡大させています。日本企

業におけるESG/SDGs経営のモデル事例として、同社は引き続き注目に値します。

Coffee Break：世界のESG商品
ニュートラルのカーボン・ニュートラルミルク

・パッケージに「この牛乳は気候変動と闘います」と書かれており、カーボンニュートラルの認証を受けている。
・ニュートラルの取り組み – Measure（全てを計測する）– Reduce（減らす）– Offset（オフセットする）
・嫌気性消化のプロセスを通じて、先駆的な酪農家は牛糞をその場で再生可能エネルギーに変え、そうすることでメタンの排出量を大幅に減らしている。

第6章のまとめ

- 多岐にわたる ESG/SDGs 経営のグローバルケーススタディとして、11社について紹介した。以下、あらためて第5章冒頭の「ESG/SDGs 経営を進める13の大原則」を再度復習用として掲載する。各社の取り組みを見た通り、それぞれの企業が長期のメガトレンドへの対応や自社のミッションへの再定義と重ね合わせながら、試行錯誤を重ねてきた姿が浮かび上がってくる。これらを俯瞰してあらためてわかることは以下となる。

　1）ESG/SDGs 経営の取り組みは長期にわたり、一過性のものでもなく、企業そのもののミッションの再定義やビジネスモデルの再構築にまで影響する1丁目1番地の経営テーマである。

　2）気候変動問題や人権問題への対応をはじめとして、グローバルで対応すべき ESG/SDGs 経営の状況は刻々と変化するため、それぞれの状況にあわせてリーダーシップと知恵出しが必要である（教科書が存在しない）。

　3）まさに①、②で述べた理由から ESG/SDGs 経営は経営トップ自身がコミットすべき事項である。

- ESG/SDGs 経営を巡る企業の一連の取り組みは、まさに「企業変革のプロセス」そのものである。企業活動が個人の活動の集合体である以上、これらの枠組みは、実は個人のキャリア形成に置き換えても有益な示唆が得られることもわかる。ゆえに、現場の担当者、いち関連部署のテーマとして片づけるのではなく、会社全体の経営課題としてトップがコミットしつつも、一人ひとりが、経営者だとしたらどのような判断をするのか。なぜ、そう思うのか。ぜひとも考えてみてほしい。また、これをきっかけに ESG/SDGs 経営を自分ごととして受け取め、前向きに取り組んで行くために本書を参考にしてほしい。

ESG/SDGs経営を進める13の大原則（再掲）

		大原則	概要	実践企業
組織		トレンド変化を察知しよう	メガトレンドや、ステークホルダーの動向に迅速に対応する	ジェットブルー　オーステッド　シスメックス　シスコシステムズ　シーメンス　ボッシュ
		まずは社内に耳を傾けよう	社内課題や現場ニーズからESG/SDGs経営関連の改善のヒントを得る	ジェットブルー
		小さなステップから大きく展開しよう	小さなプロジェクトで成功と信頼を積み重ね、大きな課題に移行する	ジェットブルー
		制約条件を変えていこう	土台がなければインフラや政策づくりから取り組む	グーグル
		仲間を作って助け合おう	社外の個人・組織を対等に巻き込み、大きな目標を目指す	グーグル　ボッシュ
ビジネスモデル		攻めのESG/SDGs経営を進めよう	サステナビリティ性を事業性・ブランド価値に戦略的に寄与させる	ネスレ　テスラ　BNPパリバ
		守りのESG/SDGs経営で広げよう	ステークホルダーを再定義し、サプライチェーン全体で生活水準向上へのアイデアを実行	ネスレ　シスコシステムズ
		攻めと守りの両輪で	事業が成長するほどステークホルダーの生活水準向上も両立	サファリコム　シスメックス
		まず隗よりはじめよ！	まずは社内事例で有言実行し、社外展開する	シーメンス　ボッシュ
		ポートフォリオを見直そう	事業をESG/SDGs経営に対応して区分変更したり、取捨選択する	シーメンス　オーステッド
リーダーシップ		経営者自らが語りかけよう	改革のリーダーシップを発揮し、社内外に発信する	テスラ
		一貫したストーリーを見せよう	中長期的なプランでESG/SDGs経営を会社のアイデンティティにする	テスラ　BNPパリバ　サファリコム　シスメックス
		顧客参加を促そう	製品やサービスへの参加が、地球環境や地域コミュニティへの直接の貢献となる	テスラ　サファリコム

（出所）著者作成

第7章

ケーススタディ②

「ESG評価機関」の
グローバルスタンダード
を知る

MSCIレポートから読み解く成功企業の取り組み

7.1 ESGスコアの改善に成功したグローバル企業の共通点とはなにか

　第5章、第6章では、各社のESGドリブンな戦略や取り組みを俯瞰してきました。そこで本章では、それらの戦略や取り組みがESG評価機関からの評価と、どのように整合するのか、あるいは衝突するのかを読み解いていきます。

　1つ注意したいのは、この手の話題は、ともすればESG評価機関からのスコアを引き上げるにはどうすればいいのか、という指南書やガイダンスを求めがちになります。企業の中身は変えずに、見せ方を変えて自社のESGスコアを上げよう、という発想です。

　ESGスコアを引き上げることは確かに重要ではありますが、企業として社会課題解決やソーシャル・ウェルビーイングの向上につながる商品やサービスを提供するなど、やるべき戦略をきちんと遂行し、適切に情報開示をしていればESGスコアは自ずとあがっていきます。

　そこで本章では、どうすればESGスコアを引き上げられるか、というアプローチではなく、主要な業界でのロールモデルとなりそうな企業の戦略、情報開示、そしてESGスコアの関係性を読み解くことにチャレンジし、結果的にESGスコアの改善につながる示唆を導出するというアプローチをとります。扱う企業は業種、本社の国籍などを考慮し、以下の5社としました。

シーメンス	：	製造、ドイツ
シスコシステムズ	：	IT、アメリカ
ネスレ	：	食品、スイス
シスメックス	：	ヘルスケア、日本
BNPパリバ	：	金融、フランス

　過去30年間の日本企業の時価総額上位企業や、新卒学生の就職希望先企業などがあまり大きくは変わっていないことから（それがいいことか悪いことかはわかりませんが）、比較的長い社歴のある企業としました。

　そこで各社に共通することは、ESGを軸として事業ポートフォリオの中身、あるいは組織運営のやり方を変えて行っているということです。次世代をリードする状況にはない事業は売却し、次の時代に向けた事業を新規に開始する、あるいは買収するを繰り返しています。

　最近では、そこに新たなテクノロジーや社会課題解決の要素を色濃く反映させつつあります。また、組織づくりにおいては、ダイバーシティ＆インクルージョンに代表されるように、平等、公平な職場環境の整備と、人的資本を強くするための働き方改革や従業員教育に注力してきています。

　事業ポートフォリオの変遷という意味では、世の中がESG化すればするほどに、プロダクト・ポートフォリオ・マネジメント（PPM分析）でいうところの「金のなる木」である事業は、安定したキャッシュフローを生み出してくれるものの、ESGの尺度では徐々に時代遅れになる可能性があります**（図表7-1）**。

　一方、ESG時代を見据えた新規事業は、当初は「問題児」ですが、「問題児」事業を開始しないことには将来の「花形」や「金のなる木」になる事業は育ちません。

　オイルメジャー企業による油田事業や、自動車企業におけるガソリン車などが「金のなる木」であり、クリーンエネルギーや電気自動車が問題児（将来の「花形」や「金のなる木」の候補事業）ということになるでしょう。

　これら「金のなる木」から発生するキャッシュフローをもとに、将来の「花形」候補あるいはその原型になりうる「問題児」事業をつくる、あるいは、買収してくることが持続的成長にとっては重要となります。

　特に重要なのは、「問題児」の育成、あるいは「負け犬」にあえて着手することです。なぜなら、「花形」は誰の目にも明らかに魅力的な事業なので、

買収機会があれば当然、買収金額は高くなります。また、研究開発をするにも莫大な資金が必要になります。COVID-19のワクチンや治療薬がまさにこの領域に入るでしょう。

　一方の「問題児」や「負け犬」は企業にとっては伸るか反るかわからないリスクの高い領域になります。しかし、もしこれら「問題児」や「負け犬」をうまく「花形」にまで持っていくことができたなら、企業としては先行者利得を大きく稼ぐこともできます。

ESG時代にはリスクをとって投資する積極性も必要

『フィナンシャル・タイムズ』のインタビュー（2021年12月16日）で、テスラのイーロン・マスク氏がこのように答えています。「長きにわたって、自分達以外の自動車産業関係者は、私とテスラのことを馬鹿だ、詐欺師だといっていたのさ。電気自動車事業なんてうまくいきっこないとね」（著者

図表7-1　プロダクト・ポートフォリオ・マネジメント（PPM）の概念

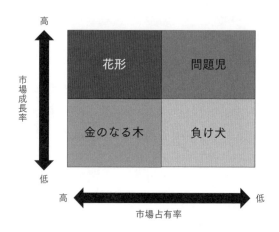

（出所）『BCG戦略コンセプト』（水越 豊著、ダイヤモンド社）内の表をもとに著者作成

訳）。テスラが長きにわたって投資家らからその存続を懸念されてきたのは
みなさんもご存じの通りです。

　まさにテスラは企業そのものが「負け犬」領域にいたわけです。それが
「問題児」へ進化しました。新車出荷台数での市場シェアはまだ2%以下で
す（2021年12月現在）ので、「花形」にはまだ厳密にはなっていないでしょ
う。しかし、2021年に時価総額が1兆ドルを超えたことは、高収益体質で
あることがわかってきたこと。そして、早晩テスラの市場シェアがぐんぐん
と伸びて「花形」になることを今から市場は予見しているわけです。もっと
も、この時価総額は、投機目的のマネーもたくさん惹きつけた結果でしょう
から、この時価総額をもってして、テスラが「花形」になることを保証する
ものではありません。ただ、重要なことは、本来は、花形事業が安定的なキ
ャッシュフローを生み出すようになって、次の事業を買収してくる、あるい
は、新規研究開発や事業投資に資金を振り向けることが可能になります。

　しかし、同社の場合は、その莫大な時価総額をもとにエクイティ・ファイ
ナンスを実施すれば必要なお金はすぐに手に入るという状態になっているこ
とです。高い時価総額は、このPPMのサイクルを短期化してくれます。

　このあと紹介する企業にもすべて共通することですが、ESG時代におけ
る企業経営の特徴は、企業としてリスクを取って投資をする姿勢を一貫して
有していることです。それは、企業をサステナブルにしていくうえで非常に
重要ですし、そういう企業が日本でも、もっともっと増えてくれないかな、
と半ばうらやましい気持ちにすらなります。

7.2　日本企業が重視するESG評価機関

　次に、ESG評価機関の評価手法について概観しましょう。主要なESG評
価機関のあいだでも、評価手法や評価結果に大きな違いが出ることは第4章
でご紹介したとおりです。

したがって、すべてのESG評価機関からの評価を上げようとすれば大変な社内リソースが必要です。そこで、ある程度ターゲットを絞って対応するのが現実的ですが、日本企業では、まずはGPIFが採用しているMSCI、FTSE、S&Pグローバルが対応したい評価機関の候補になっています。

　GPIFが日本企業を対象に行なったアンケート調査の報告資料[1]によると、それら3つの評価機関の中では、日本企業はMSCIとFTSEと比較的頻繁に対話をしていることが報告されています（それぞれ27.2％と26.3％）。

　MSCIとFTSEのESGスコアの相関係数が低いことは第4章で触れたとおりですが、それは両者の評価手法に大きく影響を受けているものと考えられます。たとえば、MSCIは、MSCIが重要だと考える特定の項目（キーイシュー）を中心に評価付けを行っており、業種によって重視される項目は大きく変わってきます。

評価手法に独自性があるMSCI

　なお、MSCIのESGスコアについては、先のGPIFのアンケート調査の中で大型銘柄企業の2割弱が「あまり評価しない」あるいは「評価しない」と回答しています。理由の詳細はわかりませんが、そのような評価手法の独自性が一部の企業からの評価を下げている理由かもしれません。

　筆者らによる日本企業へのヒアリングでも、「MSCIはブラックボックスだ」と表現し、MSCIのスコアの解明に苦労されている声を聞きました。ただし、ESGスコアを主に活用するのは機関投資家サイドであり、機関投資家から評価されていれば、企業側からの評価が高くなくともよいという議論もできます。

　このようにMSCIについては、やや見方が割れることは興味深く、その分、中身を紐解く価値がありそうです。また、筆者らによる機関投資家へのヒアリングではMSCIとSustainalytics（サステナリティクス）を重視する傾向がありました。そこで、本書ではMSCIのESG評価と照らす形でいくつ

かの企業を分析していきます。

　どのESG評価機関も、評価手法やその内容については何らかの形で公開しており、先のGPIFのアンケート調査によれば過半数の日本企業がそれらメソドロジーを見たことがあると回答しています。したがって、ESG評価機関ごとの手法の比較や詳細は、ほかに譲ります。本書で扱うMSCIについては、そのESG評価手法を以下に簡単にまとめておきます。なお、本書で扱うMSCIのESGスコアは、有償契約でのみ提供される非公開情報を含んでおります。筆者らはそれらのデータの一部を本書で用いることについてMSCIより許可を得ております。なお、データの正確性や完全性についてはMSCIが保証するものではありません[2]。

7.3　MSCIのESG評価手法の概要

　MSCIのESG評価手法の概要は、同社のMSCI ESG Rating Methodologyに記載されています。詳細な内容はMSCIと有償契約をした機関にのみ提供され、150ページにおよぶ説明がなされていますが（2021年11月時点での最新版は2021年8月のバージョン）、概略は15ページほどのExecutive Summaryとして一般公開されています（2021年11月時点での最新版は2020年12月のバージョン）。以下では、それらふたつの説明の主要な論点を、具体的な事例とともに概説していきます。

　まず、MSCIが産業ごとに定めているキーイシューは何かを把握することが必要になります。E（環境）、S（社会）、G（ガバナンス）の3つの領域（Pillar：ピラーと呼ぶ）について、それぞれ**図表7-2**のように、合計で37の重要項目を定めています。この中からいくつかのキーイシューが選定されていきます。たとえば、**図表7-2**で示されているのは、2020年5月時点での、鉱山会社とIT企業にとってのキーイシューです。鉱山会社は6つの領域（「水資源枯渇」、「生物多様性と土地利用」、「有害物質と廃棄物管理」、「労働マネ

図表7-2　MSCIのキーイシュー

環境				社会				ガバナンス	
地球温暖化	自然資源	廃棄物管理	環境市場機会	人的資本	製品サービスの安全	ステークホルダーマネジメント	社会市場機会	コーポレートガバナンス	企業行動
二酸化炭素排出	水質源枯渇	有害物質と廃棄物管理	クリーンテクノロジー	労働マネジメント	製品の安全と品質	紛争メタル	コミュニケーションへのアクセス	取締役会構成	企業倫理
製品カーボンフットプリント	生物多様性と土地利用	包装材廃棄	グリーンビルディング	労働安全衛生	製品化学物質安全		金融へのアクセス	報酬	公正な競争
環境配慮融資	責任ある原材料調達	家電廃棄物	再生可能エネルギー	人的資本開発	安全な金融商品		ヘルスケアへのアクセス	オーナーシップと支配	汚職と政治不安
温暖化保険リスク				サプライチェーンと労働管理	プライバシー&データセキュリティ		健康市場機会	会計リスク	財務システムの不安
					責任ある投資				財務システムの安定
					人口動態保険リスク				租税回避

3つの評価プロセス
1.インダストリーごとのキーイシュー選定
2.リスクエクスポージャーの測定
3.リスクマネジメントの測定

鉱山会社のキーイシューの事例
IT会社のキーイシューの事例

（出所）経済産業省「第5回サステナブルな企業価値創造に向けた対話の実質化検討会、2020年5月29日、資料6 プレゼンテーション③資料、「MSCI ESG リサーチの紹介」より転載

ジメント」、「労働安全衛生」、「汚職と政治不安」）と、大きく囲まれたコーポレートガバナンスのすべての項目が該当し、IT会社のキーイシューとしては3つの領域（「クリーンテクノロジー」、「人的資本開発」、「プライバシー＆データセキュリティ」）と大きく囲まれたコーポレートガバナンスのすべての項目が選定されています。

　MSCIのESGスコアの観点だけで考えるならば、鉱山会社がIT会社のキーイシューに対応すること、あるいはまたその逆は、あまり意味がありません。これは鉱山会社にとって、IT会社のキーイシューである「クリーンテクノロジー」や「プライバシー＆データセキュリティ」が重要ではない、という意味ではなく、産業特性上より重要なイシューが存在するため、それらに重点的に対応して欲しいという意味合いとなります。

　産業ごとに選定されたキーイシューのなかでも、重要度に応じて重み付け（ウエイト付け）がなされます。これについては、のちの事例で具体的に見て

いきます。

　なお、鉱山会社でもIT会社でも、コーポレートガバナンスの4項目は、キーイシューに含まれていましたが、ガバナンスはすべての企業でキーイシューに含まれます。つまり、E（環境）とS（社会）の領域は産業に応じて変化する一方、G（ガバナンス）は、すべての企業で評価対象となり、また、ESGスコアに占めるガバナンスのウエイトは、どの企業でも最低33％を占めることとなっています。このように、MSCIではガバナンスを重視していることが1つの特徴です。

　自社の業界ではどのようなキーイシューが評価対象となるかを知りたければ、MSCIがウェブサイトで公開しているESGインダストリアルマテリアリティマップで確認することができます。たとえば、製薬企業であれば、まず大カテゴリーとしてヘルスケア業界を選択し、その後、サブカテゴリーで製薬業界を選択することで、キーイシューとそのウエイトを知ることができます。この場合、具体的には、E（環境）から有害物質と廃棄物管理（9％：括弧内はウェイト、以下同じ）、S（社会）からは製品の安全と品質（27％）、人的資本開発（18％）、ヘルスケアへのアクセス（12.6％）、製品化学物質安全（0.2％）、そしてコーポレートガバナンス（33.1％）であると示されます。

　また、企業独自のキーイシューの選定を行うこともあります。同業他社にとってはさほど深刻ではないものの、特定の企業にとっては重要なイシューが存在する場合は企業固有のイシューとしてスコアに反映します。これに該当するのは評価対象企業全体の17％とのことです。事業内容が多様化しがちな産業であてはまる傾向にあるとのことで、コングロマリット企業や商社、特定の小売企業などが該当するようです。本章で後で扱うネスレも該当します。

　キーイシューが選定されると、次に、各社のリスクエクスポージャーと、それに対してのマネジメント力が測定されていきます。端的には、各社がどの程度のリスクにさらされていて、それらに対応する力をどの程度有してい

るか、ということになります。すべての領域において高いマネジメント力が求められているわけではなく、エクスポージャー（リスク）が低い領域のマネジメント力は低くても構わないが（さほどスコアに影響は与えない）、エクスポージャーの高い領域には高いマネジメント力が必要という発想です。

　なお、MSCIのESG評価は公開情報によってのみなされており、企業へのアンケート調査などは実施していません。また、企業がMSCIに何らかの非公開情報を提供したとしても、それは活用されず、あくまでも、公開情報のみで評価されます。

　MSCIのESG評価レポートは、当該企業には無償で提供され、企業からのフィードバックなどは歓迎するとのことで、2020年にはMSCI ACWI（All Country World Index）構成銘柄の57％の企業がMSCIになんらかのフィードバックを行ったとのことです。

MSCI ACWIについて

　MSCI ACWIは、あまり馴染みのない方もいらっしゃるかもしれませんが、最近は日本経済新聞の記事でも登場しつつあります。2021年12月27日の記事では、「国際投資でもっとも利用されている」インデックスと紹介されています。

　先進国23カ国と新興国27カ国の大型株と中型株銘柄の2,976銘柄で構成されています（2021年11月30日現在）。このあと見ていく具体的な企業の事例においても、各社の同業他社は同じ国の同業他社に限定されず、すべてこのMSCI ACWIに含まれるグローバルな銘柄になります。

　同インデックスに含まれる日本企業は250社ですが、MSCIに含まれる日本銘柄数は年々減少傾向であり、Bloombergの2021年11月30日の記事によれば、MSCI ACWIにおける日本株の割合は、コロナ前の2019年11月には7.35％あったものが2021年11月の見直しで5.65％に減少してしまうとのことです。われわれ著者が本書籍を執筆している1つの大きな動機は、日

本企業の世界におけるプレゼンスの向上にあるので、1 社でも多くの企業が世界の投資家にとって must have（絶対に保有すべき銘柄）になることを願ってやみません。

話はやや外れましたが、以下では具体的な企業の戦略と ESG の評価を見ていきます。各社の MSCI の ESG レポートは 2021 年 9 月 21 日に取得しており、データはその時点で最新のもの、ということになります。

7.4 　シスコシステムズ 　上手な M&A で ESG を事業成長の軸へ

シスコシステムズ（以下、シスコ）は、第 6 章で見たとおり外部環境の変化に応じて臨機応変に事業内容を BtoB から BtoC へ、そしてまた BtoB へと上手にシフトしてきています。事業ポートフォリオにあるキャッシュカウ（金のなる木）事業から安定的に生み出されるキャッシュをうまく活用し、新規事業を立ち上げ、そして多数の M&A を実施することで事業ポートフォリオを変化させてきました。

同社の収益を見てみると（**図表 7-3**）、2011 年から 2021 年にかけて売上高は微増である一方、EBITDA の伸び率が売上高の伸び率を上回っており、EBITDA マージンが改善していることがわかります。この 1 つの要因は、事業内容を成長事業にシフトしてきたことと、M&A です。そして、継続的にコストコントロールが上手に行われています。

これらの収益体質の改善を反映して、同社の時価総額も EV/EBITDA 倍率（事業価値が EBITDA の何倍かを表す指標）も上昇しました。2021 年はコロナ禍からの消費回復を受けて欧米の株式市場は大幅に上昇したので、そこを比較の時点とすることには抵抗を感じる方もいると思いますので、株価関連は 1 年遡って、2010 年と 2020 年の比較を行いました。

結果は **図表 7-4** のとおりです。同社の時価総額は 10 年の間に約 1.5 倍に

図表7-3　売上高およびEBITDAとEBITDAマージンの推移

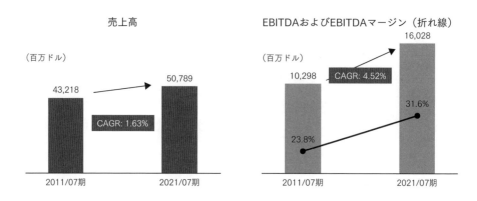

売上高

（百万ドル）

43,218　50,789

CAGR: 1.63%

2011/07期　2021/07期

EBITDAおよびEBITDAマージン（折れ線）

（百万ドル）

16,028

10,298

CAGR: 4.52%

23.8%　31.6%

2011/07期　2021/07期

（出所）シスコのデータをもとに著者作成

図表7-4　時価総額およびEV/EBITDA倍率推移

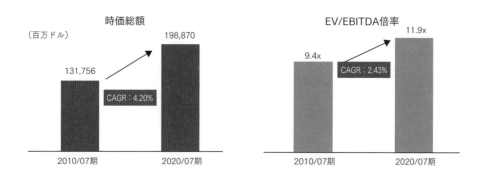

時価総額

（百万ドル）

198,870

131,756

CAGR：4.20%

2010/07期　2020/07期

EV/EBITDA倍率

11.9x

9.4x

CAGR：2.43%

2010/07期　2020/07期

（出所）SPEEDA のデータをもとに著者作成。分析における2021年の欧米株式市場の大幅な上昇の影響を避けるため、2010年と2020年で比較

増加しており、年率増加率は4.2%です。またその期間のEV/EBITDA倍率は9.4倍から11.9倍に上昇しており、株式市場からの評価が高まったことがわかります（なお、2011年と2021年で比較すると、時価総額、EV/EBITDA倍率ともに約3倍に増加しています）。

　図表7-5は、シスコの株価推移について、左はMSCI ACWIのハードウェア、ストレージや周辺機器の業種の株価指数と比較したもの（直近10年間の業績の前後の11年間：2010年末～2021年末）、右はアベノミクス以降（2013年末～2021年末の8年間）の日本の同業他社の株価との比較です（以後で扱う企業も同様の要領でグラフを作成）。

　2020年以降は世界的なテクノロジー銘柄の株価高騰によりMSCI ACWIの業種インデックスが大幅に上昇しているものの、シスコの株価も総じて堅

図表7-5　シスコの株価推移（MSCI ACWI業種インデックスと日本の同業他社との比較）

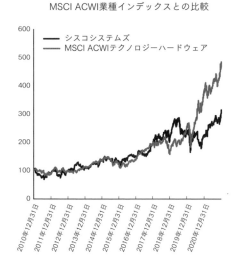

MSCI ACWI業種インデックスとの比較

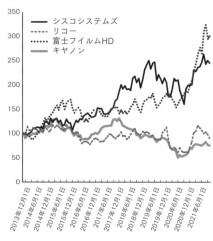

日本の同業他社との比較

（出所）Bloombergのデータをもとに著者作成

調に推移していることがわかります。

　図表7-6は、同社の10年間での全社売上高に占める事業セグメントの割合の変遷です。カテゴリーが同じでないので、単純な比較はできませんが、近年ではメンテナンスなどのサービス、アプリケーション、セキュリティ関連事業が確立してきていることがわかります。なお、地域別の収益についてはこの10年間でほとんど変化はなく、アメリカが収益の約60％、約25％が欧州、15％がアジアパシフィックという状況です。

事業の優先度にあわせてカテゴリーを変更

　同社はM&Aに積極的であり、利益および時価総額の維持・向上に大きく寄与しています。基本的には既存事業で稼ぎ出した営業キャッシュフローを、他社の買収に充てることで持続的な成長を可能にしています。**図表7-7**は過去10年間の同社のM&A案件のうち、規模の大きい主要なものの

図表7-6　事業セグメントの変遷（売上高ベース）

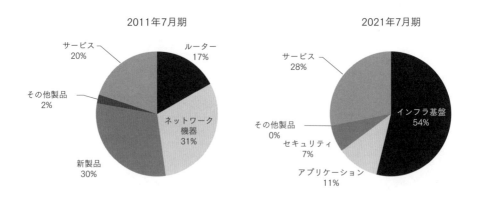

（出所）シスコの開示資料をもとに著者作成

図表7-7 シスコの直近10年間の主要なM&A案件

買収
Secure, Agile Networks（安全でアジャイルなネットワーク）
2016年　Springpath（ハイパーコンバージェンスソフトウェア、320百万ドル）
2017年　Viptela（ソフトウェア、610百万ドル）
2019年　Luxtera（半導体、660百万ドル）
Hybrid Work（ハイブリッドワーク）
2015年　Acano（ビデオインフラ、700百万ドル）
2017年　BroadSoft（UCaaS、1,900百万ドル）
2018年　Accompany（AI、270百万ドル）
End to End Security（エンドツーエンドセキュリティ）
2013年　Sourcefire（セキュリティ、2,700百万ドル）
2015年　Lancope（セキュリティ、452百万ドル）
2016年　CloudLock（クラウドベースセキュリティ、293百万ドル）
2017年　Duo Security（セキュリティ、2,350百万ドル）
Internet for the Future（未来に向けたインターネット）
2016年　Leaba Semiconductor（半導体、320百万ドル）
2021年　Acacia（通信機器、4,500百万ドル）
Optimized Application Experiences（最適なアプリケーション体験）
2012年　Meraki（クラウド、1,200百万ドル）
2016年　Jasper（IoT、1,400百万ドル）、CliQr Technologies（クラウドネットワーク、260百万ドル）
2017年　AppDynamics（ITモニタリング、3,700百万ドル）

売却
Service Provider Video（動画配信サービス）
2015年　Customer Premises Equipment Business（セットトップボックス、600百万ドル）

（出所）SPEEDA、同社公表資料、各種記事より著者作成

みをピックアップしたものですが、非常に活発なM&A活動をしていることがわかります。利益率の低い事業を売却するなど、収益構造の改善にも貢献しています。

　また、この買収案件のリストからもわかるように、同社の事業ポートフォリオは、外部の社会およびテクノロジー環境の変化に応じてクラウド、セキュリティ、IoT、5Gなど次世代の事業を中心とするものにアップグレードしてきています。合わせて、2022年度より事業カテゴリーも**図表7-8**のように変更しています。

　同社の発表によると、事業の優先度に合わせる形で事業カテゴリーの変更を行ったということです。それは自ずと組織変更を意味します。第8章で詳しく見ていきますが、組織変更に柔軟に対応可能な人材が社内に備わっている必要があります。そのためには従来の事業の延長線上でのOJTのみではない、リスキリング（従業員のスキルの再構築・再取得）が必要になります。

図表7-8　シスコの新しい事業カテゴリー

Existing Categories （既存のカテゴリー）	New Categories （新しいカテゴリー）	Product Elements （製品要素）
Infrastructure Platforms （インフラストラクチャー プラットフォーム） Applications （アプリケーション） Security （セキュリティ） 次のように移行	Secure, Agile Networks （安全でアジャイルなネットワーク）	CampusSwitching, DataCenterSwitching, Enterprise Routing, Compute & Wireless （施設スイッチング、データセンタースイッチング、エンタープライズルーティング、コンピュート＆ワイヤレス）
	Hybrid Work （ハイブリッドワーク）	Collaboration（コラボレーション） Contact Center（コンタクトセンター）
	End-to-End Security （エンドツーエンドセキュリティ）	SASE + NetSec, Zero Trust Security, Detection & Response, Application Security （SASE ＋ ネットワークセキュリティ、ゼロトラストセキュリティ、検知と対応、アプリケーションセキュリティ）
	Internet for the Future （未来に向けたインターネット）	Routed Optical Networking, Public 5G, Silicon & Optics （ルーティッドオプティカルネットワーキング、公共5G、シリコンオプティクス）
	Optimized Application Experiences （最適なアプリケーション体験）	Full Stack Observability（フルスタックオブザーバビリティ） Cloud-NativePlatform（クラウドネイティブプラットフォーム）

（出所）シスコのウェブサイトの資料をもとに著者が独自に翻訳

このあと見ますが、シスコは、この人的資本開発のキーイシューでも高いスコアを獲得しています。

世界トップクラスのESGスコアを獲得

　ここからは、シスコのESGスコアを見ていきます。まず、**図表7-9**で同社の全体像を捉えましょう。過去5年間のESGスコアの変遷によると同社のESGスコアは当初3年間がA、直近2年間はAAです。同業他社の分布図からは、MSCI ACWIインデックスのハードウェア技術、ストレージやその周辺機器の業種に含まれる50社の中で、AA格の企業は20％であり、AAA格の企業が存在しないことから、世界的にもシスコが業界の中でトップクラスのESGスコアを獲得していることがわかります。

　ここまでのデータは、MSCIのウェブサイトでも一般に公開されています（以下で扱う他社も同じ）。ただ、これ以上のデータになると、同社が提供し

図表7-9　シスコのESGスコアの推移と同業他社の分布

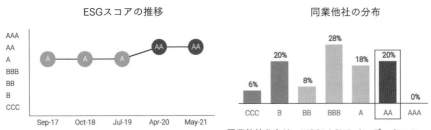

同業他社分布は、MSCI ACWI インデックスの Technology Hardware, Storage & Peripherals 業種に含まれる50社の分布

ている個別企業に関してのレポート（有償、ただし、当該企業には無償で提供される）を見ないとわかりません（以降、MSCIのデータやレポートの記載内容が登場しますが、MSCIの許可を得ています。なお、データの正確性や完全性についてはMSCIが保証するものではありません）。

　図表7-10には、同社のキーイシューとESGスコアへの寄与度が示されており、E（環境）の「クリーンテクノロジー」、S（社会）の「人的資本開発」「プライバシー＆データセキュリティ」、そしてG（ガバナンス）において、同社はプラス評価されていることがわかります。「サプライチェーンと労働管理」「紛争メタル（原材料調達）」については、業界平均です。

キーイシューとウエイト付け──ガバナンスの比重が全体の33%

　図表7-11は、それぞれのキーイシューのウエイト、業界平均スコア、そして同社のスコアが表示されています。先の説明のとおり、ガバナンスに

図表7-10　シスコのESGスコアへのキーイシューの貢献度

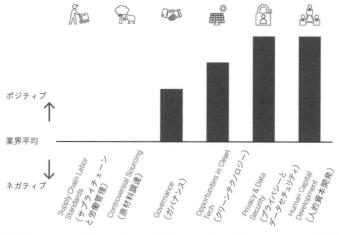

（出所）シスコのMSCIレポート（2021年9月21日時点）をもとに著者が独自に翻訳
Reproduced by permmission of MSCI Research LLC©2021

33%のウェイトがかかっています。そして、実際のレポートには、各キーイシューに対する同社の取り組みや現状の要点が記載されています。以下同社の実際の取り組み、開示状況、そしてESGレポートでの評価を順に見ていきましょう。

E: Opportunities in Clean Technology
（クリーンテクノロジーでの事業機会：ウェイト14%）

　まずE（環境）ですが、興味深いのは、同社にとって環境はビジネス機会としての評価になっているということです。同社の事業ポートフォリオ上、他社に見られるような温暖化ガスの排出や商品パッケージの材質、水の効率的利用などの懸念が少ないためです。

　業種によって環境対応が機会にも減点回避にもなることを如実に表してい

図表7-11　シスコのキーイシューとそれぞれのウエイト付けとスコア

キーイシュー	ウエイト	業界平均	シスコの スコア
加重平均キーイシュースコア		4.3	5.5
環境	14%	3.8	5.5
クリーンテクノロジーの市場機会	14%	3.6	5.5
社会	53%	4.5	5.9
人的資本開発	18%	3.1	5.1
サプライチェーンと労働管理	14%	5.7	5.1
プライバシー＆データセキュリテイ	13%	7.2	7.6
紛争メタル（原材料調達）	8%	5.8	6.4
ガバナンス	33%	4.4	4.9
コーポレートガバナンス		5.5	5.9
企業行動		4.3	4.9

（出所）シスコのMSCIレポート（2021年9月21日時点）をもとに著者作成
Reproduced by permmission of MSCI Research LLC©2021

ます。この点は、この後登場するネスレと対比するとよりわかりやすいと思います。

このクリーンテクノロジーのキーイシューは、業界平均3.8に対して、同社は5.5ですが、同社の2020年の売上高の10.2％がエネルギー効率を上げる製品から生まれていることがレポートでは評価されています。クリーンテクノロジー分野の機会をうまく経営陣が収益につなげています。なお、Automation（自動化）とRenewable（再生可能）という単語が、2019年のCSRレポートではそれぞれ7回と69回出現していますが、それらは2014年のCSRレポートでは0回と31回の言及でした。これら分野への取り組みを近年、積極化していることがわかります。第6章で見たとおり会社全体として環境配慮への関心が高いことも、クリーンテクノロジー関連ビジネスへの感度を高めた要因でしょう。

S: 同社にとってもっともウエイトの高い（53％）領域

・Human Capital Development（人的資本開発：ウェイト18％）

同社にとってESGスコアへの影響がもっとも高いのはS（社会）の領域です。まず、人的資本開発を見ていきます。業界平均3.1に対して、同社は5.5であり、同社のESGスコアにもっとも寄与している項目になっています。MSCIのレポートによれば、当項目でのリスク要因は、社員が短い期間で退職してしまうことによる再雇用コスト、知的資産と人的資産の流出、それらによる魅力的な人材の獲得難となっています。事業の性質上、専門性およびスキルの高い人材がどの程度求められるか、また、平均給与はどの程度必要かという点も見られています。これらに大きな影響を与えうる事象として、直近3年間におけるM&Aや従業員の10％以上あるいは1,000人以上に影響がおよぶレイオフが挙げられています。

それらへの対応としての社内トレーニングの中身が評価されますが、評価対象は多岐にわたります。たとえば、従業員の苦情対応、従業員満足度調査

の実施状況、ストックオプション保有プログラムの中身、給与以外のベネフィットプラン、定期的な人事考課とフィードバック、ジョブ毎のトレーニングプログラム、幹部向け研修プログラム、新人育成プログラムなどです。これらのうち従業員のトレーニングプログラムについては、同社は従業員の参加率が100%になっています（2016年）。

　同社の2020年のアニュアルレポートを見てみると、従業員のウェルビーイングに関するプログラムが詳しく記載されています。具体的にはPhysical health（身体的健康）, Mental health（精神的健康）, Family care（家族ケア）, Financial health（財務的安定性）に分けてその取り組みの説明が行われています。また、近年日本企業でも話題となっているリスキリングという単語も登場しており、従業員満足度に寄与しています。研修プログラムが存在するのみならず、従業員が実際に参加し、スキルアップや満足度向上に寄与するというサイクルが必要になります。それらをキチンと実施して、対外資料で開示、説明してやっとこの項目の数値は高くなります。実際、MSCIのレポートでは、同社が外部の評価機関による働きやすい職場ランキングで上位にランクインしている（たとえば、『フォーブス』の「World's Best Employers」や『フォーチュン』の「Fortune Magazine's Great Places Work List」で4位など）ことも記載されています。

　組織づくりの面においても、経営層に占める女性割合は2016年から2020年の間におおむね40%前後で推移しており、従業員に占める女性の割合も2018年の25%から2020年には27%へと上昇しており、ダイバーシティのある組織づくりを推進しています。

- **Privacy and Data Security**
（プライバシー＆データセキュリティ：ウェイト13％）

　みなさんの職場でも同社のWebExをオンライン会議で利用している会社も多く存在すると思いますが、その分、同社にとってこのキーイシューのリスクエクスポージャーが高いことは容易に想像がつくでしょう。このキーイシューに対して、同社はうまく対応をしており、同社のESGスコアに2番目に寄与度の大きい項目となっています。

　その要因は、人的資本開発とも密接に関わっています。MSCIのレポートでは、同社の情報セキュリティ基準が適切な外部評価を受けていることと、従業員向けのコンプライアンストレーニングが充実していることが評価されています。

　同社の2020年のアニュアルレポートを見てみると、従業員向けに年次の社内セキュリティカンファレンスを世界各地およびオンラインで開催していることの結果として、社内のデータ保護・セキュリティチームへの通報件数が上昇したことが記載されています。どのような企業であれ、大なり小なり何らかのリスクや手抜かりが存在するものです。研修や啓蒙をし、きちんと機能すれば、今までは見過ごされてきた、あるいは、気づかずにいたものが社員によって意識されるようになります。通報が増えたのは社内プログラムが機能した証拠であると同社は前向きに理解しています。

　なお、このスコアの満点は10点で、業界では20％の企業が10点を獲得しています。その中にはアメリカのアップルやHP、そして、日本のキヤノン、富士フイルム、そしてリコーが含まれています。

- **Supply Chain Labor Standards**
（サプライチェーンと労働管理：ウェイト14％）

　一方、同じ人的資本のテーマの中でも、サプライチェーンと労働管理のキーイシューについては、同社のスコアは5.1と、業界平均の5.7を下回って

います。同社は、強制労働、児童労働、労働時間、残業手当、最低賃金、健康と安全性などすべての項目において、行動規範は業界トップレベルとなっているのですが、サプライチェーン上に労働環境が劣悪な環境が存在すること、また、監査が不十分であることがスコアを押し下げています。

　同社も対応すべき課題として認識しており、2019年、2020年のCSRレポートを見ると、サプライチェーンにおける労働環境や人権ガバナンスの評価や透明性を担保する体制の構築と、それを従業員に学ばせるトレーニングの実施などが説明されています。

　また、児童労働についてはその存在を認めなかったものの、サプライヤーの中には児童労働に関する対応が明文化されていない事業者も存在することが、監査の結果判明したと記載されています。

　これらについては、サプライヤーへの監査、デューデリジェンスを徹底しつつ、中長期的には可能であれば（むずかしいことも多いのですが）シスコのサプライチェーンを適切な事業者やロケーションにシフトしていく必要もあるでしょう。

G: ガバナンス

　シスコは過去5年間でガバナンスのスコアを改善してきました。ガバナンスでの評価項目は、報酬、取締役会構成、オーナーシップと支配、会計リスクの4つですが（他社も同じ）、このうち、報酬はもともと高いスコアを獲得していましたが、取締役会構成とオーナーシップと支配の2つの領域での改善がガバナンス全体のスコア押し上げに寄与しています。

　シスコの2020年のアニュアルレポートを見ると、ダイバーシティ、プロフィール、スキルマトリックスなど、取締役構成員の情報がわかりやすく記載されています。10名中9名が独立社外取締役であり、常勤取締役は1名のみとなっています。構成員のうち女性は3割ですが、女性やマイノリティというくくりにすると、4割となります。

なお、独立社外取締役のうち、少なくとも1名がOverboardingを引き起こしているとの指摘を受けており、減点対象となっています。Overboardingとは、1人が数多くの企業で社外取締役を引き受けていることを意味します。MSCIの基準では、当該企業以外に3社以上の企業で取締役に就任している状況（当社を含めて4社以上）をOverboardであるとしています。これは、最近日本でも議論されていますが、1人の人間があまりに多くの企業で社外取締役に就任すると、それぞれの企業できちんと機能しないのではないかという懸念です。MSCIは、社外取締役を務める人物が各社に割ける時間が限られることで善管注意義務懈怠（ぜんかんちゅういぎむけたい）となる可能性を指摘しています。また、独立社外取締役のうち、任期が15年を超える3名については、独立性の懸念からフラグが立っており、減点要因にもなっていることから、独立役員であってもあまりに長い任期は好まれないこともわかります。

　もう1つ、CEOが取締役会の議長でもある点は、取締役会の独立性の観点上好ましくないと指摘を受けており、減点されています。この点、日本企業の多くは分離されておらず、むしろCEOが取締役会議長を兼任していることが一般的なので、日本企業にとっては1つ考慮すべき事項ということになります。なお、MSCIによると、市場の66％の企業において、それらは分離されているそうです。

　日本の監査役会に該当するAudit Committeeについては、構成要因の3名すべてが財務の専門家であること、また、1名はリスクマネジメントの専門家であることが示されており、MSCIの基準を満たしているとのことです。この点、多くの日本企業では、いまだに監査役会の構成メンバーが財務や経理経験者は1名のみで、残りはお飾り的な人員というケースも見られるため、対応が必要になるでしょう。取締役のみならず、監査役のスキルマップも重要になるということです。

　報酬面では、経営陣の報酬がサステナビリティと結びついていない点は減点されています。この点は、あとで登場する企業を含めてまだ実施できてい

ない企業が海外でも多数派です。

　一方、企業倫理と腐敗防止については詳細なポリシーを制定していることが評価されており、業界平均よりもこの項目のスコアが高くなっています。ただ、倫理基準への定期的監査が行われていないこと、内部告発者の保護制度が十分でないこと、全従業員向けの倫理基準のトレーニングプログラムが存在しないことなどは減点対象となっています。

　内部告発については、2021年はメタ（元フェイスブック）やアリババの元従業員によるものが話題となりましたが、健全な内部告発機能と内部告発者の保護制度が社内できちんと機能していれば、あのような大きなニュース沙汰になることもなかったかもしれません。各ステークホルダーの利益毀損を未然に防ぐという意味でも、この項目は重要です。

日本企業へのヒント──従業員の成長機会を設ける

　シスコは、従業員数が約10万人の多国籍企業でありながら、人的資本開発とコーポレートガバナンスに強みを有しているという特色があります。特に、人的資本開発に関しては、多様な従業員のニーズを満たすための幅広いウェルビーイング関連のプログラムを用意し、従業員にインクルーシブな環境を提供する一方、スキルセットに関してはリスキリングで従業員の満足度とコミットメントを高めようとしており、従業員数が多い日本企業にとって大いに参考になると思われます。

　コーポレートガバナンスの面では、近年日本でも議論されている取締役のスキルマトリックス、ダイバーシティ、複数企業での社外取締役の兼任数、独立社外取締役の任期、CEOと取締役会議長の分離、そして、監査役の要件（お飾りではない監査役の重要性）などにきちんと対応していないと、減点となることが示されています。

　社外取締役を形だけ導入してきた多くの日本企業にとっては、次はその中身を整えていく必要があるでしょう。場合によっては既存の社外取締役をガ

ラリと入れ替えることも検討すべきです。

　次節以降では、業種、国籍の異なる他4社についても見ていきますが、シスコで見ていない項目を中心に見ていきますので、本節よりも記述量は少なくなります。それら4社の取り組みがシスコに比べて劣っているということではありません。

　なお、シスコはMSCIのESGスコアに関して、なんらかの反応をMSCIに提供しており、両者の間では頻繁なやり取り（直近2年間で10回以上）が行われていることもレポートでは報告されています。MSCIは、公ではない情報をスコアに反映することはありませんので、そのコミュニケーションの大半は企業側がスコアの理由や背景をより正確に理解し、自社の政策、戦略に生かすためだと思われます。日本企業にとっても同様のアプローチが重要になっていきます。このMSCIとの頻繁なコミュニケーションはシスコのみが行っているわけではなく、この後紹介する4社すべて行っています。

7.5　シーメンス　事業カテゴリーのスピードある変更で利益率を向上

　シーメンスは、同社が継続的に行ってきたR&D（研究開発）とM&Aをもとにした事業ポートフォリオの変化を通じて、事業体そのものがまさにESG時代にマッチしたものになってきています。

　近年は、事業カテゴリーも頻繁に変更していますが、各事業部の利益率を毎年のアニュアルレポートで公表しており、投資家をはじめとする関係者にとって、どの事業が稼ぎ頭で、どの事業にテコ入れが必要か一目瞭然となっています。早いスピードで各事業部のリストラ（事業の再構築）や組織再編成を行っていることも同社の特徴です。

企業規模はコンパクト化したが、株式市場の評価は高まる

まずは業績の全体像を把握していきましょう。**図表7-12**でわかりますが、同社の売上高は10年間で15%ほど減少しています。EBITDAも同様です。一方、EBITDAマージンは、横ばいです。

なお、この手の2時点のみのデータで業績を比較する場合、それらが何らかの特殊な要因によって業績が例年に比べて上振れ、下振れしていると適切な比較となりません。そのため売上高成長率や営業利益率の毎年の変化もデータとしては確認していますが、大きな違いはありません（他4社も同様）。

これを受けて株式市場の評価は、**図表7-13**のとおりです（先ほどのシスコ同様の理由で、1年遡って2010年と2020年で比較）。時価総額は、売上高やEBITDAの額とは逆の動きをしており、10年間で30%増加しています。

企業規模は小さくなっている一方、時価総額は増えているのです。そし

図表7-12 売上高およびEBITDAとEBITDAマージンの推移

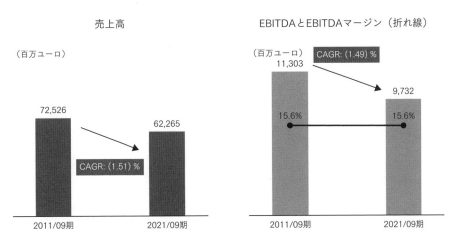

（出所）シーメンスのデータをもとに著者作成

図表7-13　時価総額およびEV/EBITDA倍率推移

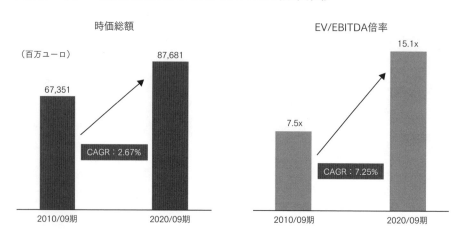

（出所）SPEEDA のデータをもとに著者作成。分析における2021年の欧米株式市場の大幅な上昇の影響を避けるため、2010年と2020年で比較。

　て、株式市場の評価をもっとも表しているのがEV/EBITDA倍率です。これは10年間で倍増です。株式市場からの評価は大きく高まっているのです（なお、2011年と2021年で比較すると、時価総額は約2倍に、EV/EBITDA倍率は約3倍に増加しています）。また、**図表7-14**でわかるように、株価の推移も堅調です。これら株式市場での前向きな評価は、主に事業ポートフォリオの変化からきています。

　なお、地域別の売上高を見てみると（**図表7-15**）、10年の間に欧州・中東・アジアの割合を減らす一方、成長率の高いアジア・オーストラリアの割合が増えており、グローバルベースで地域構成がバランス良くなっています。欧州以外の地域での収益拡大と第2章で確認した事業ポートフォリオの変化は、積極的なM&Aによっても支えられています。過去10年間の主なM&A案件をまとめたものが、**図表7-16**ですが、これを見ると多くの事業を売買していることがわかります。

図表7-14 シーメンスの株価推移（MSCI ACWI業種インデックスと 日本の同業他社との比較）

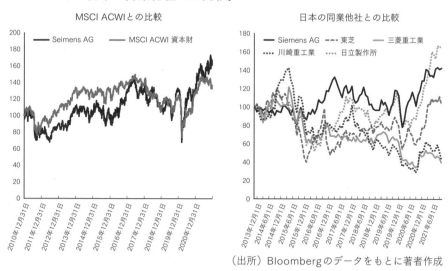

（出所）Bloombergのデータをもとに著者作成

図表7-15 売上高の地域内訳の変遷

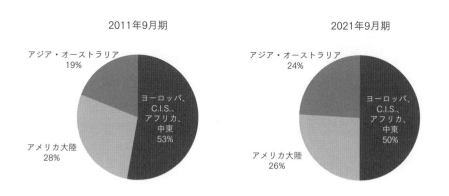

（出所）シーメンスの開示資料をもとに著者作成

図表7-16　シーメンスの最近の主要なM&A

買収
Digital Industries（デジタル産業）
2016年　Mentor Graphics（電子設計自動化、4,500百万ドル）
2018年　Mendix（ソフトウェア、600百万ユーロ）
Smart Infrastructure（スマートインフラ）
2014年　Rolls Royce エネルギー事業（950百万ユーロ）
Mobility（モビリティ）
2012年　Invensys Rail Group（鉄道管理、2,200百万ユーロ）

売却
Digital Industries（デジタル産業）
2013年　Nokia Solutions and Networks（通信、1,700百万ユーロ）
2015年　Unify（コミュニケーション、340百万ユーロ）
Smart Infrastructure（スマートインフラ）
2013年　Water Technologies（水事業、640百万ユーロ）
2017年　Howden Turbo（原動機、195百万ユーロ）
2017年　A2SEA（洋上風力、231百万ユーロ）
2020年　Flender（メカニカルドライブ事業、2,025百万ユーロ）
Siemens Healthineers（シーメンスヘルスニアーズ※関連会社）
2014年　Sivantos（補聴器、2,150百万ユーロ）
2014年　Clinical Microbiology Business（微生物、520百万ユーロ）
2015年　Hospital IT Business（1,300百万ドル）
その他
2015年　BSH Hausgerate（家電、3,000百万ユーロ）

（出所）SPEEDA、シーメンス公表資料、各種記事をもとに著者作成

社会インフラのスマート化に向け研究開発と投資に注力

図表7-17, 18, 19はMSCIによるシーメンスのESGスコアの全体像です。以前は最上位のAAAを獲得していましたが、直近2年間はAAとなっています。MSCI ACWIインデックスに含まれる33のインダストリアルコングロマリットのなかでは上位24％に入っています。特徴的なのは、キーイシューの数が少なくないことです。これは、同社が属するインダストリアルコングロマリットと呼ばれるセクターで共通ですが、企業としてフォーカスすべき領域が明確であるという点では、ある意味取り組みやすいといえます。ただし、対応は容易ではありません。詳しく見ていきましょう。

図表7-17 シーメンスのESGスコアの推移と同業他社の分布

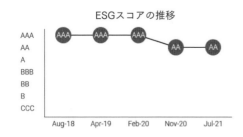
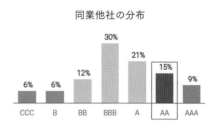

同業他社分布は、MSCI ACWI インデックスの
Industrial Conglomerates 業種に含まれる
33社の分布

（出所）シーメンスのMSCIレポート（2021年8月25日時点）をもとに著者作成
Reproduced by permmission of MSCI Research LLC©2021

図表7-18　シーメンスのESGスコアへのキーイシューの貢献度

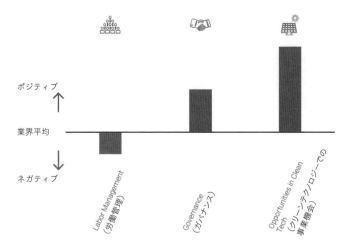

（出所）シーメンスのMSCIレポート（2021年8月25日時点）をもとに著者が独自に翻訳
Reproduced by permmission of MSCI Research LLC©2021

図表7-19　シーメンスのキーイシューとそれぞれのウエイト付けとスコア

キーイシュー	ウェイト	業界平均	シーメンスのスコア
加重平均キーイシュースコア		4.2	5.1
環境	21%	4.2	7.7
クリーンテクノロジーの市場機会	21%	4.1	7.7
社会	29%	4.7	3.8
労働マネジメント	29%	4.7	3.8
ガバナンス	50%	4.1	4.8
コーポレートガバナンス		4.8	5.8
企業行動		5.3	5.0

（出所）シーメンスのMSCIレポート（2021年8月25日時点）をもとに著者作成
Reproduced by permmission of MSCI Research LLC©2021

E: Opportunities in Clean Tech
（クリーンテクノロジーでの事業機会：ウェイト21％）

　Eからは１つのみで、シスコ同様に、クリーンテクノロジー分野での事業機会です。同業他社に比べて、同分野からの収益が顕著であることがプラス評価につながっています。

　MSCIのレポートによると、同社の2020年の売上のうち7.87％はスマートグリッド、エネルギーのストレージ、鉄道に関連する事業から生み出されています。また、2017年から2019年の間の売上高に占めるR&D比率が8.1％と高水準にあること（業界平均は２％）から、今後の強力なイノベーションの可能性、特に同社がIoTに素早く舵を切っていくことに期待感が示されています。

　R&Dについて、2010年のアニュアルレポートと2020年のそれを比較してみると、2010年には3,846百万ユーロだったものが、2020年には4,601百万ユーロとなっており、10年間で20％ほど増加しています。

　また、各事業部におけるR&Dの内容についてもアニュアルレポートでは詳細な説明がなされています。たとえば、スマートインフラ事業においては、エネルギーにおける分散化、脱炭素化、デジタル化への対応を筆頭に、まさに社会インフラをスマート型にしていくために必要なものへの研究開発と投資を積極的に行うことで、イノベーションを起こしていくことが記載されています。

　モビリティについても同様で、アニュアルレポートで同社のR&Dや投資戦略の説明を読んでいると、まさに次世代型の都市が誕生する様子が説明されているようで、ワクワクしてきます。

　なお、このキーイシューでシーメンスは業界１位のスコアを獲得していますが、２位は日本の東芝、３位はアメリカのGE、４位は日本の日立、５位はアメリカの3Mとなっています。変化する需要への対応の速さ、それによる先行者利得などが事業機会であり、事業ドメインとしては、再エネ、代替

燃料（水素など）、スマートグリッド、オートメーション化、温暖化ガスの貯蔵技術、不動産のグリーン証明などが評価対象になっています。

S: Labor Management（労働マネジメント：ウェイト29%）

　Sからのキーイシューも1つのみで、労働マネジメントとなっていますが、このキーイシューは本章で取り上げる他社では登場しないものです。キーイシューが少ないものの、対応が容易ではない理由はこの項目ゆえです。労働リソースの複雑さ（規模、労働集約性、事業地域が複数存在すること）や従業員間の関係性などが評価対象となります。事業特性上、労働集約型な事業だとリスクが高くなります。

　シーメンスの場合は、労働環境が落ち着かないことによる集中力の欠如や、従業員満足度が低いことから発生する生産性の低下などがリスクにつながりうる、とMSCIに指摘されています。リスクエクスポージャーが業界平均よりも非常に高く、それに見合う高いマネジメント能力を有しているものの、全体的としてはマイナス評価となっています。

　具体的理由としては、継続的な事業ポートフォリオの見直しや、それにともなうリストラによって従業員のモラルや生産性が悪影響を受ける可能性が指摘されています。それに対して、シーメンスは従業員向けのトレーニングプログラムを提供しているものの、同社の抱える従業員数は30万人弱存在しており、これは同業他社の約3倍であること、また、比較的多くの労働争議が過去に起こった地域も存在することなどから、リスク要因と見られています。

　過去3年間でレイオフが発生していることもネガティブ要因です。ただし、過去3年間の間に従業員によるストライキなどは認められていません。

　会社側の対応策としては、同社では労働組合加入者の割合が報告されていること、従業員向けストックオプションプランが存在することなどはプラス評価であり、給与以外のベネフィットプランなどは、業界平均程度とされて

います。これらの取り組みについては、シーメンスのアニュアルレポートでも詳細に開示、説明されています。ただ、いくら上手く対応しようが、世界中に製造、販売拠点を有し、多数の下請け企業を抱え、そして資本財という労働集約的な事業体である限り、この労働マネジメントのキーイシューへの対応は、今後も引き続き、難易度の高いものとなるでしょう。この項目は、日本の同業他社である日立も東芝も苦労しています。

G: ガバナンス（ウェイト50％）

　ガバナンスについては、近年改善傾向であり、特に取締役会構成と報酬面での改善が認められます。シーメンスはドイツ企業ですので、取締役会はSupervisory BoardとManagement Boardの二層構成になっています（ドイツは、英米日とは異なるコーポレートガバナンスの仕組みを有していることで有名です）。

　前者がいわゆる取締役会、後者が経営執行会とイメージするのがわかりやすいと思いますが、Supervisory Boardは20名で構成されており、これは構成員が多すぎるということで、減点対象になっています。近年は、日本企業でも取締役数が20名を超える場合にはその代表取締役の選任議案に反対票を投じるという国内機関投資家も増えていますので、理解しやすい項目でしょう。女性は7名で35％を占めています。

　また、Supervisory Boardは経営執行には関与しないので、その意味では100％が独立役員となっています。ただ、ドイツの場合、Supervisory Boardの役員には従業員代表、株主代表、あるいは労働組合代表を送り込むという設計になっており、同社の場合もそれぞれ順に9名、7名、1名存在し、彼ら以外で会社とはまったく利害関係にない完全なる独立役員は3名になります。

　なお、Audit Committee（監査役会相当）やRisk Committee（リスク委員会）に、それぞれ業界の専門家やリスクマネジメントの専門家がいないとい

うことで、減点されています。この点は日本企業も注意したいところです。

　経営執行面を司る Management Board については、5名ですが、そのうち少なくとも1名は、他社との役員兼務数が多いということで、Overboarding のフラグが立っており、減点対象です。

Corporate Behavior（企業行動）

　第7章で扱う他社でも、評価対象となっているキーイシューですが、シーメンスがもっともわかりやすいので、ここで説明しておきます。この Corporate Behavior（企業行動）は、詐欺、不正行為、汚職、マネーロンダリング、独占禁止法違反、脱税などのいわゆるコーポレートスキャンダルをチェックする項目になります。「そんなのなかなかないでしょ？」と思うかもしれませんが、たとえば、入札における談合や取引先に不当な圧力をかけるなどが該当します。第6章で見たとおりシーメンスは過去に大規模な汚職スキャンダルを起こしており、それがまさに該当します。

　2020年の同社のアニュアルレポートを見ると、過去の汚職関連への対応は一旦完結しているものの、当時は見つけ出しきれなかった過去の汚職が今後見つかった場合は、シーメンスにとってリスクとなることが明記されています。

　このキーイシューで評価される項目としては、贈賄や汚職を防止する内部規定が存在するか、社員向けの倫理教育を定期的に実施しているか、内部通報システムにおける報告者の保護の制度がきちんと存在するかなどです。

　関連する訴訟を抱えている場合は減点となります。シーメンスの場合は、ブラジルやイタリアにおける賄賂疑惑、中国における水増し請求疑惑などで減点となっています。

日本企業へのヒント——新規事業でも積極的に研究開発を行う

　事業ポートフォリオを大きく変化してきたことが大きな特徴であり、ESGにそぐわない事業は売却やIPOを通じてスピンアウトしてきたことがシーメンスの過去10年間の大きな流れです。

　MSCIのESGスコアにおけるキーイシューが少ないことは、注力すべき領域が明確である一方、キーイシューへの対応の難易度が高いことの裏返しにもなっています。そして、シーメンスについては、対売上高で高い割合を占める研究開発費の存在に注目です。日本企業はM&Aがあまり得意ではありませんが、R&Dに関しては従来から得意なはずです。しかし、そのR&Dを既存事業の延長でのみ行うのか、あるいは不連続な領域や新規事業にも積極的に取り組むのかによって大きな違いが生じているように見受けられます。

　なお、アメリカのGEが2021年に3つの事業会社に分離することを発表しましたが、その際、シーメンスの社長の言葉が『フィナンシャル・タイムズ』に引用されていました。曰く、「シーメンスはこの10年間で行うべきことを行ってきた結果、GEのようにはならずにすんだ」ということでした。

7.6　ネスレ　サプライチェーンすべてを「ESGへシフト」することが目標

　食品と飲料会社であるネスレにとって、水と土壌の健康、空気がきれいであることは必要不可欠です。再生可能な農業を用いて、土壌の健全性、水循環、生物多様性を向上させ、サステナビリティへのシフトを通じて、会社の長期成長を目指すことになります。

　現状は開発途上国の農業従事者への依存度が高いですが、サプライチェーンで関与する先すべてを包括的にESGシフトさせていくことが、同社にとってのチャレンジになります。

新規事業、積極的なM&Aを通じて、同社の事業ポートフォリオがまさにESG的なものに変化してきていることは、第2章で見てきたとおりです。成熟事業をキャッシュカウ（Cash Cow）化し、そこから安定的に生み出されるキャッシュを新規事業やM&Aに投資していくという明確な事業投資戦略を有しています。

まさにPPMを絵に描いたような企業です。コストコントロールも上手で、構造的なコスト削減、価格の再設定、事業ミックスの改善などを連続的に行うことで、継続的なコストの効率化に取り組んでいます。本書で何度も登場しているネスレですが、それほどに、手本となる経営をしています。

時価総額は10年間で58％上昇、規模より収益性を追求

同社の過去10年間の業績の変遷は堅調な推移です。**図表7-20**のグラフでは売上高は微減している一方、EBITDAは20％弱伸びています。EBITDAマージンも4％ポイントほど改善しています。時価総額は10年間で58％上昇、EV/EBITDA倍率も大きく伸びました（**図表7-21**）。

企業規模を小さくしながらも、利益水準と利益率を高めて、株式市場からの評価も大きく高めています。株価も堅調に推移しています（**図表7-22**）。

なお、日本企業では、キッコーマンの株価推移が非常に好調ですが、海外売上高の拡大が大きく寄与しています。

売上高の地域の内訳はアメリカがほぼ4割、欧州・中東・アフリカとアジア・パシフィックでほぼ4分の1ずつとなっており、強固な米国事業をもとに、グローバルベースでの地域的バランスも取れています。

なお、同社のM&Aを通じた事業ポートフォリオの変化は非常にわかりやすく（**図表7-23**）、付加価値の低い事業を売却する一方で栄養価の高い食品やサプリなど健康関連事業を買収してきています。

図表7-20 売上高およびEBITDAとEBITDAマージンの推移

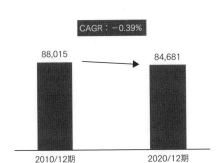

売上高

（百万スイスフラン）

CAGR：−0.39%

88,015

84,681

2010/12期 2020/12期

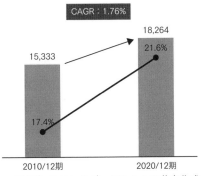

EBITDAとEBITDAマージン（折れ線）

（百万スイスフラン）

CAGR：1.76%

18,264

21.6%

15,333

17.4%

2010/12期 2020/12期

（出所）ネスレのデータをもとに著者作成

図表7-21 時価総額およびEV/EBITDA倍率推移

時価総額

（百万スイスフラン）

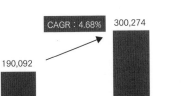

CAGR：4.68%

300,274

190,092

2010年12期 2020年12期

EV/EBITDA倍率

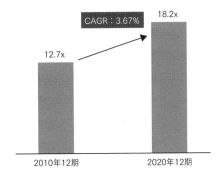

CAGR：3.67%

18.2x

12.7x

2010年12期 2020年12期

（出所）SPEEDA のデータをもとに著者作成

図表7-22　ネスレの株価推移（MSCI ACWI業種インデックスと日本の同業他社との比較）

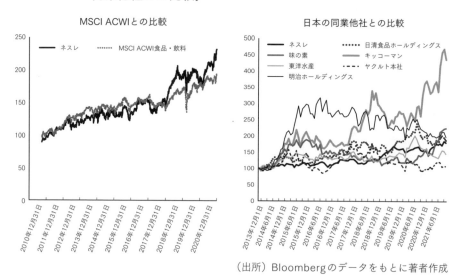

(出所) Bloombergのデータをもとに著者作成

直近5年間はAAを獲得、本社主導でESGスコアもアップ

　図表7-24, 25は、MSCIによるネスレのESGスコアの全体像です。直近5年間は継続的にAAを獲得し、MSCI ACWIインデックスに含まれる88の食品メーカーの中では上位17％に入っており、模範的な企業といえます。

　特徴的なことは、事業戦略、ガバナンス、温暖化ガスなど、本社努力で対応できる項目でESGスコアを押し上げている一方、本社主導だけでは対応しきれない要素、具体的には世界中に散らばる製造現場（サプライチェーンにおける取引先を含む）で、対応が求められる2つのS（社会）に関する事項

図表7-23　ネスレの近年の主要なM&A案件

買収
Powdered & Liquid beverages（粉末・液体飲料）
2018年　スタバ販売権（7,150百万ドル）
Nutrition & Health Science（栄養・健康科学）
2012年　Pfizer Nutrition（乳児用栄養食、11,850百万ドル）
2017年　Atrium Innovations（栄養サプリ、2,300百万ドル）
2021年　The Bountiful Company（栄養サプリ、5,750百万ドル）

売却
Water（水）
2021年　Nestle Waters North America（飲料、4,300百万ドル）
Milk Products & Ice Cream（乳製品・アイスクリーム）
2019年　Ice Cream Business in the US（4,000百万ドル）
Nutrition & Health Science（栄養・健康科学）
2019年　Galderma Skin Health（スキンケア、10,200百万スイスフラン）
Confectionery（お菓子）
2018年　Confectionery Business in USA（2,800百万ドル）
その他
2013年　Givaudan（香料、1,080百万スイスフラン）
2014年　L'Orealの持分株式（化粧品、3,100百万ユーロ）
2018年　Gerber Life Insurance（生命保険、1,550百万ドル）
2019年　Herta's Charcuterie and Dough Business（食肉、411百万ドル）

（出所）SPEEDA、シーメンス公表資料、各種記事をもとに著者作成

（製品安全品質とサプライチェーンと労働管理）は押し下げ要因となっていることです。

　図表7-26は、ネスレのキーイシューを先に紹介したマップに示したものです。食品メーカーであればほぼ同じキーイシューとなりますが、同社の場合は、世界最大の食品および飲料の企業であることから、いわば地球全体が生産工場になっています。それゆえに、他の多くの食品企業ではキーイシュ

図表7-24　ネスレのESGスコアの推移と同業他社の分布

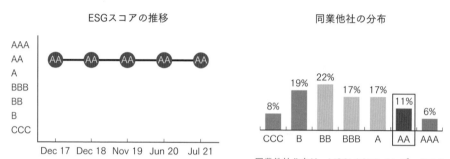

ESGスコアの推移

同業他社の分布

同業他社分布は、MSCI ACWI インデックスの
Food Products業種に含まれる88社の分布

（出所）ネスレのMSCIレポート（2021年7月28日時点）をもとに著者作成
Reproduced by permmission of MSCI Research LLC©2021

図表7-25　ネスレのESGスコアへのキーイシューの貢献度

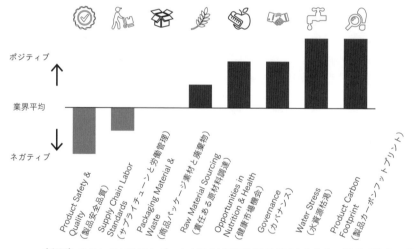

（出所）ネスレのMSCIレポート（2021年7月28日時点）をもとに著者が独自に翻訳
Reproduced by permmission of MSCI Research LLC©2021

図表7-26　MSCIによるネスレのキーイシューマップ

環境			
地球温暖化	自然資源	廃棄物管理	環境市場機会
二酸化炭素排出	水質源枯渇	有害物質と廃棄物管理	クリーンテクノロジー
製品カーボンフットプリント	生物多様性と土地利用	包装材廃棄	グリーンビルディング
環境配慮融資	責任ある原材料調達	家電廃棄物	再生可能エネルギー
温暖化保険リスク			

社会			
人的資本	製品サービスの安全	ステークホルダーマネジメント	社会市場機会
労働マネジメント	製品安全品質	紛争メタル	コミュニケーションへのアクセス
労働安全衛生	製品化学物質安全		金融へのアクセス
人的資本開発	安全な金融商品		ヘルスケアへのアクセス
サプライチェーンと労働管理	プライバシー&データセキュリティ		健康市場機会
	責任ある投資		
	人口動態保険リスク		

ガバナンス	
コーポレートガバナンス	企業行動
取締役会構成	企業倫理
報酬	公正な競争
オーナーシップと支配	汚職と政治不安
会計リスク	財務システムの不安
	財務システムの安定
	租税回避

注：色の濃い囲み部分がネスレのキーイシュー

ーにはなっていないサプライチェーンと労働管理が、企業固有のキーイシューとなっています。したがって、通常の食品・飲料メーカーよりも幅広い項目に対応する必要があります。

　各スコアの詳細とウエイトは**図表7-27**のとおりです。こちらを見ても、何か1つの項目のウエイトが高いという状況にはありません。また、E、S、Gのウエイトがほぼ3分の1ずつになっているということも、これまでに見た他社には見られなかった傾向です。バランス良く対応する必要があります。順に見ていきましょう。

図表7-27　ネスレのキーイシューとそれぞれのウエイト付けとスコア

キーイシュー	ウェイト	業界平均	ネスレの スコア
加重平均キーイシュースコア		4.1	5.0
環境	32%	2.2	5.3
水質源枯渇	11%	2.3	4.6
商品パッケージ素材と廃棄物	8%	4.0	3.7
責任ある原材料調達	8%	4.2	5.9
製品カーボンフットプリント	5%	2.8	8.5
社会	35%	4.9	4.5
サプライチェーンと労働管理	13%	3.9	2.9
健康市場機会	11%	4.9	6.9
製品安全品質	11%	5.6	4.0
ガバナンス	33%	4.5	5.1
コーポレートガバナンス		5.3	6.6
企業行動		5.4	4.2

（出所）ネスレのMSCIレポート（2021年7月28日時点）をもとに著者作成
Reproduced by permmission of MSCI Research LLC©2021

E：同社のESGスコアへの貢献度が高い領域

• Water Stress（水資源枯渇：ウェイト11%）

　日本にいるとあまりピンと来ないかもしれませんが、世界的には水不足が懸念されています。生産工程における水の消費量をコントロールすることが重要視されます。MSCIのレポートによるとネスレは同業他社に比べると82%水の消費量が少なく、この項目での評価は業界内でトップ3にランクインしています。

　過去の同社のCSRレポートを見てみると、すでに2015年の時点でウォータースチュワードシップ（責任ある水への対応）は、ネスレのマテリアリテ

ィマップ上で、ステークホルダーにとっても、会社にとってももっとも重要なもの（Major）として位置付けられていました。

　また、どの事業カテゴリーで、どの程度の水を使用しているか、それらは10年前（2005年）に比べて、どの程度削減したのかも公表していました。他にも、どの程度水を再利用、あるいはリサイクルしているかについても数値で公表しています。

　ネスレに限らず、飲料メーカーは大量の水を消費するため、工場のある地域では地元住民やNGO/NPOなどが反対運動を起こすことも珍しくありません。MSCIのレポートにもネスレがアメリカのミシガン州で、2021年4月時点にそのような事態に直面していることが記載されています。

　水についての指摘でわかりやすいものとして、社会的投資やインパクト投資で有名なイギリスのロナルド・コーエン氏は2021年に出版した『インパクト投資』（日本経済新聞出版、2021年）の中で、コーラの2大メーカーであるコカ・コーラとペプシコを比較し、2018年の業績ではペプシコのほうが売上規模は約2倍であるものの、環境コストは2分の1、そして水の消費量は5分の1（共に対コカ・コーラ）であることを指摘しています。

　企業は継続的に環境コストや水の消費量の改善に努めますので、この状況も今後は変わりえるでしょう。ただ、ここで重要なことは、従来は主に株式市場において収益・財務情報のみで評価されてきた企業が、それら財務情報では明らかになっていなかった環境への負荷など、非財務情報でも評価されるようになっているということです。

　なお、ペプシコは、2021年8月にネット・ウォーター・ポジティブになることを発表しています。そこでは、水不足が懸念される地域において、1,000以上ある自社工場と外部の製造委託先が使用する水量の100％以上の水を地域に還元するとしています。

　このように水資源枯渇がキーイシューとなる業種では、再生水や代替水を利用することなどが、今後さらに重要になっていきます。

• Packaging Materials & Waste
（商品パッケージ素材と廃棄物：ウエイト8％）

　このキーイシューでは、ネスレは加点も減点もされていません。しかし、B2C企業にとっては押さえておくべきイシューだと思いますので、簡単に触れておきましょう。

　ここでは廃棄物のマネジメント、関連規制対応、そして商品パッケージの素材が環境に与えるインパクトが評価されます。

• Raw Material Sourcing （責任ある原材料調達：ウエイト8％）

　環境に負荷を与えないサステナブルな原材料の調達を行っているかどうか、そして、サプライチェーンのトレーサビリティ（追跡可能性）と認証の有無が問われます。

　ネスレの場合、ココアの46％、コーヒーの74％、パーム油の70％の供給は農場レベルまでトレースが可能と発表されていますが、これが高いのか低いのかは、MSCIの評価では、真ん中程度になっているようです。

　なお、同社の2020年のCSRレポートでは、Sourcing（原材料調達）に関する独立した章立てがされています。また、2015年のCSRレポートと2020年のそれを比べると、Sourcingという単語は23回の登場から285回に約10倍上昇しています。

　同社は2020年に「Responsible Sourcing Definition 2020」「Responsible Sourcing KPIs」を制定し、よりこの領域への取り組み内容と目標を明確にしています。そして、同社の2020年のマテリアリティマトリックスでは、Responsible Sourcingというまさに責任ある原材料調達の項目が追加されています（同社のステークホルダーにとっては最重要、同社の社内ステークホルダーにとっても重要という位置づけ）。

　これらは、この領域への同社のコミットメントの表れですが、実際、直近5年間のこのキーイシューの数値は改善傾向で、同社のESGスコアに貢献

するに至っています。

・Product Carbon Footprint
（製品カーボンフットプリント：ウエイト5％）

　これは比較的わかりやすいと思いますが、サプライチェーンも含めて温暖化ガスの削減ができているかが評価されます。ネスレは近年、このスコアを改善してきており、2021年9月時点では業界で4位、同業では日本の味の素が5位となっています。

　評価される内容は、エネルギー価格の上昇によって原材料コストが上昇するリスクはどの程度か（リスクエクスポージャー）と、温暖化ガス削減の数値目標と実施体制やプログラム（マネジメント力）です。

　後者のマネジメント力については、サプライチェーンを含む原材料調達、原材料供給元も含む工場でのオペレーション、輸送とロジスティックス、配送センターと店舗でのオペレーションの各プロセスにおいて温暖化ガスを削減するプログラムを有しているかが評価されます。

　ネスレは、このマネジメント力において、業界で最高ランクに位置しており、業界内でのベストプラクティスとされています。Nestle's Net Zero Roadmapというものを作成し（**図表7-28**）、2050年までに温暖化ガスの排出をネットゼロに持っていくことを発表しています（2021年2月）。

　49ページにおよぶそのレポートでは、いつまでに、何を達成するかという目標が細かに記載されています。たとえば、2022年までには輸送車両を温暖化ガスの排出が低いものに置き換えること、2023年までには使用するパーム油をすべて認証されたサステナブルなものにすること、2025年までには、すべての製造現場において使用する電力を再生可能エネルギーとするとあります。そして、商品パッケージの100％をリサイクルあるいは再利用可能にすることなどです。

図表7-28　ネスレの2050年に向けたNet Zeroのロードマップ

早く動く
2025年までに、12億スイス・フランをサプライチェーンにおけるリジェネラティブ農業（環境再生型農業）推進のために投資

スケールアップ
グリーンな道をさらに進み、世界中で新たなテクノロジーや製品・技術の根本的な改革に投資

マイルストーン

- 2022年までに一次サプライチェーンにおける森林伐採を100%なくす
- 2022年までに全世界の所有車両を低排出量のものに変更する
- 2023年までに100%のパーム油を認証されたサステナブルなものにする
- 2025年までにすべての現場で100%再生可能電力を使う

- 2025年までにパッケージを100%リサイクル可能もしくは再利用可能なものにする
- 2025年までに100%のココアとコーヒーを認証されたサステナブルなものにする
- 2025年までにリジェネラティブ農業によって20%の主要な食品成分を調達する
- 2025年までにパッケージにおける新規プラスチック使用を3分の1削減する

- 1年に2千万本の木を植える
- 2025年までにNestle Watersをカーボンニュトラルにする

- 製造においてより多くの再生可能熱エネルギーを使用する
- 2030年までに2億本の木を植える

- 2030年までにリジェネラティブ農業（環境再生型農業）によって50%の主要な食品成分を調達する

| 2025年までに、温暖化ガス排出量を20%減らす |
| 2030年までに、温暖化ガス排出量を50%減らす |

2025　　　　2030

（出所）「Nestle's Net Zero Roadmap February 2021」をもとに著者が独自に翻訳

　レポートは全体にわたって、目標、具体的なアクションプランが詳細な数値とともに説明されており、わかりやすく作られています。また、**図表7-29**のように、原材料の調達現場から最終消費者に至るまで、サプライチェーンと販売ルートのすべてにおいてそれらを実現しようとしています。

　以上、総じてネスレのE（環境）における取り組みは非常に高く評価されているといえます。同社はCSVのKPIにもこれらへの取り組みを位置付けており、ウェブサイト、CSVレポートでは、実際の結果（数値）が詳しく報告されています。

　扱う商品群や原材料の調達先が多岐に渡る同社においてこれらを実現するのは多大な労力が必要だと想像されますが、強いコミットメントのもと推し進め、社会企業たろうとする姿を知ることができます。

図表7-29　ネスレのNet Zero戦略がおよぶ範囲

農家から食卓までの商品の流れ

農業	原材料サプライヤー	製造過程	包装	物流	小売り、営業チャネル	消費者	製品の最後
サプライヤー、協同組合、農家から直接高品質な食材を調達	原材料の調達とネスレへの輸送	製品の製造	製品の包装	世界中に製品を供給・配達	店舗にて買い物客へ販売	場所を問わず消費者にネスレの商品を楽しんでもらう	製品と包装の役目終了

（出所）「Nestle's Net Zero Roadmap February 2021」をもとに著者が独自に翻訳

S：ソーシャル

・Supply Chain Labor Standards

（サプライチェーンと労働管理：ウェイト13%）

　一方、次に見ていくS（社会）の領域では、ネスレは苦労しています。Supply Chain Labor Standards（サプライチェーンと労働管理）は、サプライチェーンの透明性とそのマネジメント力、そして、調達エリアでの労働基準が評価対象になります。すべての食品メーカーでキーイシューとなっているわけではなく（日本の主要な食品メーカーではキーイシューではありません）、サプライチェーンが広いネスレ固有のイシューですが、この項目は同社のESGスコアの押し下げ要因です。ネスレは、実はこの項目に関しては、やるべきことはやっています。具体的には、サプライチェーンにおける原材料から最終製品の各過程における監査は業界トップクラスですし、強制労働、

児童労働、労働時間、健康と安全など、労働の各局面に関する行動規範もキチンと制定されています。

　情報開示にも積極的で充実しています。それらについては、MSCIの評価も業界内でトップクラスです。加えて、2020年のCSRレポートでは、Human Rights（人権）の章が登場し、ネスレのマテリアリティマップでの位置付けは、外部ステークホルダーにとって重要から最重要へと格上げされました。

　このように、同社のこのキーイシューへの問題認識と取り組み、そして情報開示は業界トップクラスです。しかし、スコアは業界内で下位になっています。

　その理由は、サプライチェーン上、労働条件の劣悪な地域への依存度が高いことに尽きます。具体的にはいくつかの地域において、強制労働や児童労働の疑惑（ココアのサプライチェーンにおける西アフリカでの児童労働、グアテマラのネスプレッソのコーヒー農園での強制労働、マレーシアのパーム油農場での強制労働および児童労働などの疑惑）が大きな減点につながっています。

　ネスレのようなメーカー、しかも、サプライチェーンが世界中に存在するような企業においては、原材料の調達地や製造工程を別の地域に移管することは容易ではないでしょうから、このスコア改善を短期間ですることはむずかしいかもしれません。サプライチェーンの各地域において地道に啓蒙活動をしていくしかなさそうです。あるいは、将来的にはこのようにスコアの改善に時間がかかる事業については、売却するという可能性もあるかもしれません。

　1つ興味深い案件があります。ネスレ同様に世界中で食品や消費財を製造・販売しているユニリーバは、2021年11月にリプトンブランドでお馴染みの紅茶事業の大部分を、プライベート・エクイティファンドのCVCに売却することを発表しました。

　より成長率の高い事業にキャッシュ（リソース）を振り向けるためということで、基本的には事業ポートフォリオを変化させていくことが目的である

と発表されています。

　一方、『フィナンシャル・タイムズ』の記事では、茶葉農園での人権問題への対応の難しさがこの事業売却の後押しをした可能性を示唆しています。同社の紅茶事業は、『資本主義の再構築』（レベッカ・ヘンダーソン、日本経済新聞出版、2020年）のなかで、ESG時代の成功事例として紹介されていました。その中身は、開発途上国に存在する茶葉農園の安全性、品質、労働環境を高める一方で、同社はそのコストを最終価格に転化して値上げをしたのですが、品質をきちんと顧客に訴求することで、むしろ売上増につながったという事例です。

　しかし、そのようなベストプラクティス事業でも、すべての地域において継続的に人権問題に対応をし続けることは容易ではないでしょう。『フィナンシャル・タイムズ』の記事では、紅茶事業をよりESG対応させていくことで最終的には利益を生む事業にできる見通しだというCVC幹部のコメントを引用しています。これは、長期投資マネーを元に長期目線で事業に取り組むことができるプライベートエクイティと、上場企業であり、かつ、コングロマリット経営をしていることで常に物言う株主であるアクティビストから会社分割の要求などの突き上げに合う可能性のあるユニリーバとの、立場の違いが鮮明に現われた案件ともいえます。

　時代が企業にESG対応を求めれば求めるほど、企業は従来の事業を継続あるいは維持できなくなる、という可能性も出てくるかもしれません。ネスレに当てはめると、同社がサプライチェーンと労働管理に対応しようとすればするほど、その事業を維持し続ける意味があるのかを自問することになりかねません。

• Product Safety and Quality（製品安全品質：ウェイト11%）

　これは、S（社会）でもうひとつネスレが苦労しているキーイシューですが、主には商品のリコールが低評価につながっています。サプライヤーのト

レーニング、製品安全に関わる各種認証（ISO 9001等）、サービス＆安全性に関する報告・調査、そして製品テストなどは適切になされています。

　それらの多くは業界内でもトップクラスの評価です。しかし、毎年なんらかの商品リコールが発生していることが影響しています。

　世界中で製造を行っている同社にとって、下請けまで含めてリコールをゼロにもっていくことは難しいのでしょう。なお、このキーイシューでは、日本の東洋水産が上位2位にランクインしています（2021年9月時点）。

• Opportunities in Nutrition and Health
（健康市場機会：ウェイト11％）

　これまでの2つと異なり、ネスレがS（社会）の中でESGスコアに貢献しているのがこの項目です。ここまで見てきたネスレの近年の買収案件を見ても、この領域に対して積極的に投資をしていることがわかります。また、事業ポートフォリオの変遷も、かつての単なる食品・飲料メーカーという姿から、栄養価の高く、健康によい食品・飲料メーカーにシフトしてきていることもわかりました。MSCIの評価では、同業他社に比べてこの領域での成長機会が期待できることが、プラス評価となっています。

　基本的には、既存商品の栄養価と今後、栄養価や健康プロファイルの改善につながる商品を投入しようとしているのかが評価対象となります。このキーイシューでは、社内でイノベーションを起こすことができる研究開発能力を持っているかも問われます。まさにESGがイノベーションにつながる1つのビジネス領域ということになります。

　10年前の2012年のネスレの開示資料（"Nestle in Society, -Creating Shared Value and meeting our commitments in 2012 -"）を見ると、栄養、水、そして、地方の発展に事業を通じて貢献することが株主利益と社会利益につながると書かれています。そして、人々の栄養不足（under-nutrition）も栄養過多（over-nutrition）も引き起こさないようにすると記載されています。栄養

と健康の分野に早い時期から意識を高く持っていたことがわかります。

　ネスレはこのキーイシューで6.9と高い数値を獲得していますが（業界平均4.9）、日本の明治ホールディングスが4位、日清食品が5位につけています。両者の商品ポートフォリオや最近の健康志向の取り組みなどは日本のメディアでよく登場しますが、評価軸と照らし合わせると、納得するという方も多いのではないでしょうか。

G：ガバナンス

　ネスレについては、他のキーイシューで紙幅を割いたので、ガバナンスについては簡潔に見ておきますが、継続的によい評価を受けてきています。他の企業同様、監査役会、報酬委員会、指名委員会に独立性があり、取締役会構成もバランスが取れています（**図表7-30**）。

　なお、ESGにおいて模範解答のようなネスレでも、今でこそ、女性役員が5名存在しますが、過去の同社のアニュアルレポートを遡って調べてみると、2005年には取締役13名中1名のみ、2006年には14名中2名が女性でした。

　2013年には取締役13名中4名が女性になっていますが、その年の同社のマテリアリティマップを見てみると、Woman's empowerment and equality（女性の力と平等）は中程度（今でいうところのSignificant（重要）に相当）のイシューと位置付けられています。そして、2018年までに管理職における女性比率を十分に高めることがコミットメントとして記載されていました。

　翌年の2014年のマテリアリティマトリックスでは、女性の力は重要とやや重要のあいだに移動しており、マテリアリティの程度は下がりました。それは同社での女性の登用比率が上がったことの裏返しでもありました。

　そして、2017年には公平な雇用とダイバーシティ＆インクルージョンが同社の企業文化にとっての重要ファクターであると記載され、2020年のマテリアリティマトリックスではWomanという単語はもう登場しません。

図表7-30　ネスレの取締役会構成（14名）

女性	5名（35.7%）
独立社外取締役	12名（85.7%）
国籍	スイス4名（28.5%）、アメリカ4名（28.5%）、中国、スペイン、フランス、オランダ、デンマーク、不明それぞれ1名
年齢構成	40代0名（0.0%）、50代4名（28.5%）、60代8名（57.0%）、70歳以上1名（7.1%）、不明1名（7.1%）
業界の専門家	2名
財務の専門家	8名
リスクマネジメントの専門家	1名

（出所）ネスレのMSCIレポート（2021年7月28日時点）をもとに著者作成
Reproduced by permmission of MSCI Research LLC©2021

　代わりにダイバーシティ＆インクルージョンというイシューが株主にとってはやや重要、ネスレにとっては重要なイシューとして位置付けられています。このように同社の性別やマイノリティへの対応は年を経るごとに進化してきており、最初から今のように対応できていたわけではありません。

　また、2016年のアニュアルレポートでは、同社のパーパスと展望、そしてCSVを通じた社会的インパクトの領域が、近年日本でもよく見るSDGsの17のゴールを満たすということが記載されています。事業を通じて社会課題の解決を行っていけば、自然とSDGsのゴールは達成されるという考え方で、逆算ではないところが注目です。

日本企業へのヒント――従業員への投資が強い企業の基盤となる

　ネスレは、本社主導でできることは情報開示を含めて模範的に対応している一方、自社努力だけではなかなか立ち行かない領域ではやや苦労していることがわかりました。ただ、それでも5年連続でAAのESGスコアを獲得していることは、その本社主導の取り組みが優れていることの裏返しです。

　経営陣が時代に先んじて不断の努力で組織改革をしてきたからでしょう。そして、それら経営陣主導の取り組みをきちんと遂行できる現場の組織力の存在をうかがわせます。

　実は、同社のキーイシューにはなってはいませんが、人的資本への取りくみでも、同社は非常に参考になります。従業員を大切にし、従業員に投資をする姿勢です。過去20年間のアニュアルレポートを遡ってみると、2001年のアニュアルレポートには、同社の退職率が約5％であり、同社の上位20市場における従業員の退職時の平均勤続年数が27年であることが記載されており、従業員への投資を重視していると書かれています。

　それ以降も一貫して、働きやすい職場環境づくり、企業文化、国籍の多彩性、ダイバーシティ＆インクルージョン（すべて2001年）、ハラスメントのない環境づくり（2002年）、CSVを通じた価値創出（2006年〜2008年）、地域コミュニティのウェルビーイング向上に向けた取り組み（2009年）などが紹介されています。

　これら項目は、最近でこそ国内外で議論されるようになっている項目ですが、同社での認識と取り組みが早かったことがわかります。転職率が低く、従業員の流動性が低いことが日本企業の弱みであることが多々指摘されますが、ネスレの企業価値は先に見たとおり順調に伸びており、社員の平均勤続年数が長くとも、組織や事業が硬直化していません。

　逆に、ネスレの従業員の勤続年数が長いことは、従業員に選ばれる組織、継続して働きたいと思わせる組織ということでしょう。同じく従業員の勤続年数は長い日本企業にとって、考えさせられることが多い事例です。

7.7 シスメックス グローバルを意識した人材開発と品質管理プログラムで高評価

　シスメックスは、この11年間で株価は10倍以上になっています。その ESG面での取り組みも評価は高く、MSCIによるESG格付けは最高位の AAAです。もともとはAAだったものが、2021年2月にAAAに格上げされ たのですが、その主な要因は人的資本開発（ヒューマンキャピタルディベロッ プメント）であるとMSCIのレポートでは記載されています。また、同社の 品質管理プログラムも同業他社と比べて優秀であると言及されています。詳 しく見ていきましょう。

時価総額が10年間で約8倍、EV/EBITDA倍率も3倍以上へ

　シスメックスは、過去10年間で売上高は約2.5倍、EBITDAは約3倍に 拡大しました（**図表7-31**）。EBITDAマージンも大きく上昇しています。収 益的には超優良企業です。それを反映して時価総額は約8倍、EV/EBITDA も3倍以上増えています（**図表7-32**）。

　EBITDA倍率が30倍を超える日本企業はほとんどないので、いかに株式 市場からの評価が高いかうかがい知れます。シスメックスは、その事業内容 からCOVID-19で需要の伸びた業種でもあるので、売上高、EBITDA、時 価総額の伸び率を、1年前まで遡って2010年3月期と2020年3月期でも比 較してみましたが、それぞれの年率成長率（CAGR）は10.0%、13.0%、 19.3%となり、やはり高い数値を示しました。

　地域別売上高は、2011年度は日本が欧州・中東・アフリカと並んでもっ とも大きな割合を占めていましたが、第6章でみた通り2021年度では日本 の割合は全体の16%にすぎません（**図表7-34上**）。日本のウェイトが相対 的に低く、真のグローバル企業と呼べる状態にあり、まさに日本企業が目指

図表7-31 売上高およびEBITDAとEBITDAマージンの推移

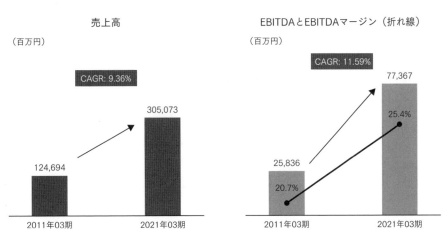

（出所）シスメックスのデータをもとに著者作成

図表7-32 時価総額およびEV/EBITDA倍率推移

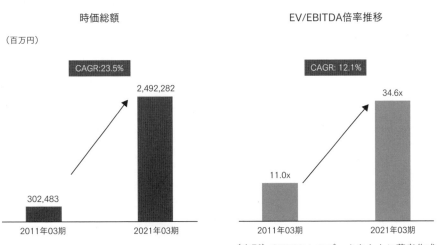

（出所）SPEEDA のデータをもとに著者作成

図表7-33 シスメックスの株価推移（MSCI ACWI業種インデックスと日本の同業他社との比較）

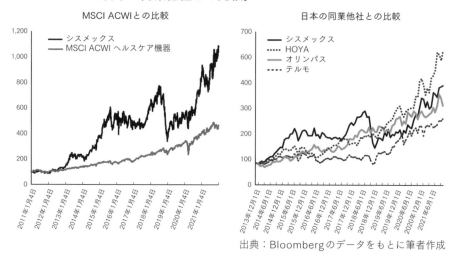

MSCI ACWIとの比較

日本の同業他社との比較

出典：Bloombergのデータをもとに筆者作成

すべきお手本のような事業展開を実現しています。

　一方、同社の収益面での大きな特徴は、売上高は世界中に分散させて行っている一方、利益の大半はまだ日本で稼いでいるということです**（図表7-34下）**。日本市場をPPMでいうキャッシュカウ（金のなる木および花形）として、そこで安定的に稼ぎ出すキャッシュフローを世界中に投資をしているのです。将来の種まきを世界中にしているといえます。そして、株式市場がその種まきを前向きに評価し、株価評価も高い水準にあるということです。海外市場を利益を稼ぎだす体質にしていくことが、同社にとっての次の課題ということになります。

　一方、事業内容について、事業ポートフォリオの内訳は大きく変わることはなく、過去10年間で大きな変化はありません**（図表7-35）**。コア商材を海外に展開してきた10年ということになります。同社のESGにおける高い

図表7-34　収益に占める地域別割合の変遷（売上ベースと営業利益ベース）

売上高

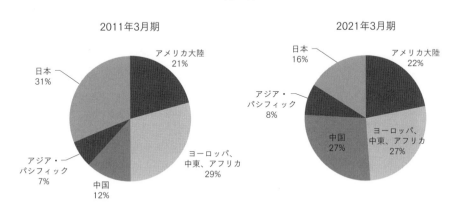

営業利益

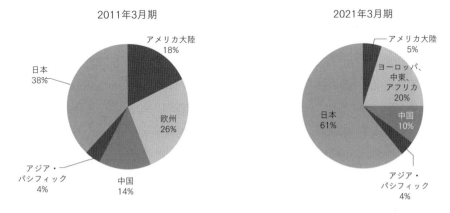

（出所）シスメックスの開示資料をもとに著者作成

評価は事業ポートフォリオの変化によるものではなく、むしろ品質管理と組織づくりにその特徴があるといえそうです。

ESGスコアについて

　まず、**図表7-36、37**で同社の全体像を捉えてみます。これまで見てきた企業とはやや異なり、同社の高いESG評価は「製品安全品質」と「人的資本開発」の2つの貢献が高く、主にSの分野が同社の全体的な高い評価につながっていることがわかります。

　図表7-36のそれぞれのキーイシューのウエイト付とスコアを見ると、よりいっそう明らかです。「製品安全品質」でウエイトの34%、「人的資本開発」で22%を占めています。

　なお、同社のESG周りの取り組みは、『サステナビリティデータブック

図表7-35　事業ポートフォリオの内訳の変遷

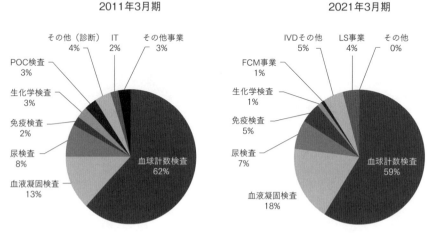

2011年3月期　　　　　　　　　　　2021年3月期

（出所）シスメックスの開示資料をもとに著者作成

図表7-36 シスメックスのESGスコアの推移と同業他社の分布

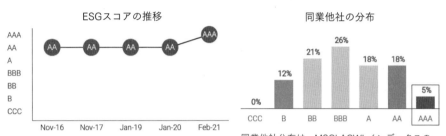

ESGスコアの推移

同業他社の分布

同業他社分布は、MSCI ACWI インデックスの
Health Care Equipment Supplies業種に含まれる
94社の分布

（出所）シスメックスのMSCIレポート（2021年7月1日時点）をもとに著者作成
Reproduced by permmission of MSCI Research LLC©2021

図表7-37 シスメックスのESGスコアへのキーイシューの貢献度

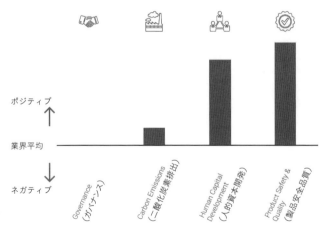

（出所）シスメックスのMSCIレポート（2021年7月1日時点）をもとに著者が独自に翻訳
Reproduced by permmission of MSCI Research LLC©2021

図表7-38　シスメックスのキーイシューとそれぞれのウエイト付けとスコア

キーイシュー	ウェイト	業界平均	シスメックスのスコア
加重平均キーイシュースコア		5.5	6.8
環境	5%	8.4	10.0
二酸化炭素排出	5%	8.4	10.0
社会	56%	5.6	7.8
製品安全品質	34%	6.9	8.3
人的資本開発	22%	4.7	7.0
ガバナンス	39%	5.1	4.9
コーポレートガバナンス		6.0	4.8
企業行動		5.4	8.1

（出所）シスメックスのMSCIレポート（2021年7月1日時点）をもとに著者が独自に翻訳
Reproduced by permmission of MSCI Research LLC©2021

2021』に詳細に開示されています。取り組み内容と情報開示のあり方について、非常に参考になる1社です。特にマテリアリティの特定のプロセスと、各マテリアリティのKPIの設定とその進捗状況が数値で公表されている点など、わかりやすくなっています。ここでは概要を紹介しておきます。

E：Carbon Emission（二酸化炭素排出：ウェイト5%）

　シスメックスは2008年度以降の温暖化ガスの排出量を事業所、国内社用車、そして物流の3つのカテゴリーに分けてCSRレポートで公表してきています。具体的な取り組みとしては、2014年度のCSRレポートでは、一部の海外輸送を航空便から船便にしたことや、船便コンテナへの積載率を向上させるなどで二酸化炭素削減につなげたことが紹介されています。

　また、キーイシューにはなっていませんが、廃棄物の排出量、水の使用量

も公表しており、事業活動に伴う環境負荷についての開示は早くから開始していた企業になります。

　この項目でシスメックスは10点満点ですが、他に日本企業ではオリンパスとテルモも同じく10点満点です。

S：Product Safety & Quality（製品安全品質：ウェイト34％）

　製品・サービスの品質管理については、自社とサプライヤーの品質管理のためのプログラム、トレーニングが存在します。それらは、マーケティングや販売という製造ではないプロセスもカバーするものです。第三者からの認証や従業員向けトレーニングの実施内容が、シスメックスの「サステナビリティデータブック」では網羅的に説明されています。

　また、品質改善と次世代に向けた新商品開発のために、顧客からの声を生かす社内システムを構築していることに特徴があります。この顧客の声への対応力と吸い上げる仕組みは、MSCIからも大いに評価されています。実際、同社は顧客満足度に関連するさまざまな賞を、海外市場を中心に受賞しています。顧客満足度調査は長きにわたって実施されており、たとえば2008年のシスメックスのCSRレポートでは、「大変よい」と「よい」で回答者の90％以上を占めていることが報告されていましたが、「大変良い」の比率を高めるために引き続き努力することが記載されています。

　なお、製品のリコールは、存在しないわけではなく、中程度および軽度の深刻さのものは、ほぼ毎年、複数発生していることがMSCIのレポートでも指摘されています。しかし、重大なインシデントにつながるような重度のものは過去10年間において1件も発生していません。それは、同社の品質管理プログラムのおかげです。

　シスメックスの「サステナビリティデータブック」の2014年と2021年のものを比較すると、品質保証、改善についてはその中身、充実度が異なることがわかります。それはまさにこのキーイシュースコアが、2016年以降改

善傾向にあることと符合します。

第6章で企業理念「Sysmex Way」を紹介しましたが、シスメックスのCSRレポートを2007年度以降読んでいくと、安心、安全への不断の取り組みが見て取れます。

S：Human Capital Development（人的資本開発：ウェイト22%）

シスメックスのESGスコアの格上げにつながった項目ですが、MSCIからは報酬以外の福利厚生や従業員の株式保有プランが生産性向上につながること、また、キャリア形成につながる人材開発プログラムが評価されています。実際、人材開発プログラムについては、同社のデータブック内で日本法人のみならず、海外の法人を含めて詳しく説明されています。

また、育児、介護などとの両立、ダイバーシティ＆インクルージョンへの取り組みも明確です。これらの分野はあとの第8章で詳しく見ていきますが、シスメックスの取り組みと情報開示のやり方はいいお手本です。

2008年のCSRレポートには、グループ従業員の41%が外国人であることが公表されています。2010年にはウェルビーイングが従業員の自己実現のための重要なワードとして定義され、2012年には人権についても触れられています。人的資本開発における目的、戦略、数値目標、そして現状の説明が簡潔に、わかりやすく説明されています。

同社がユニークなのは、日本企業でありながら、記載情報が日本中心ではないことでしょう。働きがい調査で有名な「Great Place to Work」のランキングにおいて、同社のヨーロッパ法人、ドイツ法人、トルコ法人がそれぞれトップ10に入っていること、アメリカ法人が人材開発に関する国際賞を受賞するなど、取り組みや事例に海外法人のものが、多数含まれています。

人的資本開発においては、具体的な取り組みと、その効果の測定が重要となりますが、同社は従業員満足度（エンゲージメントスコア）、従業員の研修受講時間数、研修満足度、労働災害度指数なども定期的に測定しています。

シスメックスのCSRレポートを遡ると、従業員の一人当たり研修費は、2003年度に42,000円、2007年度に91,000円、2014年度には157,789円と大きく伸びてきていることが報告されています。

G：改善の余地があるガバナンス

　ESG優良企業のシスメックスにおいて、業界平均よりもややスコアが見劣りするのがコーポレートガバナンスです。スコアは近年改善傾向にありますが、まだまだ改善の余地がありそうです。本章で取り扱っている他社と比べると一目瞭然ですが、独立社外取締役が少数派であること、取締役会議長とCEOが分離していないこと、女性役員比率が30％に満たないこと、監査等委員会や報酬委員会が完全には経営陣から独立していないことなど、外形基準で軒並み減点対象となっています。もっとも、日本市場の特殊性があるので、それは減点時に考慮されてはいますが、機関投資家はグローバルベースで投資をしますので、「日本だから」といういいわけはあまり通用しません。また、事業面ではグローバル展開に成功しつつあるシスメックスだからこそ、ガバナンス体制もグローバルに通用するものを適用していくことが望ましいでしょう。

　なお、過去のCSRレポートを見ても、たとえば2008年には内部統制委員会を設置する一方、贈賄防止のためのリスク管理の体制を整えるなど、早い段階から意識的にガバナンスに取り組んできていることがわかります。それゆえに、上の外形的な部分での減点は惜しくも感じてしまいます。

日本企業へのヒント —— 一貫した「日本式ESG経営」

　ESGの取り組みや記述情報の開示におけるベストプラクティスについては、経済産業省、金融庁などさまざまなものが公開されていますが、シスメックスのサステナビリティデータブック（以前のCSRレポート）を過去から遡って読んでいくと、目的、戦略、現状把握、情報開示の一連の流れがわか

りやすく、ESGに対してどう取り組むべきか、あるいは、組織をESGに対応させる形に変化させていく上でのヒントが見えてきます。

　今回、シスメックスを取り上げたのはESGスコアがAAAであるからもありますが、事業展開と組織づくりがグローバル企業そのものである点が非常に大きいです。一方、そのようなシスメックスでも、ガバナンス面では日本的な側面がまだ残っており、この領域における日本企業の取り組みの難しさを垣間見るようでもあります。

7.8　BNPパリバ　銀行業務のなかで重要な「資金調達」機能を提供するESG先行企業として

　BNPパリバグループ（以下、BNPパリバ）は、過去10年間において収益状況はほぼ横ばい、それを受けて時価総額推移、PERの推移もほとんど変化がありません（**図表7-39、40、41**）。これは、同社に限ったことではありませんが、銀行業界では、今後、フィンテックや暗号資産（仮想通貨）分野で、異業種からのプレーヤーも数多く参入してくることが予測される中、ある種のイノベーションのジレンマに直面している状況にあります。

　これまで見てきた製造業と比べると、過去10年間における事業ポートフォリオの変化もあまり大きくありません。業績的にも株価パフォーマンス的にも事業ポートフォリオ的にもあまり大きな変化はなく、おもしろみのない同社がなぜ、ここで登場するかといえば、第6章で見たとおり、同社が銀行のなかではESG先進企業だからです。

　業種に関係なく、ほぼすべての企業が銀行から融資を受けて資金調達をしますが、その銀行が今後ESGにどう向き合っていくのかを理解しておくことは、資金調達戦略を考えるうえで非常に重要です。なぜなら、銀行は銀行業特有の項目とガバナンスへのアプローチでESG評価機関から評価されるからです。以下見ていきます。

図表7-39 経常収益の推移

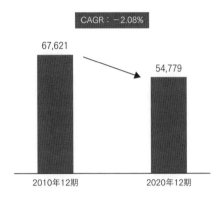

（百万ユーロ）

CAGR：－2.08%

67,621

54,779

2010年12期 2020年12期

（出所）BNPパリバの開示資料をもとに著者作成

図表7-40 時価総額およびPER推移

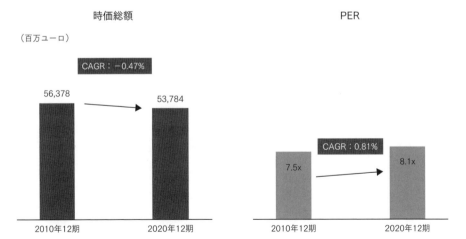

時価総額　　　　　　　　　　　　　　　　　　PER

（百万ユーロ）

CAGR：－0.47%

56,378　　　　　53,784

CAGR：0.81%

7.5x　　　　8.1x

2010年12期 2020年12期　　　　　2010年12期 2020年12期

（出所）SPEEDA のデータをもとに著者作成

図表7-41　BNPパリバの株価推移（MSCI ACWI業種インデックスと日本の同業他社との比較）

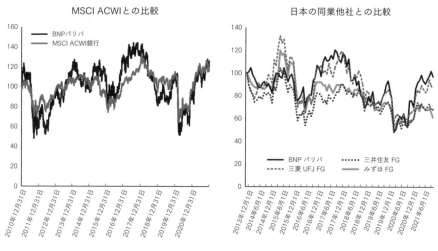

（出所）Bloombergのデータをもとに著者作成

2016年のBBBから2020年のAAへESGスコアを改善

　まず、**図表7-42、43**で同社の全体像を捉えてみます。2016年はBBBでしたが、2017年にAとなり、2020年にはAAまで改善してきており、金融業界におけるESGスコア改善のロールモデルといえるでしょう。

　AA以上の格付けを有するのは、世界の193の銀行の中で28%となっています。参考までに日本のメガバンクのESGスコアは、2021年秋時点では3行ともAです。

　図表7-43の同社のキーイシューとESGスコアに寄与している項目を見ると、銀行業の特殊性がよく見て取れます。同社のキーイシューのうち、E（環境）の「環境配慮融資」、S（社会）の「プライバシー＆データセキュリ

図表7-42　BNPパリバのESGスコアの推移と同業他社の分布

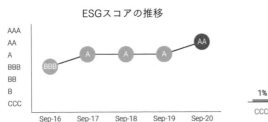
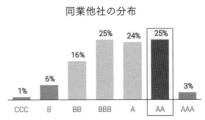

同業他社分布は、MSCI ACWI インデックスの
Banks 業種に含まれる193社の分布

（出所）BNPパリバのMSCIレポート（2021年7月15日時点）をもとに著者作成
Reproduced by permmission of MSCI Research LLC©2021

図表7-43　BNPパリバのESGスコアへのキーイシューの貢献度

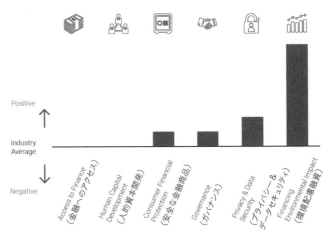

（出所）BNPパリバのMSCIレポート（2021年7月15日時点）をもとに著者作成
Reproduced by permmission of MSCI Research LLC©2021

ティ」「安全な金融商品」、そしてG（ガバナンス）において、同社はプラス評価されていることがわかります。S（社会）の「人的資本開発」「金融へのアクセス」については、業界平均であることがわかります。それぞれのウェイト付けやスコアは**図表7-44**のとおりです。

E：Financing Environmental Impact
（環境配慮融資：ウエイト13％）

BNPパリバのEのキーイシューはこれ一つですが、同社のESGスコアにもっとも寄与度が高いものです。MSCIのレポートによれば環境負荷の高い産業への融資が比較的少ないこと、また、資金提供活動におけるESGリスクを分析・監督する専門部隊を有していることが高い評価につながっていることがわかります。それらに対する具体的な同社の取り組みについては第6章で見たとおりです。

先ほど見たシスコやネスレという、モノを何らか作る業種では、「サプライチェーンと労働管理」がキーイシューとなっていました。収益源となる資材の調達元にESGが達成できているかが評価されていましたので、いわば、川上まで評価される形です。

今回の銀行業におけるキーイシューの「環境配慮融資」では、融資先のESG達成度合いが見られていることを意味します。これは、いわば川下までが評価されています。このように企業単体での評価ではなく、ビジネスにおける取引全体が評価されることがESG評価の1つの特色です。

BNPパリバのこのキーイシューのスコアは9.9とほぼ最上位に近いですが、10点満点の金融機関も5つ以上存在しており、同じくフランスのソシエテ・ジェネラルやイギリスのバークレイズが含まれています。ESG先進地域である欧州の金融機関が上位に来ていることがわかります。邦銀では、みずほフィナンシャルグループも9点台と高いスコアになっています。

図表7-44　BNPパリバのキーイシューとそれぞれのウエイト付けとスコア

キーイシュー	ウェイト	業界平均	BNPパリバのスコア
加重平均キーイシュースコア		4.5	5.6
環境	13%	4.8	9.9
環境配慮融資	13%	4.8	9.9
社会	54%	4.4	5.0
安全な金融商品	15%	3.4	4.3
人的資本開発	15%	5.3	5.3
金融へのアクセス	12%	4.2	4.3
プライバシー＆データセキュリティ	12%	4.9	6.3
ガバナンス	33%	4.7	4.9
コーポレートガバナンス		5.8	7.5
企業行動		5.1	2.4

（出所）BNPパリバのMSCIレポート（2021年7月15日時点）をもとに著者作成
Reproduced by permmission of MSCI Research LLC ⓒ 2021

S: ソーシャルがもっとも評価におけるウエイトが高い

　銀行業の場合、S（社会）のキーイシューは4つ存在し、その合計ウエイトは54%を占め、ESGスコアに与える影響が大きくなっています。しかも、それら4つのキーイシューの多くは銀行業特有のものです。

　まず、安全な金融商品（ウェイト15%）は、提供する金融商品のスチュワードシップと透明性が評価されており、具体的には、貸付行為における非倫理的行為や、金融商品の不適切な販売などをなくすことが重要になります。

　BNPパリバは顧客からのクレーム対応メカニズムが業界内でトップクラスとMSCIから高く評価されており、そのメカニズムの詳細については、BNPパリバのウェブサイトで公開されています。実際、同社の公表資料に

よると、クレーム件数は、2010年の3,194件から2019年の1,386件へと減少しています。

　この領域での取り組みは、今回同社のESGスコアがAAに引き上げられた大きな理由にもなっています。なお、その他の評価項目である、販売商品の定期的な見直し、内部告発者保護の仕組み、金融リテラシー向上への取り組み、ローンの見直しなどは業界平均レベルです。

　なお、同業他社であるJPモルガン・チェースとバンク・オブ・アメリカは共にMSCIのESGスコアは BBB となっています。それらに比べるとBNP パリバのAAのスコアは高いのですが、具体的にそれら2行とBNP パリバの大きな評価の違いをあげると、1つには、この安全な金融商品、もう1つはあとで触れるコーポレートガバナンスになっています。

　なお、この安全な金融商品の項目では、日本のりそなホールディングスが業界内で1位となっています。

　次に、金融へのアクセス（ウェイト12％）は、業界平均レベルですが、2020年の同社のアニュアルレポートを見ると、マイクロファイナンスや途上国での融資の支援には力を入れていることが開示されています。

　以上の3つの金融業界特有のキーイシューの合計ウェイトは40％となっており、これに金融業界ではより重要だと思われるプライバシー＆データセキュリティのウェイトの12％を加えると50％を超えてきます。銀行の場合は、このように金融業として取り組むべきことが明確、かつ、そのウェイトが高くなっていることが特徴的です。

　なお、人的資本開発（ウェイト15％）については業界平均程度になってはいますが、従業員の生産性向上、そして有能な人材の退職防止に向けたプログラムは評価されています。従業員のトレーニング受講率も99.6％（2018年）と高水準にあります。また、従業員の長期キャリア形成に向けたアップスキルのためのオンライン社内アカデミーも存在しています。

　なお、職場でのダイバーシティについては、2016年には経営層のうち27

％が女性であったことが評価されていましたが、その比率は2019年には15％に低下しています。

G: ガバナンス

　BNPパリバはコーポレートガバナンスのスコアが近年改善しており、主に取締役会構成において独立社外取締役が過半を占めること、そして経営陣から独立した報酬委員会が存在することが評価されています。

　また、業績連動型の報酬体系が、業績が落ち込んだ際には経営陣が報酬を返上する仕組みになっていることも、経営陣と株主の利害を長期で一致させることができるという評価を受けています。このガバナンス領域での改善も、同社のESGスコアをAからAAに引き上げた1つの要因です。

　ガバナンス領域の具体的な評価項目は、取締役会構成、報酬、オーナーシップと支配、会計リスクの4つですが、この中で企業主導である程度変更が可能なのは取締役会構成と報酬でしょう。そこで、この2つについて見ていきます。

　まず、取締役会ですが、BNPパリバの場合、取締役は15名存在します（**図表7-45**）。取締役会における女性の数について、3名を超えると株価パフォーマンスがアウトパフォームすることがアカデミックの研究で報告されているとMSCIは報告しており、その基準は十分に満たしています。

　一方、70歳以上の役員2名についてはフラグを立てており、高齢であることはあまり好ましくないという立場です。フランス人以外の国籍は、ベルギー、ドイツ、イギリス、スイスというフランスの隣国の国々となっています。BNPパリバは、もともとはフランス国立銀行を発端としており、収益の1/3はフランスの国内市場となっていますので、比較的フランス色の強い銀行といえます。それでもフランス人以外が役員の3分の1を占めています。

　また、銀行業という特殊な産業にありながら、業界の専門家は3名しかお

図表7-45　BNPパリバの取締役構成（15名）

女性	7名（46.7%）
独立社外取締役	10名（66.7%）
国籍	フランス人10名（66.7%）、その他5名（33.3%）
年齢構成	40代2名（13.3%）、50代5名（33.3%）、60代6名（40.0%）、70歳以上2名（13.3%）
業界の専門家	3名
財務の専門家	5名

（出所）BNPパリバのMSCIレポート（2021年7月15日時点）をもとに著者作成
Reproduced by permmission of MSCI Research LLC©2021

らず、独立社外取締役が3分の2となっている点も興味深いです。

　監査役会に相当するAudit Committeeについては、少なくとも1人が完全に独立委員であること、また少なくとも1人は財務の専門家であることをMSCIは求めていますが、これらの点をBNPパリバはクリアしています。

　MSCIは、フランスにおいては42%の企業がこの完全独立性を満たしていないと言及しており、国によって異なる項目、状況に対してその国の中でどういう位置付けかをも評価していることがわかります。

　報酬については、サステナビリティと経営陣の業績がリンクしていないこと、そしてCEOが十分な量の株式を保有していないなどで減点対象となっています。MSCIでは、ベース給与の5倍以上の金額の株式をCEOが保有する必要があると考えていますが、BNPパリバのCEOは約3年分しか保有していません。

　加えて、1年間および5年間のTSR（Total Shareholder Return：株主の期間投資利回り）の業界内での位置付けと、CEOの報酬を比較して、もらい過

ぎていないかも見ています。

その他、過去の業績にミスがあった場合などに、過去に経営陣が受け取った報酬を一部返上するクローバック条項もBNPパリバには存在します。クローバック条項は、もともとはベンチャーキャピタル（VC）やプライベートエクイティ（PE）で一般的な条項でした。

VCやPEは、投資した案件でキャピタルゲインを上げると、その20％程度を成功報酬として受け取ります。ただ、初期の案件でキャピタルゲインを上げて成功報酬を受け取ったものの、それ以降の案件が損失続きで、最終的にはファンド全体としては投資収益がマイナスということもありえます。そういう場合に、先に受け取った成功報酬を、VCやPEがファンドの投資家に払い戻すのがクローバックです。

これと同じ概念になりますが、経営陣の報酬の場合は、主には業績開示にミスがあった場合、あるいは後になって過去の業績を修正した場合にこの条項が適用されます。2008年のリーマン・ショック以降、定着してきた概念です。ただ、実務上は、一度支払ってしまった報酬を返還させるのは大変ですので、業績連動報酬の支払いをしばらく待ってから行う企業もあります。

報酬については、日本企業の場合は低すぎるという問題を抱えているので、アメリカの企業はもとより、BNPパリバのような欧州企業とも同列で比較、議論することすらなかなかむずかしいかもしれません。

ただ、銀行業という業種は、世界的にあまり事業内容は変わりませんし、融資先も株主も国境を比較的簡単に超えることができます。したがって、BNPパリバのように、取締役会構成を国際化し、マネジメント層のダイバーシティ実現も行い、グローバル企業に脱皮していくことが日本の金融機関にも求められていくことでしょう。

日本企業へのヒント
──融資が既存事業をトランスフォームさせる

　なぜ、わざわざ際立った特徴のない銀行業を5社の1社に含めたのかというと、それは、銀行がその事業内容をESG志向にすればするほど、融資先がESGの指標で選別されていくことを伝えたいためです。端的にはESGへの取りくみに積極的でない企業は融資を受けにくくなるのです。だからESGスコアを上げましょう、という話ではなく、社会課題解決につながる事業内容に事業ポートフォリオをシフトしていきましょう、ということです。そうすれば、自ずとスコアは上がっていきますし、資金調達も引き続き問題なく行うことが可能です。

Coffee Break：世界のESG商品
ドランクエレファントのコスメティックシリーズ

- 「クリーンビューティ」「サステナビリティ」を掲げ、ミレニアル世代から強い支持を得ているアメリカのコスメティックブランド。
- 資生堂が2021年に買収したことでも話題になった。
- 「クリーン」の定義はブランドによっても異なるが、ドランクエレファントの場合は、動物由来の原料不使用、動物実験をしていない、シリコンフリー、サルフェートフリーなど、環境や動物愛護に配慮している点で「クリーンビューティ」といえる。
- また、美容成分に植物やフルーツなどの天然成分を多く採用している。

第7章のまとめ

- ESGは企業にとって自社の事業ポートフォリオを将来型に切り替えるいい機会である。PPM分析でのいうところの金のなる木や花形事業から生まれるキャッシュフローをもとに問題児事業に取り組み、将来のESG時代に向けた種まきをすることが有効である。

- 日本企業が比較的頻繁に対話をしているESG評価機関はMSCIとFTSEであるが、MSCIに対しての日本企業の評価はやや割れる。MSCIは、E、S、Gの3つの柱を10の大カテゴリーに分けて、合計37のキーイシューのうち、業界あるいは企業に固有の重要な要素をもとにESGスコアをつけている。

- MSCIのキーイシューのウエイト付けは業界、企業によって異なっている。

- MSCIのキーイシューの多くは、二酸化炭素（CO_2）排出、労働マネジメント、コーポレートガバナンスなど、対応しないと減点になる一方、クリーンテクノロジーやヘルスケアなど、取り組むことで事業機会となりプラスに評価される項目も存在する。

- ESGスコアで上位につけている企業は、事業ポートフォリオがESG型に切り替わってきた、人的資本マネジメントに秀でている、コーポレートガバナンス対応に優れているという特徴がある。これらは、多くの日本企業がいまだ対応道半ばとなっており、今後の課題である。

- ESGの取り組みは、きちんと統合報告書やアニュアルレポートでわかりやすく、数値ターゲットと進捗度と共に報告していく必要があり、ESGスコア上位企業の開示は参考になる。

- 金融機関も、ESGを融資評価基準に組み込みつつあり、ESG対応の度合いが資金調達の可否になにかしらの影響を与える可能性がある。

- 日本企業はコーポレートガバナンスへの取り組みに改善の余地がある。取締役会、監査役会の構成メンバーのダイバーシティはもちろんのこと、スキルマトリクスが重要である。形式的に整えた社外取締役の陣容を見直す必要もある。

- ESGスコア上位企業はESG評価機関とスコアについて頻繁に対話しており、日本企業も今後は欧米企業のようにIR部門をより戦略的なコア組織として位置づける必要があるかもしれない。

ESG/SDGs時代の「人的資本経営」のあり方

これから必要なスキル「アジリティとレジリエンス」

8.1 人的資本マネジメントが企業業績を大きく左右する時代へ

　第7章でふれましたが、投資家が評価する非財務情報のうち、近年特に注目を集めているものに人的資本のマネジメントとそれに対する投資である人的資本開発（まとめて以下、ヒューマンキャピタルマネジメント：通称HCM）が挙げられます。従来型の、社員研修にどれだけの費用を使いました、というのは損益計算書で費用項目に計上されるので、従来の財務情報で捉えることができます。一方、社内の人員の多様性を高めたことで、イノベーションが起きやすい組織体制となった、それによって将来の収益貢献が高まったというようなものは、直接的には財務情報では把握しきれません。しかし、2020年以降猛威を振るったCOVID-19によって、企業がさまざまな非常時の対応を迫られた際、社員のアジリティ（柔軟性）やレジリエンス（困難な状況への適応力や回復力）が企業の収益維持、回復につながった事例が見られたことから、財務情報には現れない人的資本の強さ、すなわちヒューマンキャピタルへの関心が高まっています。

　一例としては、アメリカのスーパーマーケット大手のウォルマートやターゲットの事例が有名です。それらスーパーマーケットはオンライン対応でアマゾンに大きく遅れをとっていたものの、COVID-19によって来店が難しくなったことで、オンラインシフトを余儀なくされました。オンライン用の倉庫や専用のスタッフを用意している時間的な余裕はなく、実店舗の従業員にオンライン対応業務を依頼することになったわけです。従来のアメリカ型雇用慣習では、いわゆるジョブディスクリプション（職務記述書）というものがあり、「あなたの仕事はなになにです」と規定されており、従業員側はジョブディスクリプションに含まれていないものはやらないのが一般的です。

　筆者（保田）も、アメリカで飲食店の接客係が、フロアにこぼれたジュー

スやフードの掃除をせずに放ったらかしにしているのを見たときに、「なぜ彼らは目の前のフロアが汚れているのに掃除しないの？」と一度現地で聞いたことがありますが、「ああ、彼らは接客係であって清掃係ではないからね」という返事でした。そういうお国柄にもかかわらず、COVID-19で業務内容や働き方に変革が迫られた際、それらスーパーマーケットの従業員たちがアジリティとレジリエンスを通じて呼応したのです。ウォール・ストリート・ジャーナルの報道によれば、ターゲットは3年後に実現しようと計画していたオンライン販売の割合をすぐに達成できてしまったとのことでした。

「人材投資」に対する意識の差

　人的資本は、それだけで大学でいくつもの関連講義（たとえば、人的資源管理論や組織行動論など）が存在するくらいの1つの確立した学問分野です。本書でそれを深掘りする余裕はないのですが、近年、投資家が企業の人的資本への向き合い方や取り組みに対して非常に関心を高めていることもあり、本章では財務戦略を立案し、遂行していくうえで理解しておくべきヒューマンキャピタルマネジメントについてまとめておきます。

　日本では、働き方改革など、現場の対応としてヒューマンキャピタルマネジメント関連の議論はなされることが多いですが、これはれっきとした経営戦略になりますので、その点もクリアにしていきます。

　前出の生命保険協会のアンケート調査によると（**図表8-1**）、無形資産への投資をめぐって企業と機関投資家の認識が大きく異なることが確認いただけます。日本企業は依然として設備投資（その大半は有形資産でしょう）を重視していますが、機関投資家は「人材投資」「IT投資（デジタル化）」「研究開発投資」の3つの無形資産を重視しているのです。人材投資、すなわち、ヒューマンキャピタルマネジメントがきちんと入っています。しかも、その重要度の認識が日本企業と投資家の間で非常に大きいことも確認できます。

図表8-1　企業、投資家が重視する中長期的な投資・財務戦略

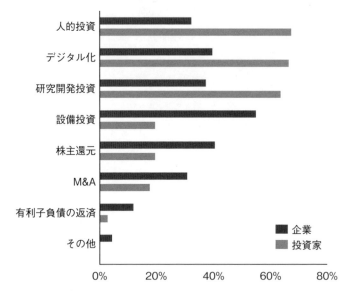

（出所）一般社団法人生命保険協会　「生命保険会社の資産運用を通じた『株式市場の活性化』と『持続可能な社会の実現』に向けた取組について　2021年4月」をもとに著者作成。企業、投資家ともに3つまで回答する形式で実施されたアンケート調査結果

8.2　SDGsによる後押し

　SDGsの17のゴールのうち人的資本に関係が深い項目として、「5.ジェンダーの平等」、「8.成長・雇用（働きがいも・経済成長も）」、「9.イノベーション（産業と技術革新の基盤をつくろう）」、「10.不平等（人や国の不平等をなくそう）」、「16.平和（平和と公正をすべての人に）」の5つが該当すると考えられます。5.10.16.の観点でのヒューマンキャピタルマネジメントの議論は日本でも広くなされているように見受けられますが、8.9.の観点での議論はあまり見られません。しかし、投資家がヒューマンキャピタルマネジメントに着目するのはまさにこの8と9ゆえのことです。

　日本政府のSDGsに関わる行動計画をまとめた「SDGsアクションプラン2021」（SDGs推進本部）があります。そのなかで、「Ⅳ. 一人ひとりの可能性の発揮と絆の強化を通じた行動の加速」では、あらゆる分野における女性の参画と、ダイバーシティ、そしてバリアフリーを推進するとともに、人への投資を行い、十分なセーフティネットが提供されるなかで、すべての人が能力を伸ばし発揮でき、誰ひとり取り残されることなく生きがいを感じることのできる包摂的な社会を目指す、としています。これらは快適かつ安心して働ける労働環境の整備という、従業員目線では十分な目標でしょう。

　一方、上のSDGsでの８. と９. の観点にもとづいて企業の成長戦略、イノベーションにつながるという絵図を示すことができれば、ヒューマンキャピタルマネジメントは、単なる働き方改革ではなく、株主を含むすべてのステークホルダーの効用を最大化するんだという認識が共有できるはずです。

　そうすれば、より強力にこれを推進していこうという機運も高まるはずです。以下では、ヒューマンキャピタルマネジメントへの取り組みが実際、企業価値向上に資するという事例やアカデミックの研究を紹介していきます。

ダイバーシティの本質

　ESGのS（社会）の中での重要な項目は、ダイバーシティの実現です。ダイバーシティには、実はさまざまな分類方法があります。もっともわかりやすいもの、かつ、我々がダイバーシティと聞いたときにイメージするものは、可視的・不可視的な分類でしょう。

　可視的とは、すなわち目に見えるものということで、性別、年齢、人種、それに言語、国籍、障害の有無なども含まれます。不可視的なものとしては、外見からは判断しにくいもので、教育、職務、勤続年数、経験、知識、スキルレベル、価値観、宗教、考え方、性的指向（LGTBQ）などになります。目に見えるものを表層的、見えにくいものを深層的と表現することもありますし、アカデミック研究では前者をリレーションシップ・オリエンテッド

図表8-2　ダイバーシティのさまざまな分類方法

Relations-oriented	Task-oriented
不変的	可変的
表層的	深層的
可視的	不可視的
一次元的	二次元的

（出所）著者作成

（Relationship-oriented）、後者をタスク・オリエンテッド（Task-oriented）と表現することもあります。このように、さまざまな分類方法が存在しますが、目に見えるものと見えないもの、不変的なものと可変的なものという区分けがまずは理解しやすく、特に見えないもの、可変的なものについてのダイバーシティが存在することへの認識・理解が、日本企業にとって今後は重要になるでしょう（**図表8-2**）。

8.3　取締役会に占める女性比率と業績の関係性

　ダイバーシティの議論をする際に、真っ先に思いつくのは職場での女性活躍度合いではないでしょうか。そこで、取締役会に占める女性比率と業績の関係性にいくつかのアカデミックの研究を見てみましょう。

　ドイツ企業を分析対象として、取締役会での女性比率が30％以上の「ク

リティカル・マス」を達成すると、完全に男性だけの取締役会よりも企業パフォーマンスが高いことを報告したJoecks他（2013）や、世界91カ国の企業を調査し、企業のリーダーの30％以上が女性である高収益企業は、女性リーダーの比率が低い同様の企業と比較して、純利益率が1％ポイント以上向上することが期待できるとの研究結果（Noland他 2016）があります。

　なお、Joecks他（2013）の報告では、取締役会の女性比率を向上させはじめた当初は企業の業績にはネガティブな影響があること、また、女性比率が10％を超えない企業では、業績パフォーマンスは低下する可能性があることを報告しています。どうやらお飾りで1人、2人と女性を取締役会に入れるだけでは意味はない、むしろ業績にマイナスになる可能性すらあるということで、日本企業への警鐘になりそうです。なお、コンサルティング会社のマッキンゼーの2020年のレポート "Diversity wins — How inclusions matters"（ダイバーシティの勝利、インクルージョンがいかに重要か）の中でも同様に、エグゼクティブチームに女性が30％以上参加している企業の業績が、比率の低いグループよりもよいことが報告されています。

ダイバーシティを活かすには、組織のコンテクストが重要

　また、企業や業種によってその効果が異なるという報告もあります。Joshi & Roh（2009）によれば、チームのダイバーシティとパフォーマンスの関係は、コンテクストに影響を受けているとのことです（図表8-3）。コンテクストは、最近、日本語でもそのまま用いられることが多いので説明の必要はないかもしれませんが、この場合は業種、組織の構成、職場環境、企業風土などを意味します。

　研究のなかでは、女性の割合を増やしたとしても、依然として男性中心の職場環境ではチームパフォーマンスにはむしろネガティブな影響となる一方、相対的に性別が均衡している環境では有意にプラスの影響を与えると報告されています。

また、サービス業では多様性がプラスに働く一方、製造業ではややマイナスに働くことも示されており、業種での環境の違いが多様性から生まれる成果に影響を与えていることも報告されています。すなわち、単に多様性の追求だけでは不十分であり、それを十分に生かすコンテクストが必要ということなのです。

　今の日本に置き換えてみますと、男性中心の組織において、お飾り的に女性の割合を増やしたとしても、それはパフォーマンスにプラスとはならず、やるならば、男女の比率がある程度、拮抗するところまで持っていく必要がある、とのことです。

　そして、日本ではまだ大企業に製造業が多く存在するので、製造業ではこの性別のダイバーシティの恩恵は受けにくいことも認識しておくべきでしょう。ただし、これは、「だから引き続き男社会でいきましょう」ということではなく、むしろ逆で、他社事例などを参考にする際は、製造業での性別ダイバーシティの効果は得にくいがゆえに、「より丁寧に実装していくべきという認識を持ちましょう」ということです。

　性別ダイバーシティの実現が業績にプラスに働くためにはコンテクストが重要という研究は、Nguyen他（2021）でも明らかにされています。その中で重要なのは、表面上の数値としての女性の取締役の比率ではなく、女性の声がどの程度社内で届けられるかです。そこには、国の統治システム、各種制度、そして文化的なコンテクストが左右します。

　特に質の高いガバナンスが実現できている国にある企業では、取締役会の多様性がプラスに働く一方、ガバナンスの低い国では、取締役の性別の多様性はメリットよりもコストが大きく、企業のパフォーマンスにマイナスの影響を与えるようだと報告しています。

　日本の国としてのガバナンスの質は、世界のなかでは高い部類に入るとのことですが、ESG投資のところで見たように、企業のガバナンスのスコアは欧米の外国企業と比べると低いため少し気がかりです。このように単にダ

図表8-3　ダイバーシティとコンテクストの関係性

コンテクストのさまざまな側面が
ダイバーシティに影響を与えている

チーム
ダイバーシティ

コンテクスト

国、業種、組織の構成、職場環境
相互依存性等

（出所）著者作成

イバーシティのみを追求しても効果が薄い可能性があり、ガバナンス改革と一体で進める必要があるわけです。

8.4　女性比率とガバナンスの関係性

　ESGのG（ガバナンス）が日本企業にとっての1つの課題であると述べましたが、ダイバーシティとガバナンスの研究も存在します。たとえば、Barua他（2010）では、女性のCFOを擁する企業は、会計の質が高いという仮説が実証研究の結果から支持されており、Liu（2018）では、取締役会内の性別多様性が高い企業ほど、環境問題による訴訟が少ないことが報告されています。

　なお、女性の方がリスクを取らない傾向があることから、2008年に経営

破綻をし、その後、金融危機を誘発したアメリカの投資銀行のリーマン・ブラザーズについて、「もしも、この会社がリーマン・シスターズあるいは、リーマン・ブラザーズ&シスターズだったなら、会社としてあれほどまでのリスクを取らなかったのではないか」という、ジョークとも思えるような議論も海外では大真面目に展開されていたりします（Prügl, 2012）。

　社名の件はさておくとしても、IMF専務理事（当時）のクリスティーヌ・ラガルド氏（女性、2021年12月現在の欧州中央銀行の総裁）も金融システムにおけるジェンダーダイバーシティの重要性を指摘していました。このような男性的な企業文化における「集団思考（Group Think)」の影響は、金融業に限らず、他の企業現場でも見られるものでしょう。

　やや話はそれますが、消臭剤や芳香剤でお馴染みのエステーの鈴木貴子社長が社長就任後のインタビュー記事で、企業の戦略や現場で用いられる言葉に、戦闘用語が多いことに違和感を感じていたこと、それを女性ならではの感性でうまく融和していきたいという内容の発言をしていたことが印象的でした。後ほど触れますが、いわゆる男らしさを競う企業文化は組織を不安定なものにすることは、Berdahl他（2018）でも報告されています。この研究結果は、要約が『DIAMONDハーバード・ビジネス・レビュー』（ダイヤモンド社）にも掲載されましたが、多くの企業の方々が「あ、うちの会社、まさにこれだわ」と苦い思いで頷きながら読むことになるのではないかと思います。

　それによると、世界中の多くの文化では、支配的、タフ、リスクを取る、攻撃的、ルールを破るなどの行動が「男らしさ」になる一方、男らしさは不安定なものであるとのことです。そして、男性は特に男らしさを脅かされていると感じたときには、次のような行動を通して、男らしさを何度も証明しようとするとのことです。それらは、攻撃的な行動、不当なリスクテイク、極端な長時間労働、熾烈で競争的な態度、女性（または他の男性）への性的嫌がらせなどです。

　このような競争は、言葉にならない不安や防衛心（例：失敗を部下のせいにする）を生み、協調性、心理的安全性、同僚への信頼、不確実性やミスを認める能力を損ないます。特に、心理的安全性が低い職場では、自分が認められている、尊重されていると感じられないため、自己表現、適度なリスクテイク、新しいアイデアの共有などができなくなるとのことです。なんと恐ろしいことでしょう。

　筆者（保田）の周りでも、「部下を必ず『さんづけ』で呼ぶ。呼び捨てにするとどうしても言動が攻撃的になってしまうから」という内部方針を話してくれた企業経営者がいらっしゃいましたが、こういう小さな取り組みも大きな組織改善につながっていくのです。

組織のベースとなる心理的安全性とは

　これまでの議論からは、ダイバーシティの実現のためにはまず職場における心理的安全性の確立が必要であることがわかってきます。心理的安全性については、ハーバード大学のエドモンドソン教授の著書『恐れのない組織』（英治出版、2021年）によくまとまっていますが、良いチームに必要不可欠な土台であり、いかに職場でのパフォーマンスに影響するかがケーススタディとともに議論されています。

　それによると、心理的安全性は、組織に学習・イノベーション・成長をもたらしますが、リーダーがチームの心理的安全性に大きく影響しているため、リーダーの振る舞いが重要であることも指摘されています。

　同書では、他にも、グーグルのチームを対象に数年がかりで行われた研究（通称プロジェクト・アリストテレス）も紹介されています。グーグルのあるチームがほかのチームより高いパフォーマンスを上げる理由として、心理的安全性が重要な要素であることが明らかになったというものです。

　心理的安全性以外の4つの要因（明確な目標、頼れる仲間、個人的に意味のある仕事、その仕事に影響力があるという信念）もパフォーマンスに影響する

こともわかりましたが、心理的安全性はより重要であり、それは、他の4つの土台であると報告されています。

8.5　最後のカギとなる「インクルージョン」

ダイバーシティとともに登場するものにインクルージョンがあります。ダイバーシティ＆インクルージョン（以下、D&I）という1つになった言葉を耳にする機会も多くなってきました。インクルージョンは「含む（include）」の名詞形ですので、多様性のある人々を受け入れて、ともに組織を作っていくことを意味します。ここで重要なのは、単にダイバーシティのある組織を表面的に作ったとしても、そこにインクルージョンがなければうまく機能しないということです。上で見たアカデミックの研究からも、表面的に女性を取締役会に入れるだけではうまく機能しないことが明らかになっていますが、これはきちんとインクルージョンがなされていないことの裏返しともいえるでしょう。

インクルージョンなくしてダイバーシティによるメリットは機能しない、ということはHolvino他（2004）や先のマッキンゼーの2020年のレポートでも述べられています。同レポートは、インクルージョンの指標として、平等（Equality）、職場環境の開放性（Openness）、帰属意識（Belonging）のセンチメント分析を行っており、もっともD&Iが進んでいる企業は、D&Iが単なる社会的正義の必要性ではなく、成長と価値創造を可能にする核であると認識しており、多様性に富む企業が他の企業を引き離している、と分析しています。つまり、D&Iは競争力の源泉になるのです。

なお、多様性を追求すれば、属性やタスクの異なるグループ間での衝突や対立など、いわゆるコンフリクトが組織内で生じることは容易に想像できますが、インクルージョンは、その緩和の働きをし、結果としてグループにおける不満足度や離職率の低下につながることも報告されています（Nishii,

2013)。

ダイバーシティ&インクルージョンとイノベーション

　D&Iが特に日本企業にとって重要なのは、それが組織内におけるイノベーション創出につながるという報告、研究結果があることです。順に見ていきましょう。

　ボストン コンサルティング グループによる"How Diverse Leadership Teams Boost Innovation"（2018）によると、リーダー層の多様性を高めることが、より多くの優れたイノベーション創出と財務パフォーマンスの向上につながる可能性が報告されています。

　この調査対象は世界8カ国（オーストラリア、ブラジル、中国、フランス、ドイツ、インド、スイス、アメリカ）の1,700社以上の企業の従業員でした。多様性は性別、年齢、出身国、キャリアパス、業界の背景、教育という6つの次元で区分し、企業のイノベーションレベルは、直近3年間に発売された新製品や新サービスが総売上高に占める割合で測定されました。

　結果は、経営陣の多様性とイノベーションの間に、統計的に有意な強い相関関係があることが判明しました。経営陣の多様性が平均以上であると回答した企業は、イノベーションによる売上が総売上に占める割合が19%ポイントが高かったことになります（**図表8-4**）。

　日本企業にとって気になるのは、この調査での多様性の測定指標にキャリアパス、業界の背景、教育が含まれていることです。転職がいまだに一部ではネガティブに見られている日本の社会状況では、キャリアパスや業界の背景での多様性は実現しにくいでしょうし、日本の大学4年生を対象として一斉に同じ時期に採用活動をする新卒一括採用制度も、教育の多様性を阻む要因になり得ます。

　他にも、すべての人がより高いポジションへ上がることができるような職場環境が、イノベーションと成長の強力な相乗効果をもたらすことという指

図表8-4　ダイバーシティとイノベーションによる売上比率の関係性

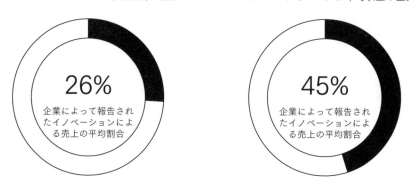

ダイバーシティスコアが平均未満の企業　　　　ダイバーシティスコアが平均以上の企業

26%
企業によって報告され
たイノベーションによ
る売上の平均割合

45%
企業によって報告され
たイノベーションによ
る売上の平均割合

（出所）ボストン コンサルティング グループ"How Diverse Leadership Teams Boost Innovation"
2018より転載

摘もあります（アクセンチュア, 2019）。

　つぎに、Hossain他（2020）の2011〜2014年のS&P500等の大企業392社を対象とした研究は、CEI（Corporate Equality Index：LGBTQに対する職場の公平性指標）が企業のイノベーション（特許数、商標数、コピーライトの数）に正の影響を与え、結果的に企業の業績を向上させることを報告しています。

　Lisak他（2016）のドイツと中国のR&Dチームを対象とした研究でも、文化的多様性とイノベーションとインクルージョンの間でのポジティブな関係が報告されています。

　具体的には、国際性に富むリーダーが存在するR&Dチームでは、チームのイノベーションが促進され、メンバーはコミュニケーションにおけるインクルージョンを進めるよう動機づけられるとのことです。チーム内のメンバーが多様な国際性を有する場合もインクルージョンとイノベーションが促進

されるそうです。

　Griffin他（2021）でも、45カ国を対象とした研究から、性別が多様な取締役会を持つ企業は、より多くの特許を持ち、失敗に強く、CEOのインセンティブは長期的であり、革新的な企業文化を有し、多様な発明家が存在する傾向にあることが報告されています。

　国籍や出身国での多様性を実現することは、日本企業にとっては海外企業のように容易ではないかもしれませんが、国際性を追求することによるイノベーション実現の伸びしろが大きいともいえるでしょう。企業のグローバル化は海外に出ていくというコンテクストで議論されることが多いですが、自社組織を国際性豊かなものにしていくことも、重要なグローバル化戦略ということになります。

ダイバーシティ＆インクルージョンと課題解決能力

　みなさんの会社でも、グループワークを実施する際はなるべくメンバー間の多様性を持たせることが、自然と身についているのではないでしょうか。筆者が大学の授業でグループワークを実施する際も、同質なメンバーに偏らないように気をつけています。

　Cox & Blake（1991）は、多様性のあるグループは、問題にアプローチするためのより広範で豊かな経験の土台を有しているため、問題解決や意思決定を改善する可能性があり、競争上の優位性を生み出すことにつながると報告しています。

　典型例として、1960年代のミシガン大学のいくつかの研究により、異質なグループは同質なグループよりも与えられた問題に対して質の高い解決策を生み出すことが発見されたと紹介されています。

　また、グループ内で批判的思考が欠如しがちな集団思考は、同質性と結束力が高い集団で発生する傾向があります。したがって、逆に、集団内に文化的多様性が存在すれば、集団思考によるネガティブな影響を回避できるという議論

もされています。同調圧力の強い日本にとって警鐘的な議論といえます。Cox & Blake（1991）の論文のタイトルは『Managing cultural diversity: Implications for organizational competitiveness』であり、1991年の発刊から30年以上経ってもまったく色褪せません。

Hong & Page（2001）も、限られた能力のエージェント（人材）が集まった場合でも、視点とヒューリスティック（経験則や先入観）の異なる多様なエージェントであれば、非常に難しい問題を解決することができるとし、個人よりもエージェントの集合体のほうが、問題解決能力が高いと議論しています。

8.6　女性比率と気候変動への取り組みとの関係性

従業員や組織のダイバーシティが富んでいる企業のほうが、気候変動やサステナビリティへの取り組みに積極的であるというアカデミックでの研究は複数存在していますが（特に欧州において）、ここでは笹川平和財団のレポートで紹介されていたデータ類が一般企業の方にとっては興味深いと思いますので、それを紹介しましょう。

なお、このデータはあくまでもすべて相関関係ですので、因果関係が示されているわけではありません。つまり、これらのデータだけでは、女性比率が高いことが、気候変動対応への積極的な取り組みにつながっているのか、逆に、気候変動対応に積極的な企業の気質が女性比率の向上につながっているのかの原因と結果の関係は明らかではありません。

しかし、さまざまなアカデミックの研究結果と照らして考えると、女性比率の高い企業で気候変動対応が進んでいる可能性があると理解してよいでしょう。

図表8-5は、他の先行研究などでも登場する女性の役員比率が30%超（クリティカルマス）と企業の気候変動への取り組みのあいだでのポジティブな

関係を捉えています。相関はやや弱まりますが、役員および従業員における女性比率の高さと、イノベーションとの間にもポジティブな関係があることも見てとれます。

　次に**図表8-6**は、横軸が女性の役員比率、縦軸が環境面での情報開示スコアです。**図表8-5**と整合的な形となっており、概ね右肩上がりの直線上に各国が並んでいることがわかります。横軸、縦軸の平均値をもとに散布図を4つの区画に分けて、右上がジェンダーでも気候変動ガバナンスでも先進的な国、逆に左下は両方において遅延している国となります。日本は環境開示では平均的な数値にありますが、やはりジェンダー面で遅れていることになります。

図表8-5　取締役会における女性比率と気候変動対応への取り組みの相関関係

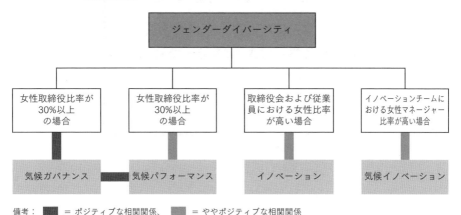

（出所）BloombergNEF / Sasakawa Peace Foundation, "Gender Investment and Innovation Department", December 1 , 2020をもとに著者が独自に翻訳

図表8-6 取締役会における女性比率と気候変動対応への開示状況の相関関係

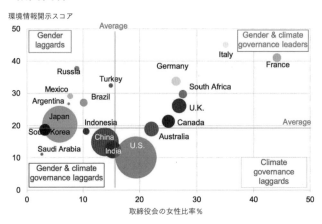

（出所）BloombergNEF / Sasakawa Peace Foundation, "Gender Investment and Innovation Department", December 1, 2020 より転載

　そして、**図表8-7**では、女性の役員比率と気候関連財務情報開示タスクフォース（TCFD）の採用時期との関係性が示されています。女性の役員比率が高いほど、早くTCFDを採用した傾向があることがわかります。2017年にTCFDを採用した企業群の2019年における女性役員比率は31%である一方、TCFDを採用していない企業群の2019年の女性役員比率は16%となっています。また、報告書では、ジェンダー多様性のある企業は明確な気候変動への戦略を設定しており、環境のデータを開示する傾向があると議論しています。

　以上は、女性の役員比率と気候変動への対応やイノベーションという個別項目の相関関係でしたが、どれもESG対応に含まれる項目です。企業としてESG対応を推進している企業では、これらの項目はどれもスコアは高くなるでしょう。したがって、ESG対応への姿勢の違いが、これら項目の各数値に出てきているということになります。

図表8-7　取締役会の女性比率とTCFD採用時期の関係性

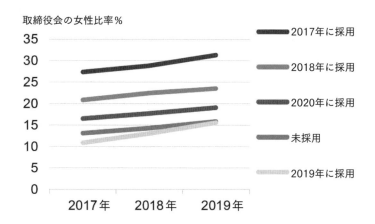

（出所）BloombergNEF / Sasakawa Peace Foundation, "Gender Investment and Innovation Department", December 1 , 2020をもとに著者が独自に翻訳

8.7　時代の変化に適応する組織をつくる

　ここまでの内容をまとめると、Ｄ＆Ｉ推進は以下のようなメリットを企業にもたらすといえそうです（**図表8-8**）。ここに挙げられるようなさまざまな要素の結果として、業績・株価にもプラスということになるでしょう。

　ただし、すべての先行研究においてポジティブな関係が見られたわけではありません。多様性が組織にとってプラスの効果をもたらすためは、チームや組織がどのようなコンテクストの上にあるのかが重要であり、コンテクストとして多様性を受容するインクルーシブな企業風土の醸成が必要不可欠となります。

　ちょうどこの原稿を書いている2021年10月には、プリンストン大学の真鍋淑郎氏がノーベル物理学賞を受賞したことがニュースになりました。受賞後の記者会見において、真鍋氏はアメリカ国籍を取得し、アメリカに滞在し

図表8-8　ダイバーシティ＆インクルージョンが企業に与えうるメリット

```
• イノベーション
• ガバナンスの向上
• 問題解決能力
• 気候変動への取り組み
• 組織内の対立の減少、離職率の低下
• 業績・株価
```

（出所）各種先行研究をもとに著者作成

続けている理由として、日本では他人を傷つけないような気遣いのもとで調和（ハーモニー）が求められ、それがまさに日本人が仲間同志でうまくやれる理由ではあるものの、自分はその調和のなかで生きていくのが苦手であるというコメントをして、会場の笑いを誘いました（英語でのインタビューを日本語に訳しているため、微妙な表現の意図は違うかもしれませんがご容赦ください）。

　これはまさに、多様性のない組織、あるいは多様性を認めない組織では、人と違うことをしようとする人は働きにくく、新しいアイデアやイノベーション創出の機会を自ら逃がしていると警鐘を鳴らしているのかもしれません。

　かつての高度成長期のように、画一的なものを作って豊かになるという時代はそれが最適解だったのでしょうが、今のように不確実性が高く、解くべき課題も複雑化してくると、画一的な集団（集団思考）では対応できない可能性があります。

　日本では、幼少の学校教育から制服や校則により均一性が求められ、職場も男性優位で、無限定社員（転勤・残業）を前提とした社内制度が長年にわたり運用されてきたため、多用性を受容する企業風土を醸成するには、経営陣の強い決意と風土改革をやりきる実行力が必要になるでしょう。

　変化の早い時代への適応とイノベーションが企業価値の向上に直結する今、Ｄ＆Ｉへの取り組みの速さとコミットメントが、今後ますます重要になります。

ダイバーシティ＆インクルージョンの実現

　ここまでは主に、D&Iが企業に与えうる影響について見てきました。では、次にどうやってD&Iを推進するような組織体を作っていくことができるのかについて見ていきます。

　詳細は、組織論や人材マネジメントの専門家や専門書に当たっていただくことになりますが、ここではひとつ、Hovlino他（2004）の議論を紹介します。もう20年ほど前の論文になりますが、今でもそのエッセンスは色褪せず、基礎的なアクションプランとしてわかりやすい内容です。

　まず、D&Iの目的は、組織を人々が所属したい、貢献したいと思うような場所にすることにあります。そのためにはグループ間の不公平や不平等の歴史的なパターンを繰り返すのではなく、そのような不公平や不平等をなくすこととしています。そして、組織変革を成し遂げる３つのアプローチをRagins（1995）をもとに紹介しています。

　それは、システム的変化、文化的変化、行動的変化です（**図表8-9**）。効果的なダイバーシティの取り組むためには、この３つの変化と、相互に補強し合うさまざまな具体的な介入を含む、マルチレベルのアプローチが必要だと説いています。３つの変化は相乗効果があり、お互いに影響し合い、積み重なっていきます。

　まず、システム的変化は、組織の構造の変更ですが、具体的には、採用制

度、同一賃金と福利厚生、仕事と家庭のバランスに関する方針など会社のシステムが対象となります。違いを超えて従業員を受け入れ、昇進や能力を発揮するうえで障害となっている社内制度を変更していきます。たとえば、フレックスタイム制、パートタイム制、週休2日制、ジョブシェアリング、ジョブローテーション、柔軟な休暇・病気休暇制度等は、柔軟性を高めることで異なるグループの社員を受け入れることにつながり、働く母親や父親、高齢者の介護をする社員など、多様な社員を惹きつけ、維持するのに役立つことが示されています（Lobel, 1999）。

　2つ目の文化的変化は、組織の自己観、有効性、そして環境を定義する基本的な前提、価値観、信念、イデオロギーへのアプローチです。その変化のためには、まず、組織文化を構成している社内の非公式な慣行や信念を特定します。

　それらは組織内のさまざまなグループに異なる影響を与えていますが、メンタルモデルとも呼ばれ、Senge他（1994）によれば、深く根づいた「自分自身、他の人々、組織について心のなかに持っているイメージ（および仮定）」です。これらの変化のためには、対象が日常的な慣行となっているため、社内教育やトレーニングよりも、小規模な実験を導入することが有効だとのことです。

　3つ目の行動的変容介入は、個人の行動と対人関係の行動に対処するため

図表8-9　組織変革の3つのアプローチ

（出所）Ragins（1995）をもとに著者が独自に翻訳

に行いますが、教育、トレーニング、コーチング、多文化なチームビルディングなどが該当します。それらは集中的に行うことが有効だと説かれており、トレーニングの具体的な中身としては、以下が紹介されています。

①アウェアネス・トレーニング

ストーリーを共有し、他の人の経験や課題を聞くことで、企業文化の影響の違いについての知識、共感能力、理解を深める。人と人との交流における感情的・合理的な内容を扱い、違いに直面したときに人がどのように感じ、行動するかを探る。

②スキルビルディング

異文化コミュニケーションや紛争解決など、多様性を促進するような行動や言動をとるためのスキルを高める。

③オリエンテーションと情報発信

セクシャルハラスメントなど、ダイバーシティに影響を与える新しいポリシーに関する情報や、社内でのダイバーシティ実現への取り組みの状況を伝えることで、知識の向上を図る。

④グループでの対話

比較的自由な形式で、個人やグループの間で率直な会話をする機会を継続的に増やす。

以上の３つの変革（システム的、文化的、行動的）を行うことで、企業は排他的な単一のモノカルチャーな組織から、多様な人々の視点とスタイルが評価され、組織の目標達成に貢献するマルチカルチャーな組織に変わっていくのです。

ダイバーシティ＆インクルージョン的な組織づくりの
チェック項目

　D&Iの評価についてもひとつ紹介しておきます。Nishii（2013）では、インクルーシブな環境を整備するための評価項目を3次元に分けています。

　1．公平な雇用・労働慣行の基盤
　2．差異の融合
　3．意思決定への参画

　まずは制度面での整備、次にお互いの違いを認める文化の醸成、そして意思決定におけるインクルージョンの実現という手順です。さきほどの**図表8-9**で見た3つの変化（システム的、文化的、行動的）ともうまく呼応しています。社内のインクルージョン風土（インクルージョン度合い）を定期的に評価し、推進度を確認するための具体的な質問項目は**図表8-10**のとおりです。

　ここで重要なことは、これらの質問を部や課などユニットごとに実施することだといわれています。みなさんの組織に当てはめるとそれぞれの質問項目は何点になるでしょうか？　当たり前のことを聞かれているようで、意外とこれらが自然に実践できている組織は多くないのではないでしょうか。

　そして、1つ注目すべきは、企業ではなくユニットという単語が使用されていることです。Nishii（2013）は、同じ組織の中でもユニットによってインクルージョンの環境が大きく異なっており、各マネージャーが実践するプラクティス、設定する規範、従業員に提供する機会の公平さが、グループに大きな影響を与える可能性があると指摘しています。

　ここからの示唆としては、全社レベルでの研修・教育と、マネージャーレベルでの研修・教育の両方が行われるべきということでしょう。

　先に紹介したマッキンゼーのレポートで提唱されているD&I推進のため

図表8-10　インクルージョンの問題点・推進度を把握するための質問項目

次元1：公平な雇用・労働慣行の基盤

1. 多様な従業員を組織全体にうまく分散させることに取り組んでいるか
2. 雇用/人事慣行は公正に実施されているか
3. **公正な昇進プロセスを採用しているか**
4. **業績評価プロセスは公正であるか**
5. 柔軟な福利厚生プログラムによって、従業員のユニークなニーズが満たされているか
6. **すべての従業員の成長に投資しているか**
7. 従業員は「同一労働同一賃金」を受けているか
8. **従業員が苦情を伝えるための安全な方法を提供しているか**
9. 従業員は公正な業績評価を受けることができるか

次元2：差異の融合

1. 従業員は自分のままでいることができるか
2. **人々が「本当の」自分をさらけ出すことができるような、脅威のない環境であるといえるか**
3. 多様性意識の促進は、優先事項であるか
4. **ワークライフバランスを重視しているか**
5. 人々の違いが尊重されているか
6. この組織の従業員は、ワークライフバランスプログラムの利用を積極的に勧められているか
7. **この組織では、従業員が対立を効果的に解決できるよう、リソースを投入しているか**
8. 従業員は担当する仕事だけでなく、人としての価値を評価されているか
9. **人々はしばしばお互いの情報を共有し、お互いについて学んでいるか**
10. **従業員が人々が職場にもたらす違いに感謝する文化があるか**
11. グループ間の関係（異なる人種、ワークグループ、年齢グループなど）は、尊敬と信頼によって特徴づけられる傾向があるか

次元3：意思決定への参画

1. **従業員の意見を積極的に取り入れているか**
2. 従業員の意見が成功の鍵であると認識していることは明らかであるか
3. 従業員は、仕事に関する決定を自分で行う権限を与えられているか
4. 人々のアイデアはその質に基づいて判断され、誰がそれを表明したかに基づいて判断されることはないか
5. 健全な議論を行う風土があるか
6. **物事をより良くするためのすべての人のアイデアが真剣に検討されるか**
7. 従業員は自分の領域外のオペレーションを改善するためのアイデアを提供するよう奨励されているか
8. **仕事のやり方を再考または再定義するために、従業員のインサイトが用いられているか**
9. **トップマネジメントは、異なる役割、ランク、機能からのインプットを検討することで、問題解決が改善されるという信念を持っているか**
10. 従業員は意思決定を改善するために生産的な議論を行っているか
11. 従業員が自分の知識を活用して、仕事を向上させているか

（出所）Nishii（2013）を著者が独自に翻訳。なお太字は、簡易版でも含まれる項目

のアクションも、基本はNishii（2013）と同様です。それによると、

1．D&I推進のための社内システムの整備

（①管理職におけるダイバーシティの実現、②D&I目標達成のためのリーダーシップと説明責任の強化）

2．インクルージョン文化の強化

（③公平性と透明性にもとづく等しい機会の実現、④オープンネスの促進、⑤バイアスや差別の解消、多様性へのサポートを通じた帰属意識の醸成）

とされており、**図表8-10**のNishii（2013）の次元1、次元2に合致します。

8.8　インクルーシブな企業での共通項は「学び型の文化」

『ハーバード・ビジネス・レビュー』が19,000人以上の読者に向けて行なった調査によると、D&Iを備えた組織とそうでない組織のあいだには、ある特定の文化スタイルの違いがあることがわかりました。それは、学習志向の文化（Learning Culture）だそうです**（図表8-11）**。

　さらに、業績の高い組織で働いていると答えた回答者は、自分の組織をより学習志向の強い組織と見なす傾向がある一方、業績の低い組織で働いている回答者は、学習をあまり重視していない文化を持っていることがわかりました。学習志向の文化は、柔軟性、オープンマインド、探究心を重視し、組織に適応力と革新力を与えるとしています。

　不確実性の高い今日のビジネス環境を乗り切るためには、学習型文化がもたらすメリットは非常に重要でしょう。少し補足しておくと、この学習型文化とは、新しいアイデアや失敗への許容度、型にはまらない思考力、リスクテイクする姿勢、物事や見方が変化することなどを意味しています。

　新しいことや変化を受け入れる文化と言い換えた方が、誤解がないかもしれません。きちんとOJTを実施している、マニュアルを読みこなしている、という類のものとは異なりますので、ご注意ください。

図表8-11　ダイバーシティ＆インクルージョンを備えた組織と、そうでない組織で重視していることの違い

D＆Iがあると評価された組織が重視していること	D＆Iを持たない組織が重視していること
学習、柔軟性、独立性	権威（支配、決断力）、安全（安定、準備）、相互依存性、伝統、規則、継続性

（出所）Cheng and Groysberg（2021）をもとに著者作成

ダイバーシティ＆インクルージョンの推進体制の構築

　最近、アメリカでは、D＆Iを推進するために、チーフ・ダイバーシティ＆インクルージョン・オフィサー（CD&IO）を設置する企業も登場していますが、D&Iを推進するには、下部組織である各委員会の設置も重要になります。以下では、日経BPの「ジェンダーギャップ会議」で、「女性が活躍する会社ランキング」の2021年の1位だったアクセンチュアと、2020年の1位だった日本IBMの取り組みから、どのような下部組織を結成することが可能か、統合的に設計してみました（**図表8-12**）。

　これを見ると、ジェンダー、LGBTQ、障がい者の3つについてのコミッティは、両社ともに設置されています。それぞれのコミッティでは、当事者の視点、意見を取り入れて、目標、取り組み、推進度評価を行う一方、キャンペーン、イベント、制度・組織改革への提言なども行い、インクルージョンの風土を醸成していきます。

　重要なことは、シニアリーダークラスがスポンサーとして機能することで、これらコミッティの活動をその場限りにせず、CD&IOに上げていき、

図表8-12　ダイバーシティ＆インクルージョンを推進するための社内コミッティの一例

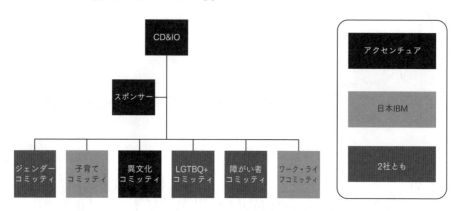

（出所）アクセンチュアのウェブサイト「インクルージョン＆ダイバーシティへのコミットメント」と日本IBMのウェブサイト「ダイバーシティ＆インクルージョンの取り組み」をもとに著者作成

きちんと組織づくりに反映していくことです。

　そして、さらに重要なことは、Mallick（2020）が指摘するように、CD&IOが、直接CEOや人事部長と連携できる状態にしておくことです。組織づくり、組織変革につなげていくには、経営幹部へのアクセスと経営幹部からのサポートが必要になりますので、まさに経営陣が自分ごととして意識して取り組むことができるかどうかということになります。

　なお、日本企業の場合は、これらコミッティをいかに若い社員中心の構成にできるかが重要でしょう。日本企業においては、特に経営の重要事項や意思決定において若い社員の声はあまり反映されず、年齢でのダイバーシティの欠如が引き起こす組織硬直性が課題です。それをこのようなコミッティを起点として、打開していくことは極めて重要です。

8.9　日本で求められる今後の動き

　非常に多くの観点からヒューマン・キャピタル・マネジメントについての
さまざまな先行研究、報告、そして企業の取り組みを見てきました。日本で
も同様の課題意識のもと、「持続的な企業価値の向上と人的資本に関する研
究会報告書——人材版伊藤レポート」が2020年9月に経済産業省より公表
されています。そこでは、「人的資本（ヒューマンキャピタル）経営」の重要
性と「経営戦略と人材戦略の連動」の必要性が議論されています。同報告書
からの示唆は、**図表8-13**のとおりです。

　主要な産業がサービス業やテクノロジーに変わった昨今では、企業におけ
る資産は価値を創造する人や組織、文化といった無形資産にシフトしている
ため、時代に適応し、新しい価値を創造するための経営戦略を策定し、その
戦略に合わせた人材戦略を策定・実行する必要があります。

　人事部（HR）は管理組織から経営陣と連携し、人材戦略を策定と実行す
る戦略組織に変化していくことになります。そして、対外的には、自社の人
材戦略と現状の情報開示や、社外のステークホルダーとの対話など、企業に
とって重要な役割を担うことになるでしょう。

　人的資本に関する情報開示については、海外でも動きが活発化していま
す。米国証券取引委員会（SEC）は、人的資本の情報開示を上場企業に対し
て義務付けることを発表し（2020年8月）、欧州企業でも、人的資本の情報
開示が急激に進んでおり、そのガイドラインとしてISO30414が注目されつ
つあります。

　情報開示へのニーズの高まりは、それが投資家にとって重要度が増してい
るからです。人的資本は目に見えない無形資産の一部ですが、『無形資産が
経済を支配する：資本のない資本主義の正体』（東洋経済新報社）という書籍
が2020年に発刊されて人気となったことを記憶されている人も多いかと思
います。また、無形資産がコーポレートファイナンスの世界で近年重要にな

図表8-13　日本における人的資本に関連する環境の変化

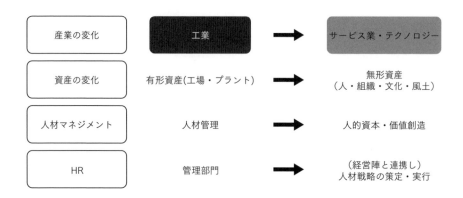

（出所）経済産業省「持続的な企業価値の向上と人的資本に関する研究会報告書」（2020年9月30日）をもとに著者作成

っていることは、伊藤（2021）でも指摘されています。

　日本企業としては、従来のOJT中心の人材育成モデルから、組織を柔軟に改変しうる次世代の人材育成モデルへと転換を図り、その取り組みを投資家にうまく情報発信していくという、2つのタスクを同時進行する必要があります。

グローバル企業でも苦労しているダイバーシティ＆インクルージョン

　一方で、D＆Iがむずかしいのは、人々のアンコンシャスバイアス（自覚しないバイアス、偏見）がトラブルを引き起こす点にあります。本書でケーススタディとして扱っている各社でも、ざっと検索しただけでもグループ企業での事案を含めると以下のような訴訟事例が出てきました。

ネスレ	：人種差別、女性差別
シーメンス	：人種差別、女性差別
シスコ	：カーストによる差別
BNPパリバ	：女性差別
テスラ	：人種差別、女性差別
ジェットブルー	：女性差別
グーグル	：女性差別、年齢差別
ユニリーバ	：女性差別、人種差別

ここで挙げていない企業でも、たとえばシリコンバレーは全体的に女性差別が横行していると指摘されます。2017年12月6日付のワイアードの記事は、エレファント・イン・ザ・バレーの調査をもとに、シリコンバレーの女性の87％が「男性の同僚から卑下したコメントを受けた」と感じており、技術系の女性の60％が望まない性的誘いを受けたと報告しています。

また、3人に1人の女性が、度重なるセクシャルハラスメントにより身の危険を感じていることがわかったとも報告しています。なお、女性やマイノリティへの配慮は、逆に白人や男性から不公平だと主張されることもあり、これは逆差別（リバースバイアス）と呼ばれています。

最近では、さまざまな場面でアルゴリズムの導入が進んでいますが、アルゴリズムによる意思決定は、特定のグループに対する不公平な扱い、暗黙の差別、不公平感の認識につながる可能性もあるというアルゴリズムバイアスの存在も指摘されています。

これらアンコンシャスバイアスに対しては、社内で繰り返しD＆Iの研修、啓発を通して重要性を説き、特にインクルージョンを徹底することが求められます。

Coffee Break：世界のESG商品
タンザニア・スクールハウス・プロジェクトの
チョコレートバー

- 収益の一部は、タンザニア・キエラ地区の子どもたちの教育資金になる。
- Whole Foods Marketは、最近は日本でも知名度が上がってきているが、人工添加物不使用、オーガニックにこだわった食品を扱うスーパーマーケットチェーン。他のスーパーよりかなり高価だが、より健康的で倫理的な食品を購入したい顧客から支持されている。

第8章のまとめ

- 外部環境、競合環境が急速に変化する現代の企業経営において、柔軟かつ迅速に対応できる組織力すなわち人的資本が重要になっている。ヒューマンキャピタルマネジメントの領域である。

- 機関投資家は、企業の中長期的な投資・財務戦略において人的資本をもっとも重要と見ている一方、日本企業はいまだ設備投資を最重視しており、その意識に差がある。なお、必要とされる人的資本の中身は、硬直的な組織で従来型のOJTを中心とする研修を行う旧来型のスタイルではない。

- 人的資本を強化していくには、組織を変革していく必要があるが、土台となるのはダイバーシティ＆インクルージョンである。そのためには心理的安全性が重要であり、インクルージョンなくしてダイバーシティのみを実現しても、その効果は薄い。

- 各種先行研究によれば、ダイバーシティ＆インクルージョンを兼ね備えている企業は、イノベーション、ガバナンス、問題解決能力、気候変動への取り組み、離職率の低下などの面でメリットを生み出し、ひいては業績および株価パフォーマンスにもプラスであることが報告されている。

- ダイバーシティ＆インクルージョン的な組織を作っていくには、公平な雇用・労働慣行の基盤の整備、差異の融合、意思決定への参画を行なっていく必要があることが報告されている。それらは、社内のシステム的変化、文化的変化、行動的変化とも置き換えることができる。これらを受けて、ダイバーシティ＆インクルージョン的な組織は学習型文化と変化を受け入れる素地を有することとなり、強固な人的資本の土台となる。

おわりに

　今、著者（保田）の目の前に存在する、とある雑誌の特集は4月号が「無形資産評価」、5月号が「ESG投資」です。本書の第8章と第4章にそれぞれ該当します。そして、4月号の特集の冒頭では、「わが国は、生産性向上による経済成長、企業競争力向上を図る上で、欧米に比較し無形資産に対する投資不足が指摘されている」と、そして5月号の特集の冒頭では、「ESGという言葉は（中略）欧米では認知度が高いが、（中略）わが国においては認知度が低い」と記載されています。

　近年、人的資本をはじめとする無形資産への注目が上がっていること、そしてESG投資が盛り上がっていることは本書のなかで指摘したとおりですが、実はそれら特集の発刊は、2022年でも2021年でもありません。それぞれ、2010年4月号と2011年5月号です。実に10年以上も前の雑誌の特集なのです。きっと多くの方が「え?! 10年以上も前に?!」と驚かれたことでしょう。

　特集には、テーマに関連するいくつかの論文が掲載されていますが、学者が書いたものもあれば、実務家が書いたものもあります。学者と実務家が論文という形でそれぞれの知見を持ち寄り、新たなトレンドとその対応策を議論し、企業や投資家に示唆を提供しています。なお、その雑誌とは、『証券アナリストジャーナル』です。同誌は、主には証券アナリストをはじめとする証券会社、投資銀行、銀行、そして生命保険や機関投資家など、株式市場を生業とする人たちを主な読者層とする雑誌ですが、取り扱う内容は企業の財務戦略、経済および金融政策、会計基準、そして業界分析など多岐にわたります。企業の経営者層、そして若手経営幹部が読んで自社の経営戦略に参考にできるものも多く含まれています。

　学者や論文と聞くと、古いもの、あるいは企業経営には使えないという印象をお持ちのビジネスパーソンが多いのではないでしょうか。しかし、それ

は非常にもったいないことです。我々が今、学ぼうとしている内容は、国内でも実は10年以上も前から議論されてきた、ということに大きな驚きと健全な危機意識を抱きたいのです。財務や金融に限らず、マーケティング、戦略などさまざまな分野で、論文はみなさんにとって新たな知見の宝庫です。

10年以上前の時点で、すでにわが国の取り組みが無形資産評価でもESG投資でも欧米に比べてやや遅れていることがそれら特集では指摘されていました。さて、その後の10年間でわれわれはそのギャップを埋めることができたのでしょうか、あるいは、そのギャップは拡大しているのでしょうか？

本書ではさまざまな企業のケーススタディを取り上げました。日本企業はシスメックスのみで、その他はアフリカのサファリコムを除けば欧米企業が並んでいます。お笑いコンビのネタではありませんが、欧米ばかりかよ、というツッコミを受けそうですが、これは意図的にそのような作りにしました。欧米企業を礼賛したいわけでもなければ、われわれ著者も日本企業を並べるほうが楽です。しかし、世界のなかからもっとも参考になりそうな事例をかき集めてきた結果このようなラインナップとなりました。日本企業が国内の事例だけを参考にしていても、よくいわれるガラパゴスになってしまいますし、日本企業が世界の時価総額に占める割合を勘案しても、海外企業をメインにするほうが自然かと思います。もっとも、われわれ著者はそれぞれ、毎年欧州でトライアスロンをしたり、アメリカに住んでいたりと、欧米が比較的身近な存在ではあります。しかし、帰国子女でもなく、日々、日本企業、日本経済を強くするにはどうすればいいのかを大真面目に考え、議論し、本書の執筆に至っています。

事例に含める企業の業種や企業も慎重に考えました。わが国で引き合いに出されることが多い海外企業の代表格はGAFAM（グーグル、アマゾン、フェイスブック、アップル、マイクロソフト）でしょう。株式市場全体の時価総額に占める割合も大きいため、投資家もそれら企業の動向には注視しますし、日本企業にとってもそれら企業の戦略は参考になる点は多々あります。しか

し、どうしてもそれら企業は特別だから、という思いが頭をもたげてしまいます。一方、欧州ではGAFAMのような企業は不在です。昨年のイギリスのエコノミスト誌にも、欧州でGAFAMが生まれないのはなぜなのかという記事がありましたが、社歴の長い企業でイノベーションを創出しないといけないという意味では日本と欧州は似ている部分があります。ベンチャー企業が、アメリカのような規模では生まれてきていないという点でも同様です。GAFAMではなく、欧州の主要企業でも努力して実現できることなら、日本企業もできてしかるべきではないか、そんな思いもわれわれ著者には少しあります。そして、欧州はESGの世界では、やはりもっとも歴史の長い地域になりますので、学ぶべき点は多くあります。

この領域は日進月歩ですので、次々と新たな論文、書籍が出てきます。われわれ著者も一生懸命それらを追いかけてはいますが、本書ですべて網羅できたわけではありません。この論文も言及しておくべきだ、あの書籍には別の論点で議論がなされていた、などのご指摘もあろうかと思います。ぜひ、それらはご教示いただければ助かります。一方、根底に流れるエッセンスについては、大きくは変わらないのもまた事実です。新たな事例や研究を追いかけることは重要ではありますが、まずは大枠を理解する、時流に関係なく共通してイシューとなる事柄を的確に捉える、その点に留意して本書を構成しました。

本書のメインテーマはESGを軸とした企業の財務戦略を考えることですが、とどのつまりは企業（組織）も個人も学び続けてアップグレードし、持続的な成長を成し遂げる、そのために必要なことはなんだろう、ということに尽きるかと思います。ESGというキーワードを用いてはいますが、本書のタイトルを、たとえば「企業変革に必要な要素とは？　〜持続的成長を目指して〜」と変えたところで、おそらく中身はほとんど変わらないと思います。日本の書店にいけばDX、サステナビリティ、SDGsというキーワードがタイトルに付された書籍が多数存在しますが、キーワードごとに対応を変

える必要はなく、変革力が身についていれば自ずと対応できるでしょう。その意味では、やはり人的資本をはじめとする無形資産への注目が今後も高まっていくことだと思われます。

　企業変革は、従来は、本書でもダイナミックケイパビリティの議論を挟んでいるように、戦略論の分野で議論されてきた内容ですし、無形資産については、従来は会計の分野でしょう。人的資本については組織論の分野にあたり、会社ではHRの領域となります。本書は、ESGというキーワードをもとに、財務戦略を考えるというアプローチを取りましたが、扱う内容が従来の財務戦略やファイナンスから大きく広がっている、あるいは従来のイメージにとらわれていると、外れている領域もカバーしていることになります。ステークホルダー資本主義の議論は、経済学の分野でも盛んになりつつあります。これらからいえることは、いわゆる専門家1人では対応できなくなりつつあるということです。本書も3人の著者のバックグラウンドや、最近のメインの仕事領域は異なっています。

　多くの方々の助力なしには本書を完成させることはできませんでした。具体的には、スタンフォード大学のUS-Asia Technology Management CenterのRichard Dasher教授には、本テーマについてさまざまなディスカッションを通じてアドバイスをもらいました。株式会社N&S Partnersの加藤秀行さん、大谷卓永さん、小国雪子さん、およびコロンビア大学大学院の本多正俊志さんには、第5章、第6章の各社の取りくみのとりまとめで協力いただきました。また、保田研究室の松岡千晶さんには8章のとりまとめで尽力していただき、神戸大学大学院経営学研究科修士課程の早野将右さん、東京大学大学院工学系研究科修士課程の張楚珺さん、東京大学公共政策大学院修士課程の磯和健人さんの3名にはさまざまな調査をご担当いただきました。リサーチもさることながら、松岡さん、張さんの女性視点でのコメント、Z世代の3名の大学院生のご意見や視点は、著者らにはないものも多く参考になりました。加えて、スタンフォード大学大学院公共政策修士課程の王心怡さ

んにはＺ世代の女性目線での写真を提供いただきました。

　ダイヤモンド社書籍編集局第二編集部の石田尾孟さんには、大変細やかに編集いただきました。執筆過程でも著者3人の毎週の打ち合わせにもご参加いただき、随時書籍の内容、方向性についてアドバイスをいただきました。石田尾氏のＺ世代の視点に刺さる内容に仕上げることが、著者らにとっての一つの評価軸にもなっていましたので、若い編集者を起用していただいた横田大樹編集長にも感謝申し上げます。横田編集長とご一緒するのは3冊目ですが、毎回新基軸を求めてくださるので、いい意味で著者らにとってチャレンジングです。

　以上の皆様のご助力に深く感謝申し上げます。

　2022年の年明けに著者の田中と保田はSPEEDAのウェビナーに登壇し、「日本企業を変革するコーポレートファイナンス」というテーマで議論しました。その中で、雑談的に日本経済新聞を読む時間を毎日5分に抑えていること、その理由は、紙面に日本企業の「出遅れ」や「停滞」を指摘する論調の記事が多く、ネガティブなコンテンツに日々頭を晒しているとクリエイティブになれないからというこぼれ話をしました。代わりに何を読んでいるのかという質問が視聴者からあったので、『フィナンシャル・タイムズ』、『ウォール・ストリート・ジャーナル』、『エコノミスト』などを読みつつ、英語のポッドキャストは面白いものが多いのでよく聞いているという話をしました。英語で読むのも聴くのも大変なのですが、セミナー後の受講者アンケートでは、実はこのこぼれ話が、一番コメントが多かったそうです。また、著者の桑島は、それこそアメリカ在住ですので、アメリカで開催されるさまざまなウェビナーに時差なく参加できますし、実務界、アカデミック両方において、定期的に意見交換を持つ機会を積極的に作るようにしています。そして、世界中のいろいろな企業の事例を学ぶという意味では、ハーバード・ビジネス・スクールのケーススタディに頻繁に目を通すようにしています。ケースは、世界中の優秀な学者、実務家が長時間かけてリサーチをしてわかり

やすくまとめてくれていますので、効率的にそして安価に他社の戦略を学ぶことができます。

　ESGのS（社会）では、ダイバーシティ（多様性）が組織にとって重要であるとされており、本書でも議論しましたが、ダイバーシティの実現には、各自が日常からさまざまな意見に触れる、異なるグループを行き来することが必要になるでしょう。しかし、日本の場合、どうしてもメディアの報道や論調は画一的になりますし、所属する組織も勤務先の会社のみ、しかも、転職する割合が低く会社間での人材の流動性はあまりない、という状況です。意識的に自らをダイバーシティのある空間（見聞きするメディア、物理的に所属するコミュニティ）に置かないと、書籍の中でも指摘させていただいた集団思考の状態に陥りがちです。

　リカレント教育、リスキリング、そして45歳定年制などさまざまな表現で、社会人の再教育の必要性が議論されていますが、どれも組織の硬直化を避けることが念頭にあることでしょう。ただ、どの言葉にもセクシーな響きはなく、なんだか過去に学ぶべきことを学んでいなかったかのような後ろめたさすら感じてしまいます。しかし、現実に求められているのは、取り戻すということではなく、学び続ける、常に新しいことを吸収する、ということでしょう。プロ野球の日本ハムファイターズの新庄監督の言葉ではありませんが「努力は一生」、つまり「学びは一生」ということかと思います。

　著者の保田は2019年夏から2021年春までの1年半の間、大学の在外研究という制度のもとアメリカのスタンフォード大学に滞在しました。サバティカルと呼ばれるもので、その間は大学での学生に教える仕事は免除となり、研究だけに没頭できる期間となります。それまでの研究結果を論文や書籍に取りまとめる、あるいは、今後5年、10年の研究に必要な種まきをするなど、サバティカル期間をどのように有効活用するかは本人にすべて委ねられます。サバティカルで海外の大学に行くというと、「いいなあ」といってもらうことが多いのですが、費用はほぼすべて自腹かつ手続きは全部自分で行

います。渡航費、引越し代、保険代など家族分も合わせると相当な金額になりますし、加えて、家具や車の購入費用も発生します。私も相当な金額を貯金から吐き出すことになりました。ビザの取得、家を探す、子供の学校の手続き、銀行口座開設、予防接種を受けるなど、手続き面でもやるべきことが山のようにあります。

　しかし、自分で費用負担をすれば、絶対に取り戻してやる、それに見合う成果を上げてやるという気持ちになります。自分で苦労して獲得した研究、研修、そして学習の機会なら、そこから200％何かを得たいと思うはずです。このような自己投資（自己負担）を伴うようなサバティカル制度は、日本企業でも導入してみるといいのではないかと思います。組織の人的資本の強化につながりますし、第8章で見たアジリティとレジリエンスを獲得できます。

　ESGは日本企業にとって変革の錦です。その変革を通じて、関係するすべてのステークホルダーのウェルビーイングを向上することができます。みなで今後引き続き、その最適解を模索していこうではありませんか。ESGの先に見える未来を明るくするもしないも、すべては我々個々人が変革できるかどうかにかかっていると思います。2022年秋に気候変動とサステナビリティを専門とする新たな学部を作る予定のスタンフォード大学には、Change Lives, Change Organizations, Change the Worldという3つのフラッグが掲げられています。個人の日々、生活を変えれば、組織を変えることができ、そして世界を変えることができるというものです。組織が変わる、国が変わることを待つのではなく、まず自分が変わるという視点は、はじめて聞いたときにストンと腹落ちしました。ESGはすべてChange Livesの体現なのだと思います。

2022年3月14日
著者を代表して
保田隆明

第1章

1 原題：“The social responsibility of business is to increase its profits”。

2 2020年9月30日付 Harvard Business Review 掲載の “How to Measure a Company's Real Impact”。

3 2019年8月19日に公表した “Council of Institutional Investors Responds to Business Roundtable Statement on Corporate Purpose” (https://www.cii.org/aug19_brt_response)

4 https://www.linkedin.com/pulse/why-business-roundtable-redefined-purpose-corporation-alex-gorsky/

5 2021年10月25日提出のオールバーズ151ページ “THE SUSTAINABLITY PRINCIPLES AND OBJECTIVES FRAMEWORK” より。

6 2021年第2四半期時点の預り資産が9.49兆ドル。

7 CLIMATE IN THE BOARDROOM
HOW ASSET MANAGER VOTING SHAPED CORPORATE CLIMATE ACTION IN 2020
https://static1.squarespace.com/static/5d4df99c531b6d0001b48264/t/5f6976e5f6b47e5e50c11430/1600747275103/MA_ClimateintheBoardroom_2020.pdf

8 日本経済新聞2020年12月11日付記事「コロナと資本主義 私はこうみる 公益重視の理念、上場でより強く 米バイタル・ファームズ創業者 マット・オヘア氏」より。

9 卸売店や小売店など中間流通業者を通さずに自社のECサイトで商品・サービスを直接顧客に販売する Direct to Consumer（消費者直接取引）のこと。

10 上場時の公募・売り出し価格の需給動向を判断するため、上場前に機関投資家に向けて行う会社説明会のこと。

11 同州では、「Public Benefit Corporation」ではなく、「Benefit Corporation」という名称で法制化されています。

12 2021年6月1日開催の BRIDGEs 2021 ESG&SDGs Meeting 基調講演「なぜ私たちは ESG & SDGs に取り組まなければならないのか？」

13 評価額が10億ドル以上の未上場企業がユニコーンと呼ばれるが、デカコーンは評価額が100億ドル以上の未上場企業のことをいいます。

第2章

1 1999年1月開催のダボス会議でのアナン氏の演説（日本語訳はグローバル・コン

パクト・ネットワーク・ジャパンのウェブサイト https://www.ungcjn.org/gcnj/about.html より）。

2　2021年6月1日開催の BRIDGEs 2021 ESG & SDGs Meeting 基調講演「なぜ私たちは ESG & SDGs に取り組まなければならないのか？」

3　2019年4月2日開催の GI サミット「新たな価値創出を実現する『ESG』『SDGs』最新潮流」でのコメント

4　CSV が最初に紹介されたのは、ハーバード・ビジネス・レビュー（HBR）2006年12月号「Strategy and Society; The Link Between Competitive Advantage and Corporate Social Responsibility」で、続いて『HBR』2011年1-2月号「Creating Shared Value」で発表された。

5　EBITDA マージン＝売上高に占める EBITDA の割合（EBITDA ÷ 売上高）
なお、EBITDA は償却費控除前の営業利益。

第3章

1　DCF 法の詳細については保田・田中共著書籍『コーポレートファイナンス戦略と実践』を参照。

2　PRI が公表している「A PRACTICAL GUIDE TO ESG INTEGRATION FOR EQUITY INVESTING」のケーススタディより

3　https://youtu.be/mfylrJJMId4

4　https://www.meti.go.jp/policy/economy/keiei_innovation/kigyoukaikei/Guidance.pdf

5　https://www.unilever.com/planet-and-society/sustainability-reporting-centre/our-material-issues/

6　https://www.sasb.org/standards/materiality-finder/find/

7　https://www.fsb.org/wp-content/uploads/P141021-1.pdf

8　https://www3.weforum.org/docs/WEF_IBC_Measuring_Stakeholder_Capitalism_Report_2020.pdf

9　https://www.hbs.edu/impact-weighted-accounts/Documents/corporate-environmental-impact.pdf

第4章

1　2021年10月1日の読売新聞は、東京大学が1,000億円程度の基金を計画している

という記事を掲載し、その中では、東京大学が有する寄付金のみを原資とする「東大基金」の総額は2020年度末時点で189億円であり、私立大学では慶應義塾大学が870億円、早稲田大学が298億円の基金を持つ一方、ハーバード大学は4.5兆円、イェール大学は3.3兆円と記載されている。

第6章

1 CEBAプレスリリース、2019/3/28
   https://cebuyers.org/blog/facebook-google-general-motors-walmart-and-hundreds-of-other-companies-launch-renewableenergy-buyers-alliance-targeting-60-gigawatts-of-corporate-renewablesby-2025/

2 Google社ブログ、2020/9/14
   https://blog.google/outreach-initiatives/sustainability/our-third-decade-climate-action-realizing-carbon-freefuture/

3 Orsted's renewable-energy transformation, Interview by McKinsey, 2020/07/10
   https://www.mckinsey.com/business-functions/sustainability/our-insights/orsteds-renewable-energy-transformation

4 Porter, Michael E., Kramer Mark R., Hernan Kerry, Mcara Sarah. Nestle's Creating Value Strategy. Case Study. Boston. Harvard Business Publishing, 2010. Web. REV. 15 October 2017.

5 Porter, Michael E., Kramer Mark R., Hernan Kerry, Mcara Sarah. Nestle's Creating Value Strategy. Case Study. Boston. Harvard Business Publishing, 2010. Web. REV. 15 October 2017.

6 Porter, Michael E., Kramer Mark R., Hernan Kerry, Mcara Sarah. Nestle's Creating Value Strategy. Case Study. Boston. Harvard Business Publishing, 2010. Web. REV. 15 October 2017.

7 Cisco Systems INFORMATION PRESSE, 2007/9/28
   https://www.cisco.com/c/dam/global/fr_fr/assets/documents/pdfs/press/cdp/2007/CP_10_05_John_Chambers_Receives_First-Ever_Clinton_Global_Citizen_Award.pdf

8 Master Plan, Part Deux by Elon Musk, 2016/07/20
   https://www.tesla.com/blog/master-plan-part-deux

9 Safaricomサステナビリティレポート（2019年）
   https://www.safaricom.co.ke/sustainabilityreport_2019/executive-summary/interview-with-our-late-ceo/

第 7 章

1　「第 6 回機関投資家のスチュワードシップ活動に関する上場企業向けアンケート集計結果 2021 年 5 月」年金積立金管理運用独立行政法人（Government Pension Investment Fund）。アンケートは東証 1 部上場企業 2,186 社に対して実施され、アンケート回答期間は 2021 年 1 月 15 日～ 3 月 13 日、回答率は 31.2％とのこと。

2　MSCI の著作権、ディスクレイマーの詳細は以下の通り。Certain information ©2021 MSCI ESG Research LLC. Reproduced by permission. Although Kobe University's information providers, including without limitation, MSCI ESG Research LLC and its affiliates (the "ESG Parties"), obtain information (the "Information") from sources they consider reliable, none of the ESG Parties warrants or guarantees the originality, accuracy and/or completeness, of any data herein and expressly disclaim all express or implied warranties, including those of merchantability and fitness for a particular purpose. The Information may only be used for your internal use, may not be reproduced or redisseminated in any form and may not be used as a basis for, or a component of, any financial instruments or products or indices. Further, none of the Information can in and of itself be used to determine which securities to buy or sell or when to buy or sell them. None of the ESG Parties shall have any liability for any errors or omissions in connection with any data herein, or any liability for any direct, indirect, special, punitive, consequential or any other damages (including lost profits) even if notified of the possibility of such damages.

参考文献

第3章

柳良平・杉森州平（2021）「ESG の PBR への遅延浸透効果と統合報告での開示」『企業会計』73(2)、2021 年 2 月号、p.256-264

柳良平（2021）「ESG 会計の価値提案と開示」『月刊資本市場』428、2021 年 4 月号、p.36-45

第4章

Berg, Florian and Kölbel, Julian and Rigobon, Roberto, Aggregate Confusion (2020), The Divergence of ESG Ratings (May 17, 2020). Available at SSRN: https://ssrn.com/abstract=3438533 or http://dx.doi.org/10.2139/ssrn.3438533

Gillan, Stuart L. and Koch, Andrew, and Starks, Laura T.(2021), Firms and Social Responsibility: A Review of ESG and CSR Research in Corporate Finance, Journal of Corporate Finance, Volume 66, p. 0929-1199.

Kim, Soohun and Yoon, Aaron (2021), Analyzing Active Managers' Commitment to ESG: Evidence from United Nations Principles for Responsible Investment. Available at SSRN: https://ssrn.com/abstract=3555984 or http://dx.doi.org/10.2139/ssrn.3555984

金融庁（2021）『資産運用業高度化プログレスレポート 2021』、2021 年 6 月

文部科学省（2021）『大学ファンドの創設について』、2021 年 3 月

湯山智教（2020）『ESG 投資とパフォーマンス—SDGs・持続可能な社会に向けた投資はどうあるべきか』きんざい、P248.

なお、以下は最後に紹介したレビュー論文の Gillan 他（2021）で紹介されている論文リスト

Abeysekera, A.P., Fernando, C.S., 2020. Corporate social responsibility versus corporate shareholder responsibility: a family firm perspective. J. Corp. Finan. 61, 1–22.

Albuquerque, R., Koskinen, Y., Zhang, C., 2019. Corporate social responsibility and firm risk: theory and empirical evidence. Manag. Sci. 65 (10), 4451–4469.

Barko, T., Cremers, M., Renneboog, L., 2018. Shareholder Engagement on Environmental, Social, and Governance Performance (CenteR Discussion Paper Series).

Bolton, P., Kacperczyk, M.T., 2020. Do investors care about carbon risk? Unpublished working paper.

Borghesi, R., Houston, J.F., Naranjo, A., 2014. Corporate socially responsible investments: CEO altruism, reputation, and shareholder interests. J. Corp. Finan. 26, 164–181.

Breuer, W., Müller, T., Rosenbach, D., Salzmann, A., 2018. Corporate social responsibility, investor protection, and cost of equity: a cross-country comparison. J. Bank. Finance. 96, 34–55.

Buchanan, B., Cao, C.X., Chen, C., 2018. Corporate social responsibility, firm value, and influential institutional ownership. J. Corp. Finan. 52, 73–95.

Cao, J., Liang, H., Zhan, X., 2019. Peer effects of corporate social responsibility. Manag. Sci. 65 (12), 5487–5503.

Chava, S., 2014. Environmental externalities and cost of capital. Manag. Sci. 60 (9), 2223–2247.

Chen, T., Dong, H., Lin, C., 2020. Institutional shareholders and corporate social responsibility. J. Financ. Econ. 135 (2), 483–504.

Cronqvist, H., Yu, F., 2017. Shaped by their daughters: executives, female socialization, and corporate social responsibility. J. Financ. Econ. 126 (3), 543–562.

Di Giuli, A. and L. Kostovetsky (2014). Are red or blue companies more likely to go green? Politics and corporate social responsibility. J. Financ. Econ. 111(1), 158–180.

Dimson, E., Karakas̗, O., Li, X., 2015. Active ownership. Rev. Financ. Stud. 28 (12), 3225–3268.

Dimson, E., Karakas̗, O., Li, X., 2018. Coordinated engagements. Unpublished working paper.

Dyck, A., Lins, K.V., Roth, L., Towner, M., Wagner, H.F., 2020. Renewable governance: Good for the environment? Unpublished working paper.

Edmans, A., 2011. Does the stock market fully value intangibles? Employee satisfaction and equity prices. J. Financ. Econ. 101 (3), 621–640.

El Ghoul, S., Guedhami, O., Kwok, C.C., Mishra, D.R., 2011. Does corporate social responsibility affect the cost of capital? J. Bank. Financ. 35 (9), 2388–2406.

Fernando, C.S., Sharfman, M.P., Uysal, V.B., 2017. Corporate environmental policy and shareholder value: following the smart money. J. Financ. Quant. Anal. 52 (5), 2023–2051.

Ferrell, A., Liang, H., Renneboog, L., 2016. Socially responsible firms. J. Financ. Econ. 122 (3), 585–606.

Flammer, C., 2021. Corporate green bonds. J. Finan. Econ. Forthcoming. In preparation.

Gao, L., Zhang, J.H., 2015. Firms' earnings smoothing, corporate social responsibility, and valuation. J. Corp. Finan. 32, 108–127.

Gillan, S., Hartzell, J.C., Koch, A., Starks, L., 2010. Firms' Environmental, Social and Governance ESG Choices, Performance and Managerial Motivation. Unpublished working paper.

Goss, A., Roberts, G.S., 2011. The impact of corporate social responsibility on the cost of bank loans. J. Bank. Financ. 35 (7), 1794–1810.

Hoepner, A.G.F., Oikonomou, I., Sautner, Z., Starks, L.T., Zhou, X.Y., 2019. ESG Shareholder Engagement and Downside Risk. Unpublished working paper.

Hong, H., Kacperczyk, M., 2009. The price of sin: the effects of social norms on markets. J. Financ. Econ. 93 (1), 15–36.

Humphrey, J.E., Lee, D.D., Shen, Y., 2012. Does it cost to be sustainable? J. Corp. Finan. 18 (3), 626–639.

Ilhan, E., Sautner, Z., Vilkov, G., 2019. Carbon tail risk. Unpublished working paper.

Iliev, P., Roth, L., 2020. Do directors drive corporate sustainability? Unpublished working paper.

Jian, M., Lee, K.-W., 2015. Ceo compensation and corporate social responsibility. J. Multinatl. Financ. Manag. 29, 46–65.

Jiraporn, P., Jiraporn, N., Boeprasert, A., Chang, K., 2014. Does corporate social responsibility (CSR) improve credit ratings? Evidence from geographic identification. Financ. Manag. 43 (3), 505–531.

Krüger, P., 2015. Corporate goodness and shareholder wealth. J. Financ. Econ. 115 (2), 304–329. .

Liang, H., Renneboog, L., 2017a. Corporate donations and shareholder value. Oxf. Rev. Econ. Policy 33 (2), 278–316.

McGuinness, P.B., Vieito, J.P., Wang, M., 2017. The role of board gender and foreign ownership in the CSR performance of Chinese listed firms. J. Corp. Finan. 42, 75–99.

Naaraayanan, S.L., Sachdeva, K., Sharma, V., 2019. The real effects of environmental activist investing. Available at SSRN 3483692.

Ng, A.C., Rezaee, Z., 2015. Business sustainability performance and cost of equity capital. J. Corp. Finan. 34, 128–149.

Nofsinger, J.R., Sulaeman, J., Varma, A., 2019. Institutional investors and corporate social responsibility. J. Corp. Finan. 58, 700–725.

Oikonomou, I., Brooks, C., Pavelin, S., 2012. The impact of corporate social performance on financial risk and utility: a longitudinal analysis. Financ. Manag. 41 (2), 483–515.

Seltzer, L., Starks, L.T., Zhu, Q., 2020. Climate Regulatory Risk and Corporate Bonds. Unpublished working paper.

Servaes, H., Tamayo, A., 2013. The impact of corporate social responsibility on firm value: the role of customer awareness. Manag. Sci. 59 (5), 1045–1061.

Statman, M., Glushkov, D., 2009. The wages of social responsibility. Financ. Anal. J. 65 (4), 33–46.

Tang, D.Y., Zhang, Y., 2020. Do Shareholders Benefit from Green Bonds? J. Corp. Finan. 1–18.

Zerbib, O.D., 2019. The effect of pro-environmental preferences on bond prices: evidence from green bonds. J. Bank. Financ. 98, 39–60.

第 5 章

David J. Teece, Gary Pisano, Amy Shuen (1997) Dynamic capabilities and strategic management. Strategic Management Journal, Vol. 18, No. 7 509-533.

Teece, D.J. (2007) Explicating Dynamic Capabilities: The Nature and Micro Foundations of (Sustainable) Enterprise Performance. Strategic Management Journal, 28, 1319-1350.

第 6 章

Bartlett, Christopher A. "Unilever's New Global Strategy: Competing through Sustainability." Harvard Business School Case 916-414, November 2015. (Revised August 2016.)

Bell, David E., Damien P. McLoughlin, and Natalie Kindred. "Nestlé: Nutrition, Health, and Wellness." Harvard Business School Case 517-052, December 2016.

Serafeim, George, and David Freiberg. "JetBlue: Relevant Sustainability Leadership (A)." Harvard Business School Case 118-030, October 2017. (Revised October 2018.)

Porter, Michael E., Mark R. Kramer, Kerry Herman, and Sarah McAra. "Nestlé's Creating Shared Value Strategy." Harvard Business School Case 716-422, November 2015. (Revised October 2017.)

Rangan, V. Kasturi, Amy C. Edmondson, Daniela Beyersdorfer, and Emer Moloney. "Sustainability at Siemens." Harvard Business School Case 514-026, August 2013.

(Revised January 2016.)

Winig, Laura. "THE QUEST FOR ACHIEVING FINANCIAL INCLUSION:M-PESA VERSUS UPI" Harvard Kennedy School Case 2173.0 February 2020

50 YEARS OF SYSMEX（シスメックスの 50 年のあゆみ）
https://www.sysmex.co.jp/corporate/info/50yearsofsysmex/index.html

シスメックスアニュアルレポートおよびシスメックスレポート 2007〜2018
https://www.sysmex.co.jp/ir/library/annual-reports/docs/ar2007.pdf
https://www.sysmex.co.jp/ir/library/annual-reports/docs/ar2008e.pdf
https://www.sysmex.co.jp/ir/library/annual-reports/m2gcv00000002wm5-att/sysmexAR2009.pdf
https://www.sysmex.co.jp/ir/library/annual-reports/docs/sysmexAR2010.pdf
https://www.sysmex.co.jp/ir/library/annual-reports/docs/ar2011.pdf
https://www.sysmex.co.jp/ir/library/annual-reports/docs/sysmexAR2012.pdf
https://www.sysmex.co.jp/ir/library/annual-reports/docs/sysmexAR2013.pdf
https://www.sysmex.co.jp/ir/library/annual-reports/docs/sysmexAR2014.pdf
https://www.sysmex.co.jp/ir/library/annual-reports/sysmexAR2015_00_Annual_Report_2015.pdf
https://www.sysmex.co.jp/ir/library/annual-reports/Sysmex_Report_2016.pdf
https://www.sysmex.co.jp/ir/library/annual-reports/m2gcv00000002wm5-att/Sysmex_Report_2017.pdf
https://www.sysmex.co.jp/ir/library/annual-reports/Sysmex_Report_2018.pdf

第 8 章

Accenture (2019), "Equality = Innovation Getting to equal 2019: Creating a culture that drives innovation"
https://www.accenture.com/_acnmedia/Thought-Leadership-Assets/PDF/Accenture-Equality-Equals-Innovation-Gender-Equality-Research-Report-IWD-2019.pdf

Adams, R. B., de Haan, J., Terjesen, S., & van Ees, H. (2015). Board diversity: Moving the field forward. Corporate Governance An International Review, 2015, 23(2), 77-82

Berdahl, Jennifer & Cooper, Marianne & Glick, Peter & Livingston, Robert & Williams, Joan. (2018). Work as a masculinity contest. Journal of Social Issues. 74. 422-448.

Boston Consulting Group (2018), "How diverse leadership teams boost innovation", January 23, 2018
https://www.bcg.com/publications/2018/how-diverse-leadership-teams-boost-innovation

Capezio, A., & Mavisakalyan, A. (2016). Women in the boardroom and fraud: Evidence from Australia. Australian Journal of Management, 41(4), 719-734.

Cheng, J Yo Jud & Groysberg Boris (2021). Research: What inclusive companies have in Common. Harvard Business Review, June 18, 2021. https://hbr.org/2021/06/research-what-inclusive-companies-have-in-common

Cox, T. H., & Blake, S. (1991). Managing cultural diversity: Implications for organizational competitiveness. Academy of Management Perspectives, 5(3), 45-56.

Griffin, D., Li, K., & Xu, T. (2021). Board gender diversity and corporate innovation: International evidence. Journal of Financial and Quantitative Analysis, 56(1), 123-154.

Holvino, E., Ferdman, B. M., & Merrill-Sands, D. (2004). Creating and sustaining diversity and inclusion in organizations: Strategies and approaches. In M. S. Stockdale & F. J. Crosby (Eds.). The psychology and management of workplace diversity, 245-276

Hong, L., & Page, S. E. (2001). Problem solving by heterogeneous agents. Journal of economic theory, 97(1), 123-163.

Joshi, A., & Roh, H. (2009). The role of context in work team diversity research: A meta-analytic review. Academy of management journal, 52(3), 599-627.

Liu, C. (2018). Are women greener? Corporate gender diversity and environmental violations. Journal of Corporate Finance, 52, 118-142.

Lobel, S. A. (1999). Impacts of diversity and work-life initiatives in organizations. In G. N. Powell (Ed.), Handbook of gender and work, Sage Publications, 453-474.

McKinsey & Company (2020). Diversity wins: How inclusion matters, May 19, 2020 Report.
https://www.mckinsey.com/featured-insights/diversity-and-inclusion/diversity-wins-how-inclusion-matters

Mita Mallick (2020). Do you know why your company needs a chief diversity Officer? Harvard Business Review, September 11, 2020. https://hbr.org/2020/09/do-you-know-why-your-company-needs-a-chief-diversity-officer

Prügl, E. (2012). "If Lehman Brothers had been Lehman Sisters⋯": Gender and myth in the aftermath of the financial crisis. International Political Sociology, 6(1), 21-35.

Ragins, B. (1995). Diversity, power, and mentorship in organizations: A cultural, structural, and behavioral perspective. In M.M. Chemers, S. Oskamp, & M.A. Costanzo (Eds.), Diversity in organizations: New perspectives for a changing workplace, Sage Publication 91-132

Rozovsky, J (2015). The five keys to a successful Google team. re:Work Blog, November

17, 2015. https://rework.withgoogle.com/blog/five-keys-to-a-successful-google-team/

Senge, P., Kleiner, A., Roberts, C., Ross. R., & Smith, B. (1994). The fifth discipline fieldbook: Strategies and tools for building a learning organization. New York: Batnam Doubleday.

伊藤邦夫（2021）『企業価値経営』日本経済新聞出版、p.732.

経済産業省（2020）「持続的な企業価値の向上と人的資本に関する研究会報告書」2020年9月30日

エイミー・C・エドモンドソン（2021）『恐れのない組織』英治出版、p.320.

ジョナサン・ハスケル、スティアン・ウェストレイク（2020）『無形資産が経済を支配する：資本のない資本主義の正体』東洋経済新報社、p.388.

索　引

英数字

た行

[著者]

桑島浩彰（くわじま　ひろあき）

カリフォルニア大学バークレー校ハース経営大学院エグゼクティブ・フェロー／東京財団政策研究所主席研究員／K&アソシエイツ取締役

1980年石川県生まれ。東京大学経済学部経営学科卒業。ハーバード大学経営大学院およびケネディ行政大学院共同学位プログラム修了(MBA/MPA)。三菱商事、ドリームインキュベータ、ベンチャー経営2社を経て、現在に至る。神戸大学大学院経営学研究科博士課程にて企業変革・イノベーション・サステナビリティ経営について研究中。東洋経済オンライン等に記事執筆多数。主な著書に『日本車は生き残れるか』（講談社現代新書）。北カリフォルニア・ジャパンソサエティ理事。アメリカシリコンバレー在住。

田中慎一（たなか　しんいち）

財務戦略アドバイザー／インテグリティ代表取締役

1972年東京都生まれ。慶應義塾大学経済学部卒業後、監査法人太田昭和センチュリー（現あずさ監査法人）、大和証券SMBC、UBS証券等を経て現職。監査法人、投資銀行を通じて会計監査、IPO支援、デューデリジェンス、M&A・事業再生・資金調達に関するアドバイザリー業務に従事。現在は、アドバイザリーサービスに加え、買収後の企業変革、ターンアラウンドマネージャーとして買収先企業の再建に取り組むほか、スタートアップ企業のCFOを務める。

著書に『あわせて学ぶ会計＆ファイナンス入門講座』『コーポレートファイナンス 戦略と実践』（ともにダイヤモンド社）等。NewsPicksプロピッカー。

保田隆明（ほうだ　たかあき）

慶應義塾大学総合政策学部教授

1974年兵庫県生まれ。リーマンブラザーズ証券、UBS証券で投資銀行業務に従事した後に、SNS運営会社を起業。同社売却後、ベンチャーキャピタル、金融庁金融研究センター、神戸大学大学院経営学研究科教授等を経て、2022年4月から現職。主な著書に『コーポレートファイナンス 戦略と実践』（ダイヤモンド社）、『地域経営のための「新」ファイナンス』（中央経済社）等。専門はコーポレートファイナンスとソーシャルファイナンス。2019年8月より2021年3月までスタンフォード大学客員研究員としてアメリカシリコンバレーに滞在し、ESGを通じた企業変革について研究。上場企業の社外取締役も兼任。博士（商学）早稲田大学。

SDGs時代を勝ち抜く　**ESG財務戦略**

2022年4月12日　第1刷発行
2024年1月17日　第3刷発行

著　者——桑島浩彰、田中慎一、保田隆明
発行所——ダイヤモンド社
　　　　　〒150-8409　東京都渋谷区神宮前6-12-17
　　　　　https://www.diamond.co.jp/
　　　　　電話／03·5778·7233（編集）　03·5778·7240（販売）
装丁————遠藤陽一（デザインワークショップジン）
本文デザイン·DTP—朝日メディアインターナショナル、一企画
製作進行——ダイヤモンド・グラフィック社
印刷————加藤文明社
製本————ブックアート
校正————加藤義廣、聚珍社
編集担当——石田尾孟

「正解」がない現場で決断する プロの思考法

会計の基本から、M&Aでの企業価値評価方法、株主への還元政策・IR戦略の要点まで。充実のケーススタディで、ファイナンスと経営戦略のつながりが直感的につかめる。大手証券会社、メガバンク、総合商社など、上場企業で大人気の研修がこの一冊に！

コーポレートファイナンス 戦略と実践

田中慎一・保田隆明 ［著］

●A5判並製●定価（本体2600円＋税）

https://www.diamond.co.jp/